大展好書　好書大展
品嘗好書　冠群可期

大展好書　好書大展

品嘗好書　冠群可期

易學智慧

23

商宏寬／著

周易自然觀

大展出版社有限公司

編委會名單

總主編　田合祿

總策劃　趙志春

編　委（按姓氏筆畫為序）

田合祿	田　鋒	田　蔚	李　紅
朱衛紅	周真原	武榮仙	郝岳才
郭　華	郭卓澄	徐道一	張　今
商宏寬	商函輪	溫　序	溫清銀
趙志春	蘇　聞		

秘　書　孔靈書　金　貴　米　鐸　劉文琴

總　序

田合祿

　　《易經》是什麼？《說文》引《秘書》說「日月爲
易」，說明「易」就是日月，《易經》講的就是日月的運
行規律，以及日月的運動變化，及其對自然界生物和人的
影響，並闡述人順從自然變化的道理。探討日月的運行規
律屬於自然科學，由此產生的天文、曆法、季節、氣候、
氣象、物理、數學等都是科學，由此可知《易經》也應該
是一本講科學的書，不是講迷信的書，研究《易經》，就
是研究科學，因此，我們將這套叢書定名爲《周易與現代
科學研究叢書》。

　　《易經》的功能是什麼？《繫辭傳》說「生生之謂
易」「天地之大德曰生」，原來《易經》的功能是講生命
科學的，講一切事物的誕生、發展、壯大、直到其死亡。
乾爲日，還爲天；坤爲月，還爲地。所以《序卦傳》說
「有天地然後萬物生焉，盈天地之間者唯萬物」，《彖
傳》還深入地闡發了乾坤日月合德創生化育萬物的特性，
謂「大哉乾元，萬物資始」，「至哉坤元，萬物資生」。
人有生命，動物有生命，植物有生命，一個國家、一個機
關也有生命，這是客觀存在的事實，所以《易經》可以用
到萬事萬物之中，萬變不離其宗。

　　日月運動，有時間，有空間，這一特性《易經》就用

3

卦符來表示，故《易經》的卦都有時、空的特性，時空相結合研究就成了中國文化發展的一大特徵，所以孔子研究《易經》之結晶產物——《易傳》，不但強調「時」，也強調「位」，「時」就是時間，「位」就是空間，「時」「位」結合，就是時空結合，是自然科學的研究，不只是人文科學的研究，要把它從人文圍牆中解放出來，放到自然科學中去考慮，就會知道孔子不只是一位教育家、哲學家，還是一位偉大的古代科學家。

日月運動有規律，有時間，這是一切推前和演後運算必須具備的條件。《易經》之卦是日月運動的代表符號，故用卦也能推知以前和演義以後。

再說孔子儒家，《漢書‧藝文志》說「儒家者流，蓋出司徒之官，助人君順陰陽教化者也」。原來儒家主要是講「陰陽教化」學說的，而「陰陽家者流，蓋出於羲和之官，敬順昊天，曆象日月星辰，敬授民時」，所以孔子在《繫辭傳》中說「陰陽之義配日月」。羲和是個觀天文制定曆法的官員。由此可知，孔子研究《易經》的目地是「治曆明時」，供民政之事用的，所以孔子《易傳》處處都是體現出了科學精神。

《易經》是一部偉大的古代科學著作，在歷代易學研究者的科學闡釋下，今天科學易已經形成，其研究正在逐步深入，我們相信二十一世紀，科學易的研究將讓《易經》重放科學光輝，古樹將開新花。

序

　　商宏寬先生關於周易自然觀的力作，是對現代易學文化體系探討的重要成果，希望引起更多的科學家、哲學家和學術界的關注，以便推進現代易學文化的發展。

　　自然觀是人們對自然界的總的認識。大體包括人們關於自然界的本原、演化規律、結構以及人與自然的關係等方面的根本看法。

　　自然觀是人們對整個世界認識的基礎，因而任何一種系統的哲學必然包含與之相適應的系統的自然觀。周易作爲中國的系統哲學有獨特的自然觀。在歷代眾多的易學著作中，朱伯崑的《易學哲學史》是第一部系統研究易學哲學的巨著。他把易學和哲學兩大學術體系結合起來研究，深刻地揭示了長期被易術掩蓋的有關易學的哲學本質，同時也爲中國哲學找到了自己的源流。至此，易學哲學的自然觀的研究就提上了研究的日程。

　　自然觀是在一定的歷史文化背景下形成的，尤其與當時的自然科學發展水準密切相關；反過來又對自然科學的發展有重要的影響。在歷史上，最先出現的是神話形態的自然觀；進入階級社會以來，唯物主義自然觀與唯心主義自然觀的對壘日趨明顯。唯物主義自然觀大體經歷了三個大的發展形態。

　　在古代，人們基本上把自然界看作是一個普遍聯繫、

不斷運動的整體，由此形成樸素的自然觀。近代科學深入自然界的各個部門進行孤立靜止的科學考察，由此產生形而上學自然觀。現代科學則日益廣泛地揭示了自然界的各種聯繫，從各個不同的角度發展著辯證唯物主義自然觀。這一科學的自然觀對整個自然科學和哲學日益發揮著積極的作用。周易自然觀是在古代形成的樸素自然觀，經過歷代易學的演變和現代易學的革故鼎新，成爲獨特的自然觀。

商宏寬先生長期在自然科學的研究崗位工作，又諳熟周易的經典，有條件、有可能對周易自然觀進行探索和研究。他研究了周易的自然結構及其演化，抓住周易自然觀的取意、立象、設卦的核心內容，以易象的思維方式演繹卦象結構和變化關係，達到天人合一的意境，充分展示了與西方自然觀互補的周易自然觀的獨特內涵，以及現代社會對周易自然觀的迫切需求。

本書首先展示周易關於天道、地道和人道的自然結構，突破了把自然作爲人的對立物的西方哲學傳統自然結構，並且根據老子關於人法地、地法天、天法道和道法自然的觀點，揭示了自然結構之間的複雜關係，以及周易關於形而上者謂之道，形而下者謂之器的觀點，闡述了精神和物質之間的幽明和感通的關係等獨特自然結構觀。

其次，研究了易有太極，是生兩儀，兩儀生四象，四象生八卦，八卦定吉凶，吉凶生大業，以及生生謂之易的周易特有的自然演化觀。

第三，探索了周易自然觀的立象取義的核心內容。其基本做法是立象以盡意，設卦以盡情僞，繫辭焉以盡其

6

言，變而通之以盡利，鼓之舞之以盡神。周易自然觀就是這樣善待自然，順其自然，認識自然、解釋自然、利用自然、改造自然，達到天人合一的境界。

第四，本書用獨特的易象思維方式，演繹卦象結構和變化關係，盡解自然之易、立象盡意、卦爻符號轉換、製器尚象、取象比類、變易爲性、簡易爲用、交易爲通、不易爲宗以及爲變所適、和諧論、地之道、災異觀、整體有機自然觀等。

當代科技革命和社會改革兩大潮流，使人類進入工商文明和資訊文明的新時代，從根本上改變了古代周易賴以存在的經驗科學基礎和農耕文明的社會條件，周易面臨生死存亡的抉擇。易學文化體系的核心是「天人同構」和「天人合一」，謀求周易自身的科學化去實現其社會化，把巫史文化變成哲理文化，以科學的精神和現代人文理念建成現代易學體系，是歷史的必然。

期盼廣大易學工作者能順應潮流、與時諧行地爲現代易學文化建設作出更大貢獻。

丘亮輝*

---

*丘亮輝教授爲國際易學聯合會秘書長，東方國際易學研究院副院長。

前　言

　　當今時代正處於蟬變的蓄勢待動時期，一個大變革的前夜。隨著科學技術的發展，快捷的交通，密佈的通訊資訊網路，使地球變得很小，這一突如其來的全球化進程，人們並無思想準備，到底搞成怎樣的全球化呢。

　　二十世紀經歷了兩次腥風血雨的世界大戰，經歷了兩大陣營意識形態對壘的緊張態勢，人們期盼21世紀是個太平世界。然而，「9・11」事件震驚了世界。於是，強權政治與恐怖主義對峙的局面越演越烈：阿富汗戰爭、伊拉克戰爭、巴厘島大爆炸、莫斯科某劇場綁架事件、馬德里的連環爆炸、倫敦的連環爆炸、巴以衝突引起的以黎戰爭……這些事件的背後折射出的是一個危機四伏的世界。

　　貧富懸殊，生產停滯，失業增加，經濟危機困擾著大部分地區；超級大國不顧國際輿論，悍然進攻一個主權國家，使聯合國的權威受到動搖，造成國際秩序失衡；在伊拉克戰爭中美國向世界展示了先進武器，使新一輪軍備競賽又悄然升級；由於資源、能源的危機，特別是對石油的依賴，導致了控制與反控制的較量；以軍事、經濟為後盾，強行推行一種文化、信仰、宗教，而引起的「文明衝突」正趨明顯化；人們為追逐高額利潤，販毒、販賣軍火、販賣人口、倒賣文物等無所不用其極，道德淪喪、邪教蜂起，表現了人們的信仰危機日漸深化；軍備競賽及追

逐高額利潤的項目，吸引了絕大多數科技精英和科研基金，而公益事業、環境保護、見效慢的科學基礎理論項目則經費不足，無人問津，造成技術發展很快，而科學基礎理論滯緩的不均衡狀態，這種科學發展不均衡狀態在地域上的差別更甚；……總之，當前的世界在經濟領域、政治領域、科學文化領域患了「陽剛亢奮之症」──索取、擴張、進攻、鬥爭、過激、衝突、浮躁、報復情緒彌散在各個角落❶。

卡普拉（1988）認為，現在的西方社會一直是陽超過陰，理性知識超過直覺智慧，競爭超過合作，對自然資源的利用超過保護。從而導致了思想、感情、社會的政治結構、科技發展的失衡，這種失衡危及了人類和地球的健康，造成了目前的危機❷。西方文化中的以自我為中心的擴張、進攻、競爭、索取特點，主宰著人們的觀念。對自然來說，是以人類為核心發展的思想；對人類社會來說，是以西方為核心發展的思想。前者，造成能源、資源危機，自然生態失調，環境遭受破壞；後者，造成兩次世界大戰，政治上的東西對立，經濟上的南北失衡。這種狀態被稱做「陽剛亢奮」之症❸。

西方文明是人類文明的重要組成部分，無論是在過去還是現在，都曾經對人類社會的進步與發展作出過重要貢獻，而且對將來的社會發展也必定還要作出重大貢獻。但是，西方中心主義則是一種排他性思潮，唯西方的才是優秀的，其他文化都是低劣的，並且由此推論，以優秀的取代低劣的是天經地義的「真理」，因此，全球化就是全球西方化，這就必然導致「陽剛亢奮」之症的發生。這種思

潮正在發展而且越演越烈。

1996年撒塞繆爾‧亨廷頓發表了《文明的衝突與世界秩序的重建》專著,提出了「文明衝突論」,繼而奈格里和哈特合著《帝國──全球化的政治秩序》,認爲這種新帝國是歐洲模式向美國模式的轉型,不是由疆界而是由多層次網路所構成,它沒有界限,可以無限擴大。

更有甚者,在《美國新世紀計畫》中,提出維持一個「單極的21世紀」,必須「阻止新的大國競爭出現」,「積極推動美國軍隊和戰爭的轉型」,「控制網路空間和太空的主導權」,「在全球推行自由民主原則」,總之,「世界秩序必須建立在美國軍事力量的無可匹敵的超強地位的基礎上」。而且這種思潮已經由拉姆斯菲爾德、切尼、沃爾福威茨帶進了美國政府,推行美國的單邊新保守主義。

這種不懂得吸收其他文明的長處,彌補自己的不足,而單斷獨行,故步自封的情況,有點像中國明清時期的閉關鎖國政策,使中華文明在自閉中熱寂而衰落,西方中心主義思潮也是一種自我封閉,是使西方文明逐漸衰落的隱患,同時它有更大的危險,因爲它具有擴張的劣根性,會殃及世界的穩定與和平。

這種危機與困境,西方的有識之士已經注意到,20世紀90年代初美國學者C‧朗頓就憂心忡忡地說:我透過這些相變之鏡來看世界,前蘇聯和東歐國家共產主義體系的崩潰(使世界)超過了亞穩定期,進入了大幅度變化之動盪混沌期,戰爭的可能性大大增加,有些戰爭甚至可能引發世界大戰,現在的局勢比以前更加敏感,……這可能是

非常糟糕的階段，這可能會是美國作爲一個超級大國在國際舞臺上銷聲匿跡之時❺。

法國的著名思想家愛德格・莫蘭提出「超越全球化與發展：社會世界還是帝國世界？」他認爲推動技術經濟全球化的同時，也給全球帶來了非殖民化，人們需要同西方帝國主義鬥爭才能採納西方的價值觀念。認爲文化全球化並沒有使文化同質化，多種文化混合的結果總會重新創造出多樣化。

不能以西方社會目前的狀況是人類的終極目的，不能以西方社會文明模式、理想和目的爲參照的「發展」邏輯爲標準，而忽視了西方文明自身在危機當中「發展」所產生的力量，將把人們引向核滅亡與生態死亡。歐洲知識份子針對美國的單邊主義認爲，抗衡美國的第一步就是要讓歐洲振興起來，因中國和俄國目前還不夠強大，建設「核心歐洲」是歷史交給歐洲知識份子的一項偉大使命。

一些人則提出地球公民社會的設想，並在西雅圖舉行反經濟技術全球化的示威，提出「世界不是商品」的口號，這些人被稱爲「西雅圖人」，並在 2001 年於阿爾格萊德召開了「第一次世界社會論壇」（117 個國家 4700 名代表和12000 多名非正式代表），同年 12 月在里爾舉行了第一次世界公民大會並提出《人類責任憲章》草案，目標是要建設一個「負責－多元－協力」的世界❹。

在這種人類社會與自然環境失衡，社會經濟貧富分化，政治軍事力量嚴重不對稱，科技飛速發展與道德制衡的失調的形勢下，一些學者自然而然地注視了中國的傳統文化與思維理念，一個東方文化熱悄然興起。

首先在認知領域發生從邏輯學範式到現象學的轉變，提出互動認知的思維方式。所謂互動認知思維方式，就是「從現象學範式出發，一個可以作參照的他者，就非常重要。新的認知要靠『他者性』的進入來打散『自我認知方面的確定性』，也就是說認知不應只是主體強加於客體的單方面的認識，也不是客體自身單方面存在的自在的特點，而應是二者溝通後產生的新的認知」❹。法國的法郎索瓦‧宇連的《爲什麼我們西方人研究哲學不能繞過中國？》認爲必須從『他者的外在觀點構成遠景思維空間』，而中國是最好的『他者』。

進而，一些人從普適倫理和價值觀角度考察世界文明亦認爲中國傳統文化的重要性。瑞士神學家孔漢斯曾到過中國進行學術交流，他明確指出，如果要發展普適倫理，儒學傳統的兩個基本信念可以作爲普適倫理的基礎，第一個原則是「己所不欲勿施於人」，……「恕道」就是不把我的價值，我所認爲的眞理強加於人。「恕道」對國際社會的和平文化可以做出積極貢獻。另一個原則是「仁道」，「仁道」就是把人當人看，……「己欲立而立於人，己欲達而達於人。」每個人都能親民仁民愛物，把這個發展自己的價值逐漸推廣到更寬廣的世界❺。

這種中國傳統文化熱在科學技術界也有所升溫。1988年在巴黎召開的「面向21世紀」第一屆諾貝爾獎獲得者國際大會上，75位參會者（包括52名科學家），討論了愛滋病、保護環境、教育問題、製藥研究中趨利行爲、裁軍問題等，最精彩的是瑞典諾貝爾獎獲得者漢內斯‧阿爾文博士的發言，他致力於空間研究，在等離子物理學研究領

13

域有輝煌成就，而他的工作無意中成爲「星球大戰」的序曲，他覺得各國的國防部應當改名爲「大批殺傷平民部」，他的發言最後得出了如下的結論：人類要生存下去，就必須回到25個世紀以前，去汲取孔子的智慧❼，❽。

1992年我國氣象學家張家誠先生應邀參加在日本京都舉行的「環境危機中的人類與自然界」的國際研討會。主要討論對付當前環境危機的指導思想問題，中國古代的科學思想竟成了會議的中心內容。

感到驚異的是，不只是日本人，而是來自西方的白人學者竟有那麼豐富的關於我國古代學術思想知識，而且又是那麼出自眞誠地對它讚美備至。張先生是到會的唯一的中國人卻知之甚少，「我越來越深感這次會議同我國文化的密切關係，使作爲自然科學工作者的我不知所措了。」在會上只能自慚不如，默默無言，回國後放下其他工作，決心在中國古代科學思想上弄個究竟。最近張家誠先生撰寫了《東方的智慧》一書，值得中國學人一讀。❾

人們在總結20世紀存在的危機中，尋求人類自救的出路，最後找到了東方的思想與理念，這可以說是時代的呼喚。然而身爲中國人，對中國的傳統文化知道多少呢？我等和張家誠先生一樣，作爲自然科學工作者，學的是西方的科學知識，用的是專業技術，對傳統文化很少關心。一些人認爲中國的傳統文化應該放在歷史博物館內陳列起來，現代社會飛速發展，傳統文化根本無用武之地。一些人認爲，中國要發展就應當放下歷史的沉重包袱輕裝前進，厚重的歷史是制約我們前進的主要障礙。

2004年9月3日楊振寧先生在「2004年文化高峰論

壇」上的講話❿，就是這種思潮的典型代表。楊振寧先生認爲：「沒有發展推演式思維方式和採取天人合一的哲學觀念，……是近代科學沒有在中國萌芽的重要原因之一，……《易經》的思維方式沒有推演法，缺乏邏輯性，而天人合一的觀念，把自然與人的和諧機械地、簡單地對應，從而成爲近代科技在中國萌芽的障礙」。

我們不能要求楊先生是易學家，他這種批評是認眞說理的，只是根據不充分，而且有根本的錯誤，筆者在本書的適當段落將做評論，以引起學界的討論。更有甚者，如何祚庥先生，當記者問他「東方思維是否能拯救現代科學技術？」他說陰陽五行「連僞科學都談不上，簡直是反科學」。⓫可見其對傳統文化抵制之深！

國際、國內學術界對中國傳統文化的態度反差之大是有許多原因的。

其一是歷史的原因。自鴉片戰爭之後，中國國勢積弱，而中國的知識份子主張學習西學，特別是「五四」運動提出反封建、打倒孔家店的口號，宣導科學與民主成爲當時社會之主流，而後的全盤西化之風盛行。解放之後，又施行一邊倒之政策，以馬列主義爲指導思想，全盤學習前蘇聯。這兩段時期都將傳統文化、特別是《周易》、八卦等同於封建迷信，而在「文化大革命」時期，極左思潮氾濫，以破四舊的名義，把所有不同的思想流派貼標籤、打棍子，則傳統文化在我國的影響已微乎其微。只有少數國學研究者也是在象牙之塔里做學問，並戴著西方的觀念、馬列主義的觀念去改造中國學問，即使如此，也是步履維艱。

其二是社會民間流傳著一些以術數騙錢的人，影響甚壞，使傳統文化傳播受到歪曲。確有一些人以算命、看風水的形式行騙。其實命卜、相術、醫術、武術、數術等，都是易學在實際領域中的應用，統稱之爲「易術」。「易術」是以「易道」爲原則而發展起來的學問，有些已經非常成熟，如醫術、武術、養生術等；有的有所發展並已演化爲現代科學如星象術→天文學、煉丹術→化學、數術→數學等；有些有一定的合理內核卻夾雜著許多迷信成分，如風水、算命、看相等。但是，由於過去多是師傳口授，只講些口訣與具體步驟，不講「易道」原理，加之代代相傳，領悟能力的偏差，時代變化而造成的不合時宜，以及傳授過程的失眞，又因門派林立相互保密，故意神乎其技而摻雜進許多迷信及繁瑣的戒律，故爾使這些應用之術失眞，造成應驗率很不穩定❶ 。一些人用這些東西，打著傳統文化的幌子，神乎其機，行騙錢的勾當，在社會上造成很壞影響，使人們覺得傳統文化就是愚昧落後。

其三是國際上的原因。如前所述，國際上確有一批勢力推行全盤西化戰略，「特別經過1991年第一次海灣戰爭以後，美國保守主義的抬頭，不少美國知識份子認爲一個新的潮流已經出現了，也就是福山所提出的所謂的歷史的終結。他引用了黑格爾的觀點，認爲從現在開始，沒有什麼不同的途徑了，現在只有一條路，這條路是美國走出的，所以其他文明都要向這條路靠近，向這條路認同，這條路所代表的是美國文化所主導的現代化和全球化。美國的現代化有幾個非常重要的因素，一個是市場經濟，一個是民主政治，一個是市民社會，還有個人尊嚴（就是個人

的解放）。這些價值都是普世價值」。並以其雄厚的財力和軍事力量推行這一計畫，在一些國家和地區已經實現或正在實現所謂的「顏色革命」。

這種思想最不願世界上有多種文化並存，特別忌憚中國的傳統文化的發展與弘揚。美國中央情報局曾提出對華的《十條誡令》，其中提出對中國青少年進行「西化」和「分化」的具體要求，「要利用所有的資源，來破壞他們的傳統價值」⑭。美國智囊庫蘭德公司提出對華戰略分三步走。第一步就是要分化中國，「使中國的意識形態西方化，從而失去與美國對抗的可能性⑮。」這種國際思潮與國內的形左實右的思潮匯合，有意或無意間阻礙著中國傳統文化的發揚與推廣。

我們不要狹隘的民族主義，而要與全世界各種文明和諧共存，取長補短，豐富我們的文化，使之健康成長。但也不要民族虛無主義，不能連自己文化之根也拔出來，使中華民族無立足之地。

鑒於此，弘揚中華傳統文化是當務之急。中華傳統文化浩如煙海，從哪裏開始呢。筆者認爲當從中華傳統文化的源頭開始，這就是群經之首的《易經》。

據河南省洛陽第二文物工作隊蔡運章先生介紹的考古資料，在西元前五六千年的裴李崗文化遺存中發現陶片中有類似文字的符號，認爲是卦象文字（經考證已有乾、坤、離、震等卦象文字），距今已有七八千年的歷史⑯。

在河北武安發現距今八千多年的磁山文化遺存中，有穴窯儲藏的大批糧粟、石斧、石鏟、石磨、漁獵工具、半地穴式民居、家畜家禽的遺骸，推算曆數、記事記數的籌

碼——陶丸，用於祭祀的用品——陶製的太陽、月亮，陶片上還發現了四面八方的星狀符號「✡」，陶製的祖形器，測日影的圭盤，占卜用的蓍草等工具[17]。

在河南濮陽西水坡古墓葬中發現用蚌殼堆塑出的東方蒼龍，西方白虎，北斗星位以及三個殉葬童子的下葬方向分別代表春分、秋分和冬至的神位。從墓葬形式中，折射出六千多年前古人對天文星象及四季曆律已有深刻的瞭解[18]。

在安徽含山凌家灘發現距今六千年的帶有「圭藏」圖樣的「含山玉版」和「玉神鷹雙象」，而在「玉神鷹雙象」胸部的天地圖中心，也有四面八方星狀圖案——「✡」[19]。與磁山出土的陶片圖案如出一轍。

這些古物遺存的發現與史書記載太昊伏羲之功德：「結網罟、興漁獵、養犧牲、充庖廚、畫八卦、作甲曆、定四時、建屋廬、始定居」很相近，這段時期可能相當於傳說的伏羲時代，而伏羲氏就是始畫八卦的聖人。

從殷商甲骨文（距今約3500年左右）研究中張政烺先生發現數字卦，已發現三爻卦八種，六爻卦二十多種。據《周禮·春官宗伯》介紹「大卜」（官職名）「掌三易之法：一曰連山，二曰歸藏，三曰周易，其經卦皆八，其別卦皆六十四」。說明商代易學已形成體系，成為卜筮決疑「以觀國家之吉凶，以詔救政」的工具。

商末周文王被囚禁於羑里城時，易學已經大行於天下，有三墳、五典、連山、歸藏和各種卜筮之術。文王身陷囹圄，所能消磨時間而又不引起懷疑的，就是用蓍草推演易經，故《周易·繫辭下》有云：「易之興也，其於中

古乎？作者其有憂患乎？……易之興也，其當殷之末世，周之盛德邪，當文王與紂之事邪。是故其辭危，危者使平，易者使傾，其道甚大，百物不廢，懼以終始，其要無咎。此之謂易之道也。」

文王演易距今約三千年以前，身臨危境所思所想是憂國憂民，是脫險、自強，殷商王朝爲何由盛而衰，周偏處西地如何由弱變強，故而文王演易增加了大量的社會人文因素和治國方略，而卜筮的內容則變得次要了，這是易學所經歷的重大變革與發展。

從西元前500～西元前100年間中國經歷了春秋、戰國、秦、漢初這一個大變革時期，諸子百家興起，此時也正是《周易大傳》的成書時期，除了《周易經文》之外，還包括易之十翼（彖辭上、下傳，大象傳，小象傳，文言傳，繫辭上、下傳，序卦傳，說卦傳，雜卦傳）是當時對《易經》解說文集總匯。從近代出土的帛書《周易》中可見，孔子及其弟子確實曾參與過《易傳》的編撰，同時可能還雜有道家、墨家、陰陽家、黃老之學等諸子的思想融注於《易傳》之中。

當時解釋《易經》的論文很多，不僅限於「十翼」，如《二三子問》、《易之義》、《要》、《繆和》、《昭力》等。這時正值周王室勢微，群雄割據，禮崩樂壞，各種思想流派興起，百家爭鳴之時，也是《周易》由卜筮→治世→哲理的蟬變與昇華的重要時期，使《周易》更趨向理性化。

從卦象文字符號出現→伏羲畫八卦→連山易→歸藏易→文王演周易→《周易大傳》形成，歷經三古，人經四聖

19

（伏羲、文王、周公旦、孔子），成爲群經之首，中華文化之源頭，中國哲學之淵藪，智慧之濫觴[20]。

弘揚傳統文化，首先就應弘揚《周易》的學術思想，澄清社會上對《周易》的誤解和那些不實之詞。《周易》博大精深，其内容包羅萬象，其書籍浩如煙海，此本小書不能面面俱到，僅就《周易》的自然觀介紹一個大概。因爲自然觀涉及許多根本性問題，諸如對世界本體的認識，自然界組成的認識，自然演化與發展的認識，人與自然關係的認識。這些認識也引申到人的事業觀、價值觀、認識論、方法論等諸多方面。

人的自然觀是人認識世界過程中形成的一種理念，並以此指導人們的認知活動和實踐活動，不同的自然觀，可以導致不同的認知模式、認知方法、認知途徑，在對自然的各種實踐中採取不同的措施、方針乃至政策，從而可導致完全不同的結果。

諸如「天人合一」自然觀與「人定勝天」自然觀；「優勝劣汰」與「多樣性共存」，「以人類爲中心」與「萬類霜天競自由」，「機械論自然觀」與「整體有機自然觀」等觀念之差別甚大，其對待自然、人類社會的態度亦截然不同。所以，人們的自然觀的確定，關係甚大。再者，科學是建立在人們對自然界認知能力的基礎之上的，當人們的認知能力提高，認知活動領域擴展、深入，科學也隨著發展與進步。

若評判《周易》與科學的關係，是阻礙還是促進科學的發展，亦應從《周易》的自然觀來分析，離此對《周易》的批評則成爲無的之矢，無源之水[21]。

筆者認爲，《周易大傳》標誌著《易經》發展到一個哲理化階段，而且也影響著歷代的學人。因此，本書討論《周易》的自然觀，也以《周易大傳》爲基礎，由於内容的需要會涉及到其他的易學著作，乃至諸子百家的典籍，是因爲百家在具體學術上有分歧，但在總的思維範式上基本是相近的，是可以相互借鑒與補充的，特別是儒家、道家、墨家、陰陽家、名家、法家、黃老學派等思想都在《周易大傳》中有所貢獻，有所體現。因此，適當引用《老子》、《論語》、《中庸》、《荀子》、《莊子》等典籍及文獻並無矛盾。

希望這本小書能概括地介紹《周易》的自然觀，並對中華傳統文化中對自然觀的認識有一個全面而又昇華的理解，並與現行的西方的自然觀做簡略對比，以彰明其特點、差別以及其現實意義。

中華文明只是世界上諸多文明的一部分，有其特長、有其優點、有其存在的價值，更由於其包容性、發展性、開放性而能與時俱進，雖歷經磨難，確成爲當今世界上唯一延續至今而不衰的古老文明。

本書由國際易學聯合會秘書長，東方國際易學研究院副院長丘亮輝教授寫序，在此特致感謝。希望此書——《周易自然觀》能起到正本清源，拋磚引玉的作用，書中有不當之處，切望指出，不同觀點亦希望能引起討論，並向能耐心看完此書的讀者致以謝意。

參考文獻

❶商宏寬，《當代的困惑與東方的智慧》，〔韓〕東洋

21

社會思想，2003，第8期。

❷灌耕編，《現代物理學與東方神秘主義》（根據F·卡普拉的《物理學之道》編譯），四川人民出版社，1984。

❸徐道一，《周易科學觀》地震出版社，1992。

❹樂黛雲，《文明衝突及其未來，世界文化的東亞視角——中國哈佛》燕京學者2003北京年會暨國際學術研討會論文集，北京大學出版社，2004。

❺〔美〕蜜雪兒·沃爾德羅普著，陳玲譯，《複雜——誕生於秩序與混沌邊緣的科學》生活·讀書·新知三聯書店，1997。

❻杜維明，《世界文化的東亞視角，世界文化的東亞視角》中國哈佛–燕京學者2003北京年會暨國際學術研討會論文集，北京大學出版社，2004。

❼〔澳〕派翠克·曼漢姆《諾貝爾獎獲得者說要汲取孔子的智慧》坎培拉時報，1988. 1. 24。

❽胡祖堯，《求真務實，尋根問底，面對現實，暢談啟迪》，查證與座談諾貝爾獎得主推崇孔子紀實，2003.8.10（未刊稿）。

❾張家誠，《東方的智慧》當代中國出版社，2005。

❿楊振寧，在「2004年文化高峰論壇」上的講話，2004. 9. 3。

⓫何祚庥，《中醫的核心理論——陰陽五行理論是偽科學》環球人物，2006. 10. 30。

⓬商宏寬，第二屆「世紀周易論壇」總結，如何從「術」向「理」的轉化，使易學更上一層樓，安陽周易研修學院，2005. 10. 18。

❸杜維明，《世界文化的東亞視角，世界文化的東亞視角》中國哈佛－燕京學者2003北京年會暨國際學術研討會論文集，北京大學出版社，2004。

❹金鑫、徐曉萍，《中國問題報告：新世紀中國面臨的嚴峻挑戰》（第71頁），中國社會科學出版社，2002。

❺河北日報，《美中情局對中國的〈十條誡令〉：鼓勵性濫交》2005.9。

❻蔡運章，《遠古刻畫符號與中國文字起源》中原文物，2001，第4期。

❼張天玉，《八千年磁山文化，易文化在這裏雛形》第二屆世紀周易論壇論文彙編，2005。

❽馮時，《古代天文與古史傳說——河南濮陽西水坡45號墓的綜合研究》中華第一龍，中州古籍出版社，2000。

❾李玉山，發現「連山」、「歸藏」與「伏羲神」，第三屆全國中華科學傳統與21世紀學術研討會，2005。

❿商宏寬，卦象符號‧卜筮‧治國方略——易史淺析之一，第七回世界易經大會暨第十五屆周易與現代化國際討論會論文集，安陽周易研究會編，2004。

⓫商宏寬，《周易》自然觀及其現實意義，國際易學研究，第九輯（301～323頁），華夏出版社，2007。

目　錄

25

27

易之為書也，廣大悉備，

有天道焉，有人道焉，

有地道焉。

——《周易·繫辭下》

一、道法自然

1. 關於自然

關於自然的概念，歷來就有狹義自然和廣義自然兩種。

所謂狹義的自然，就是除去人類及人類文明以外的自然界，諸如宇宙星空，大氣環流，江河湖海，山原谷梁，動物植物等等。依此而分出自然科學（數、理、化、天、地、生……）而不包括人文科學與社會科學。提出自然條件而不包括社會條件和人造自然條件。正如德國哲學家費希特所劃分的：自然界是無理性的存在，而人類社會則是有限有理性存在，上帝則是無限有理性存在。這種劃分雖然現在很少提起，然而這種對自然的觀念仍然控制著西方社會，並影響著我們。

狹義自然觀念，是源於西方主客觀分離的思維方式，人是認識的主體，客觀事物（狹義的自然）是被認識的客體，是無理性的存在。從當前學科的劃分，自然環境與人文環境、社會環境的區分看出，狹義自然觀念已經成為人對自然認識的主流。

所謂廣義自然，就是包括人類、人類社會乃至人的思維領域的整個自然界。認為人類也是自然進化的產物，是自然之子。這種對自然的認識，可以從《周易》、《老子》等典籍中體現出來。

《周易‧繫辭下》有云：「易之為書也，廣大悉備，有天道焉，有人道焉，有地道焉。」這種天地人三才之道。就是把人類包括於自然界之中。伏羲氏作八卦亦是觀天法地，觀鳥獸之文與地之宜，近取諸身，遠取諸物，把人的身體、情感、社會作為觀察對象。

《老子》有云：「域中有四大，而人居其一焉。人法地，地法天，天法道，道法自然。」這裏所說的「域中」，就是指的自然界，是說自然界中以天、地、人為大，「法」是以什麼為根據，有師法、效法之意，就是說：人以地為根據，地以天為根據，天以自然界固有的規律──道為根據，而道是事物演化過程中，自動、自流、自生、自化、自然而然形成的。

這種廣義自然觀念，是源於中國古代主客觀融合的思維方式，認為人是自然界的一部分，是受自然法則支配的，是受天、地限控而演化、發展的，人的意願應順從自然法則而行動而不能違背這種規律（道）而行事，主張人應與自然界和諧相處才能恒久發展。這種廣義自然的觀念是同中國農業發展過程中，逐漸而且自然而然形成的。

中國自古就以農業立國，據考古發現：種粟至少已有七八千年的歷史，種稻至少也有六七千年的歷史，農業生產的歷史當在萬年以上。

農業生產最重要的是掌握農時。因此，中國古代最先

發展起來的是天文學、律曆學、物候學。所謂物候學，是以物隨氣候變化來定時序的學問，「履霜，堅冰至」（《周易·坤·初六爻》）以及「潛龍」，「見龍在田」，就有物候學的痕跡，中國古代就出現的二十四節氣，七十二候就是重要成果。然而，物候出現的時間是相對的，或早一些，或晚一些並不規範，尚須有比較準確的時間作參照，故有土圭測日影定冬至、夏至、春分、秋分以及用二十八星宿躔日，以觀星授時。這樣就形成了：天運定時，地物應候，人作相和的天地人三才之道（圖1）。

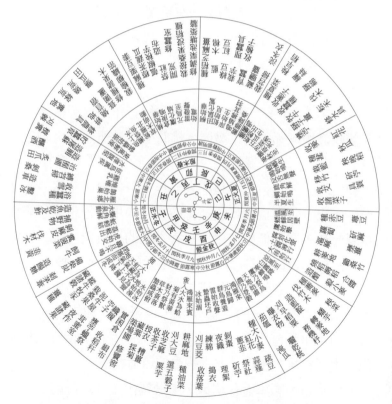

圖1　授時指掌活法之圖（轉引自王禎《農書》卷十一）

此圖以北斗七星斗柄指向二十八星宿定時（天運定時），用天干地支紀年，分一年為二十四節氣和七十二候，並以動植物隨季節之表現為徵候（地物應候），最外圈則是相應時間應做的農活（人作相和）。形成一個完整的天地人和的自然觀。

天地人相互感應的天人合一的自然觀，這是以觀天法地為手段，全方位整體考察人類生活環境系統，而形成的整體有機自然觀❶。將自然界看成是一個整體，人類只是自然界有機體的一部分，受整體自然法則控制而形成、發展的，這種廣義的自然觀念，有更廣泛的合理性。

這種廣義的自然觀念，時至近代才逐漸為科學界所認識，將人類社會與人類活動納入自然範疇之中，並出現許多新的提法。

「在二十世紀，自然界和社會相互作用這個概念，在各個知識領域都獲得了發展，儘管表述該概念的術語各不相同，例如：『工藝圈』、『人類圈』、『社會圈』、『智力圈』。」但是還是把人類作為自然界的主宰者的身份提出來，「在自然界和社會的相互作用過程中，意識和科學起最主要的能動作用。在智力圈的形成過程中，社會因素和科學技術因素發揮了頭等重要的作用。」❷

這種把人的智力和科學技術手段放在頭等地位，還是提倡人定勝天觀念的一種表現，還是把人和自然對立起來，而不是和諧相處。自從工業文明主導和干預自然和人們的生活之後，出現了非常嚴重的環境問題。

開始是美國學者蕾切爾·卡遜寫出了《寂靜的春天》揭示了廣泛施用農藥引起的苗不萌生，蟲兒不鳴，鳥兒不

唱，造成自然環境嚴重惡化的後果❸。隨後，陸續暴露出大氣污染、水污染、生物種群滅絕、生態失衡、臭氧層空洞的形成等一系列的問題。

1989年9月中旬在加拿大溫哥華，聯合國教科文組織加拿大委員會召開了「21世紀科學與文化——生存的計畫」國際研討會，會後發表了「關於21世紀生存的溫哥華宣言」。提出「人類在這個星球上所處的危急局勢要求有一個新的不同文化為根基，面向未來的觀念」。「要探索能使人在與環境的和諧中生存下來的一種未來模式。」並指出：利己主義是千萬人與其同類之間及人類與自然界之間缺乏和諧的首要原因。把人看成是宇宙創造過程的一個重要組成部分的認識會有利於克服利己主義。人會發現宇宙及其至高無上的統一性原則在自己身上的反映❹❺。

西方對自然的認識經過工業文明的教訓，而從狹義的自然觀念走向廣義的自然觀念，並且逐漸與中國傳統的自然觀念相匯合。下面將進一步探討其特點與內涵。

2. 自然構成

自然是由哪些部分構成的，各部分的關係如何，是自然觀的根本問題之一。在中國傳統文化中有兩種相近的說法，一種是《老子》論述較為直觀的說法；一種是《周易》的模擬式的說法，而且兩者都有密切聯繫，都闡釋著一種根本思想。

「故道大，天大，地大，人亦大。域中有四大，而人居其一焉。人法地，地法天，天法道，道法自然。」

——《老子》

這段話前已介紹過，現在進一步分析如下：

其一，說自然由四大部分或四個層次組成。

四個層次即是人（物）、地、天、道。而人（物）、地、天是有形可見的，為實；道為無形不可見的，為虛。虛實共同構成自然界。

人與物生於天地之間，包括植物、動物和人，秉受陽光、雨露、空氣和水而滋生繁衍；地包括山河湖海，土石水火，是提供萬物生長之搖籃，生命活動之舞臺；天包括日月星辰，風雨雷電，揮灑以陽光，潤之以風雨，授以四時，感以陰陽。而這些構成一個天覆地載的、而又分層有序的模式，而這秩序也可以說自然規律或稱自然法則，就是由道維繫著。

其二，自然界四大部分中，沒有神的位置。

在老子生活的時代，神靈鬼怪的地位還是很高的，但老子哲學中並沒有將「神」放在重要位置。《老子》一書中，涉及「神」字的僅有四處，其中三處作為形容詞，有神奇、神妙之意，如「谷神」、「神器」、「其鬼不神」等。只有一處是以名詞出現：「神得一以靈」，「神無以靈。將恐歇」，而且是將神納入「道」的統率之下。可見，老子哲學是崇尚真實的客觀存在的，即使推崇「道」，也是指無形但可感知，真有其作用與規律的另一種客觀存在❻❼。

關於「神」的概念在以後的適當部分還要論及，此處不多贅述。

其三，自然界的四個層次有高低主次之分。

高層次函蓋、包容低層次，低層次受控於高層次，故

有「人法地，地法天，天法道，道法自然。」這種關係，可用下式表示：

人⊂地⊂天⊂道⊂自⊂然

式中「⊂」在邏輯數學中表示被包容或被函蓋之意。

易有太極，是生兩儀，兩儀生四象，四象生八卦。八卦定吉凶，吉凶生大業。

——《周易·辭上》

這裏所說的「太極」指宇宙之本體，能包容天地之最大者故曰「太極」，老子稱之為「一」為「道」；「兩儀」者，為天、地，也可稱其為陰、陽；「四象」者，為四季，春（少陽）、夏（老陽）、秋（少陰）、冬（老陰）；八卦者，由老陽、少陽、少陰、老陰四象構成的八種象徵符號，代替天地水火風雷山澤八種環境因數；八卦相重則能摹寫自然界複雜現象及關係，則出現利害禍福；依據利害禍福，人們就可以趨利避害，實現各種事業。這就是《周易》所模寫的宇宙圖式：❽

$$
\left.\begin{array}{l} 1/8 \\ \vdots \\ \vdots \\ 1/8 \end{array}\right\}\ (8) \atop (八卦)\subset \left.\begin{array}{l} 1/4 \\ \vdots \\ \vdots \\ 1/4 \end{array}\right\}\ (4) \atop 四象\subset {1/2 \atop 1/2}\Big\}\ (2) \atop 兩儀\subset \quad (1) \atop 太極
$$

這也是一個分層有序，高層次函蓋包容低層次的關係，而且更強調了高層次分化生成了低層次的生成關係。這裏就提出了自然的生成與演化的問題。

3. 自然演化

廣義自然觀念的產生和人們對自然演化的認識有關。

中國古代就有較完整自然生成論的描述，認為天地交合產生萬物，有萬物而後產生人類，人類是自然之子，是自然界的一部分。

有天地然後有萬物，有萬物然後有男女，有男女然後有夫婦，有夫婦然後有父子，有父子然後有君臣，有君臣然後有上下，有上下然後禮義有所錯（措）。

——《周易·序卦傳》

天地→萬物→人類（男女）→夫妻→家庭（父子）→君臣（社會）→尊卑→禮儀制度，這樣一種演化過程，與現代科學所揭示的人類演化過程是十分吻合的。先有天地，後有生物，再有人類，有了人類才有家庭與社會，才有尊卑貴賤之等級，有了等級才有了管理的各種儀式和制度。這些都是自然而然發生的。

後來《淮南子·天文訓》對天地生成過程有如下描述：

清揚者薄靡而為天，重濁者凝滯而為地。清妙之合專易，重濁之凝竭難，故天先成而地後定。

——《淮南子·天文訓》

而將這種自然演化過程模式化的是老子，《老子》總結為：「道生一，一生二，二生三，三生萬物。萬物負陰而抱陽，沖氣以為和。」這是一種由少到多，由簡單到複雜的發展的演進觀。

如果將老子的生成模式與地球的形成過程相聯繫：「道生一」，相當於原始星雲之集結，形成星雲團，其密度越來越大，輕重混合，混沌未分，同處於星雲團之中；「一生二」，相當於密集的星雲團的分異過程，重濁者凝而為地（岩石圈形成），清揚者升而為天（大氣圈形

成）；「二生三」相當於天地交媾，雲行雨施，大地積水而成江河湖海（水圈形成）；「三生萬物」，相當於大地受陽光普照、受雨露及水的滋養，水是生命之搖籃，而萬物生焉。

老子特別崇尚水，為百穀王，處卑不爭而生萬物，更近於道❻。而這種比擬是比較符合現代科學認識的。這種自然演化過程，是與上帝造物的「特創論」是迥然不同的，這裏沒有神的地位，一切是自然而然發生的，不是事先安排的，而是隨機演化的生生不息的過程。

正如美國學者布賴恩‧亞瑟所說：「而另一種理論選擇——複雜性的特點——則完全是道家的。在道家中，秩序不是天然固有的，『世界從一開始，一變成二，進而變成許許多多，又導致無窮無盡。』在道家中，宇宙是廣袤的、無定性的、永恆變化的。」❾這種理論是符合複雜性研究所揭露的事實的。

事實證明，宇宙從混沌的星雲團→到以恒星為主之星系→行星之形成，是自然演化的；地球從洪荒時期的無機地球→無機＋有機→無機＋有機＋有生命→無機＋有機＋有生命＋有智慧，也是從無到有，從簡單到複雜的發展演化的；人類社會從舊石器→新石器（陶器）→青銅器→鐵器→機械化→電器化→資訊化時代的演變也證實了這一點，那就是中國傳統文化中，以《周易》、《老子》為代表的自然演進觀是相當正確的，宇宙萬物都是在自動、自流、自生、自化的自然而然的演化過程中發展進化的，這就是「道法自然」。

廣義自然的觀念，還來自於自然的有序性和關聯性。

《周易》中認為：物有象，象有數，數有則，有物必有則。「則」就是一物的具體之法則。

　　天地變化，聖人效之。天垂象，見吉凶，聖人象之。河出圖，洛出書，聖人則之。

——《周易‧繫辭上》

　　這裏所說的「效之」、「象之」、「則之」，都是從自然界之中天地萬物之象出發，去觀察、效仿，按照自然的規律的啟示而想出辦法的。《周易‧震‧初九‧象》有云：「震來虩虩，恐致福也。笑言啞啞，後有則也。」是說面臨地震之災禍而恐懼，但經歷過之後，就有了對付災禍的辦法，災可以變為福。「恐致福，後有則」，這正是《易經》認知自然的方法。

　　這裏的「則」字非常重要，一物一事都有則，則是針對客觀事物所體現的規律而總結出的法則，這種法則，是自然界萬物固有的「道」的體現。自然萬象，賾而不亂，並行而不孛，「方以群分，物以類聚」，自然界是有秩序的，這種秩序就是「道」。天有天道，地有地道，人有人道。人效法地，地效法天，天地人都以其固有之道運行、變化、發展，《周易》這本書就是講天地人變化之道的。故有：「易之為書也，廣大悉備，有天道焉，有人道焉，有地道焉。」

4. 天道無為

　　這裏所說的天，不僅指天，還指地，泛指自然。天道就是自然之道，天道無為有如下特點：

　　其一，是「普濟」。

是指天地普施恩澤於萬物眾生，而無所選擇的性質。

　　大哉乾元，萬物資始，乃統天。雲行雨施，品物流形，大明終始，六位時成，時乘六龍以御天。乾道變化，各正性命。保合大和，乃利貞，首出庶物，萬國咸寧。

——《周易·乾·彖》

　　這裏說乾卦表示天，故有大哉天德之善，萬物賴之而有其始。萬物皆屬於天。雲行雨施以滋育，萬物得以流傳於天地之間。太陽升起又落下，東西南北上下六個方位和春夏秋冬四季形成，在這種自然變化之中，萬物各有各的壽命。保持並成就四季諧調，普利萬物之繁茂昌盛，萬國得以安寧。

　　至哉坤元，萬物滋生，乃順承天。坤厚載物，德合無疆。含弘光大，品物咸亨。

——《周易·坤·彖》

　　是說，至哉地德之美善，順應天道之變化，萬物賴之以生長。以其溫順敦厚之德，承載萬物，地德普及萬物而無邊際，包容宏大而廣闊，萬物得地宜而豐美❿。

　　《管子·水地篇》有云：「地者，萬物之本原，諸生之根菀也，美惡賢不肖愚俊之所生也。」是說地是萬物生長之根本，不論是鮮花還是毒草，是賢良者、不肖者、愚笨者乃至俊朗者，都是依賴地利之所生啊。以上所舉，都是談天地自然對萬物普施恩澤，而無所選擇的特點。

　　其二，是無欲。

　　是指天地施恩於萬物眾生而不要求報答的性質。譬如，《周易·繫辭上》有云：「勞而不伐，有功而不德，厚之至也。」此處「伐」同「誇」，自稱其能為「伐」。

這裏是說天地勞作而不自誇，有功而不自居，其德行真是敦厚之至呀。

《周易‧乾‧文言》「乾始能以美利利天下，不言所利。」此是說天德以利物為準，以最佳的條件便利天下，而不宣揚自己的功勞。《老子》亦有：「萬物作焉而不辭，生而不有，為而不恃，功成而不居」的說法，是說象天地那樣讓萬物依照自然生長，滋養萬物而不自誇，萬物依賴它生長而不居為己有，為萬物立下了功勳而不自居其功。以上所舉，都是描述天道無欲的品格。

其三，是不仁。

是指天地之行為，我行我素，不管你願意不願意，能不能承受，照施不誤，即天地施為不以人的意志為轉移的性質。譬如，《周易‧繫辭上》有云：「方以類聚，物以群分，吉凶生矣。在天成象，在地成形，變化見矣。」此處「方」實乃「人」字因形似而誤，是說人各有不同，以類相聚，物各有異，以其群相分，於是矛盾自然會出現，吉凶就產生了，這是不以人的主觀意志為轉移的。

在天有日月星辰，風雨雷電之象，在地有山川塬澤，草木鳥獸之形，這些都因時而變化，也是不以人的主觀意志為轉移的。《周易‧無妄‧彖》有云：「無妄，剛自外來而為主於內，……天之命也。」所謂無妄之災，是指人們無妄作之行為，為何有災害糾纏呢，是說這個災不是人為之禍，而是外在環境強加於人的自然災害，這也是不以人的主觀意志為轉移的。

《老子》有云：「天地不仁，以萬物為芻狗。」是說天地不講仁義，以萬物當作祭示用的祭品。《荀子‧天論

篇》有云：「天不為人之惡寒也輟冬，地不為人之惡遼遠也輟廣。」是說天不會因為人們不喜歡寒冷而不讓冬天到來，地也不會因為人們討厭遙遠而不那樣廣闊，這些都是不能隨人所願的。以上所列舉的，都是描述天地「不仁」的性質。

其四，是有信。

是說天地博大，萬象百態，但確有規律可循的性質。譬如《周易·乾·文言》有云：「同聲相應，同氣相求。……本乎天者親上，本乎地者親下，則各從其類也。」是說事物之間是有聯繫和相互感應的，以天為根本的事物就親近天而靠上，以地為根本的事物就親近地而靠下，諸物自然而然地各從其類。

《周易·繫辭下》有云：「陰陽合德，而剛柔有體。以體天地之撰，以通神明之德。」是說事物的性質（德）與形體（體），是受陰陽之氣和剛柔之體所決定的，以此體驗天地所秉受之數，以此會通神奇奧妙之性。

《周易·說卦傳》有云：「窮理盡性以至於命。」是說萬物各有其理，各有其性，各有其壽命。人們可以窮究其理，充分利用其性，以至於瞭解其發展變化的整個過程，也就是其命運。

> 孔德之容，惟道是從。道之為物，惟恍惟惚。惚兮恍兮，其中有象，恍兮惚兮，其中有物；窈兮冥兮，其中有精，其精甚真，其中有信。

> ——《老子》

此處之「孔」乃是大的意思，是說具有大德的人，總是遵循「道」的法則行事。「道」這個東西，沒有形狀，

43

恍恍惚惚,恍惚之中似乎有形象,卻似像非像;似乎有物,卻似物非物;在幽深神秘之中,確有極精微的東西,這精微的東西是那樣的真切,而且可以感覺到它的規律性。這是《老子》對形而上的「道」的描述,其中特別強調它的「有信」的規律可感性。

《荀子・天論篇》有云:「天有常道矣,地有常數矣。」「天行有常,不為堯存,不為桀亡。」這裏強調:天的運行是有正常的軌道的,地形態之變化是有一定的氣數的。而這種常態,不會因為人間政權之更替而有所改變(不會因為唐堯的清明而存在,也不會因為夏桀的昏庸而消亡)。上述都是說明自然之道有規律可循的性質。

由是觀之,「天道無為」是說,天地普濟萬物而無所選擇;滋養眾生而不求報答;天地施為不以人的意志為轉移;而按其固有規律行事,這種規律是可以體認、觀察、感知的。「天道無為」比較客觀地描述了自然是一個自動、自流、自生、自化的自調節、自組織、自洽體系。這種認識十分真切,十分超前,時至今日亦非常高明。

參考文獻

❶商宏寬。《周易》的理念與科學精神,第三屆世紀周易論壇與聖賢文化研討會論文集,華人國際新聞出版集團,2006。

❷〔前蘇〕P・加爾卡文科,IO・特盧梭夫,李樹柏譯,《自然界・金吾倫選編,自然觀與科學觀》. 知識出版社。1985。

❸〔美〕瑞吉兒・卡遜著. 呂瑞蘭,李長生譯,《寂靜

的春天》.吉林人民出版社,1997。

❹中國科學報,關於21世紀生存的溫哥華宣言,1990.
6.1。

❺徐道一.《周易科學觀》.地震出版社.1992。

❻商宏寬.進入複雜系統之門——讀《老子》偶思錄,
益生文化.第三、四卷,2003。

❼商宏寬。《當代的困惑與東方的智慧》.〔韓〕東洋
社會思想,第8期,2003。

❽商宏寬。《岩體工程地質力學——具有中國特色的工
程地質學,中國工程地質50年》.地震出版社.2000。

❾〔美〕蜜雪兒·沃爾德羅普著,陳玲譯.《複雜——
誕生於秩序與混沌邊緣的科學》.生活·讀書·新知三聯書
店,1997。

❿高亨,《周易大傳今注》.齊魯出版社,1987。

是故形而上者謂之道。形而下者謂之器。化而裁之謂之變。推而行之謂之通。舉而錯之天下之民謂之事業。

《周易・繫辭上》

二、兩種存在

自然界是由什麼組成的，什麼是宇宙的存在，這是自然觀的根本問題之一。人們常注意到有形的、物質的存在，卻忽略了無形的、非物質的存在。《周易》對這個問題則有獨到的見解。

1. 幽明之故

《周易》認為大千世界之萬事萬物，並非一切都能看到，可見之物為明，有形；而不可見者為幽，為無形。無形者雖然看不見，卻可以感知。《周易》特別重視區分並探索幽明、隱顯問題。

《周易・繫辭上》有云：「仰以觀於天文，俯以察於地理，是故知幽明之故。」是說仰觀天文，俯察地理，透過觀察可以知道看得見的東西和看不到的東西，以及這些東西之所以存在的規律和原因。這裏所強調的是，事物表面之後所隱藏著的規律性和主導變化之原因。進而又說：「神無方而易無體」。「神」指玄妙幽深之道是無定方的，而《易》所反應的道也是變化多端而無定體的。強調隱藏於事物後面的道理是無形體的這一特點。又云：「無

有遠近幽深，遂知來物，非天下之至精，其孰能與於此。」是說懂得易道的人，無論遠近幽深乃至未來的事物，皆可知道，若不是天下最精之理，誰能達到如此地步。

《周易‧繫辭下》有云：「其知幾乎。幾者，動之微，吉凶之先見者也。」是說你知道細微的變化嗎？毫末之變動是吉凶之事態的先兆呀，不可不察。又云：「君子知微知彰、知柔知剛，萬夫之望。」這裏是說有道德的既知道微細的事物，也知道明顯的事物，處事既知何時應柔弱，何時應剛強，運用恰到好處，這樣的人才是受眾人仰望的人。強調知巨細，知剛柔，知幽明之故。

又云：「夫易彰往而察來，而微顯闡幽，開而當名辨物，正言斷辭，則備矣。」是說《易》能彰明往事，預察未來之事，細微之事得以顯示，幽隱之事得以闡明，開卷讀之能準確定名辨明事物，並正確講述判斷，這樣就都已完備了。

《周易‧乾‧文言》有云：「知至至之，可與言幾也；知終終之，可與存義也。」是說，這個人能知事業將發展到何種程度，就可以和他探討幾微之事了；能預知事業最終會有何種結果，知之不誤，行之有恆，就可以和他共同幹事業和共存正義了。

以上所舉數例，都強調了「幽」與「明」，「隱」與「顯」兩種事物及其辨別、預知的重要性，能彰往察來，防微杜漸，辨事明理，建功立業。

在此進一步闡述「明顯」與「隱幽」兩者的深層意蘊❶。

這裏說的「明」或「顯」有兩層意思。其一是指能看

47

得見的有形的事物。要想看得見，需要有條件：一是要有光照，故有「離」為日為明；一是有具體形象之實物被你看見；一是有視力，視力好者看得真切，視力差的看得模糊，無視力則一片漆黑。三者俱備方能見，這種見、明還只是對事物的表面認識而已。

另一層意思是指：透過觀察感通，不僅知其形貌、顏色、大小、軟硬、味道，而且知道其習性、變化規律乃至此事物與他事物之間的關係，並在此基礎能知道其應用與利害，這種彰明才是真的明。

這裏所說的「幽」或「隱」，是直觀看不到的（聽而不聞，視而不見，搏而不得）。世界上的存在不是都能看得到的，或者因為太微小，或者處於萌動之前狀態不為人所見，稱之為「幾」、「微」、「隱」，以後長大會顯現的；或者是隱含於事物內的一種性質、一種能量、一種場，如電磁聲光等，其現象可見、可感，但卻無形、無體；或者是一種形而上的資訊、知識、理念、規律，它隱藏於事物之背後，卻主宰著事物的變化，如，道、神、理、德、法、則等。

隱幽之事物非但不可忽略，而且常常是事物之根本性質之源，演化之根，對事物起主宰主導作用。時至今日科學昌明，發現了「隱物質」、「隱能量」、「隱參量」以及有所謂的撓場」（「Ψ」場）❷等幽隱事物，這可以說是《周易》探幽索隱的延續。

2. 感而遂通

對幽隱之事物看不見，摸不著，確可以感覺到，故有

「感而遂通」之現象。

　　同聲相應，同氣相求，水流濕，火就燥。雲從龍，風從虎。聖人作而萬物覩。本乎天者親上，本乎地者親下，則各從其類也。

——《易·乾·文言》

　　前已引述，但這裏主要強調的是事物之間的感通關係。相同的聲音可以產生共鳴，相同的品格氣味則十分投緣，水與濕聯繫，火與燥親合，龍飛雲繞，虎行生風，聖人做事眾人效仿，與天相近的事物就向上而親近天，與地相近的事物就向下而親近地，所有這些現象都說明一個問題，那就是性質相近的事物在一起，各從其類也。

　　天地感，而萬物化生；聖人感人心，而天下和平。觀其所感，而天地萬物之情可見矣。

——《周易·咸·彖辭》

　　是說，天地以陰陽二氣相感應，因而萬物得以發展變化，繁衍生息；聖人以其道德感化眾人之心，因而天下太平。觀察事物之間的感應，則天地萬物之間的關係與好惡，就可以知道了。

　　這裏所說的感應是普遍的現象，天與地，物與物，人與物，人與人都有所感應。故而「感通」也是瞭解自然的重要方法。所以《周易·繫辭下》有云：「遠近相取，而悔吝生；情偽（為）相感，而利害生。」這裏是說人與人的關係，由於遠近親疏而由此生出許多芥蒂與悔吝，由於情感和行為的影響而產生利害衝突。人與人相感，社會集團之間相感而產生極其複雜的社會關係。

　　總結以上諸論故有：

易無思也，無為也，寂然不動，感而遂通天下之故。

——《周易・繫辭上》

是說，易經本身沒有思慮什麼，也沒有作什麼，靜靜地放在那裏不動，一旦當你誠讀易經，理解卦爻象的關係之後，則可以感通天下事物之緣由。由上述可知：

其一，「感通」是自然界的一種普遍現象。

諸如物與物之間有吸引與排斥，有溶解與沉澱，有受擠壓就有受拉張，有冷熱對流，有諧波共振等等。人與物之間有環境的選擇，有衣食住行之利用，有廢物之淨化，有自然災害之趨避等等。人與人之間則更有愛惡情仇，喜怒哀樂，利害相權，等等。總之，「人以群分，物以類聚」，事物之間本來就有千絲萬縷之聯繫，形成關係網路。中國傳統文化雖然也重視事物本身的組織結構的分析與探索（譬如庖丁解牛與古建築學中的營造法式之類），但更側重於事物之間關係的研究。認為萬物相雜，關係紛繁，雜而有序，變而有道。

其二，「感通」是感其性情，通其理則。

透過感觀（如視、聽、嗅、味和觸摸）而感知其形狀、大小、軟硬、冷暖、顏色、味道、聲音，這只是感其表象。由這些表面現象反映到大腦，形成印象、記憶，而產生「情感」，是愛好，還是憎惡，是親和，還是厭棄，甚至敵對，由「情為」而決定關係。由此更深入地要通達事物變化的法則，而決定對事物的規則性的理解，並逐漸形成應對的措施。

這一過程並不神秘，是自然而然發生的。如啄木鳥敲擊樹木，乃知樹幹中是否藏有蟲，而食之。它不是透過推

理計算，而是由感通過程，達到熟練。在水中有一種魚，可以向岸邊植物上噴水，擊落昆蟲而食之。它也不知道水的折光率與空氣的折光率有所不同，水與空氣對噴射水柱的阻力有多大，水柱經過路徑怎樣計算，而是透過「感通」、實踐，達到百發百中之目的。

中國古代傳統文化強調「感通」，所以對那些無形的事物的研究發軔甚早，如聲、光、電、磁的認知都領先於西方，說明「感通」是靈感之源泉。早在八千年以前出土骨笛，能奏出與傳統音階相近的音列；在《國語·周語》中就介紹了黃鍾、大呂等十二音律；明代的朱載堉創建十二平均律，給出了數學運算式，解決了「音樂上的旋宮難題」；明代宋應星的《氣論》對聲音傳播理論之闡述，都與近代聲學理論相近，堪稱開先河之創見❸❹。其他如《墨子》對光學的研究試驗；避雷針的發明與應用；指南針的發明與磁偏角的發現；利用地震波波動原理發明地動儀；氣功養生與經絡學說的創立等，都與直觀感通有較大的聯繫。當然這裏也有出類拔萃的科學試驗和理論推導的功勞（如墨子的小孔成象等光學試驗，朱載堉的聲學音律的數學推導等）。「感通」實踐與科學實驗、邏輯推理三者結合將是開拓創新的最佳途徑。

其三，「感通」現象既是一種直觀感知能力，又是一種激發靈感的重要方法。

感通現象是物我合一，與自然融為一體，直面自然與自然溝通，便於發現自然固有之各種現象，而較少受已有知識理論乃至先入之見的約束。這與邏輯推理有較大差別，邏輯推理是以人腦中已有的知識為基礎，這種知識雖

有某種經驗的合理性，但卻和自然原型有一定差距，這種差距或者因為認識的視角不同，或者因為事物隨環境條件的改變而有所變化，甚至因為研究者為便利於計算推演而刪除一些因素、簡化模型而造成的人為誤差而形成。故而推理越遠就與自然契合性越差，所以邏輯推理發現自然固有現象的能力要差。

直觀感通，直面自然更易於發現自然固有的規律性，更能激發靈感。當然，有了靈感，使其深化，條理化，就要論證其所以然，就要借助於邏輯推理使之完善。故爾，感通能力和邏輯推理兩者不可偏廢，結合起來，取長補短則善莫大焉。

3. 關於神的概念

《周易大傳》中多處涉及到「神」、「鬼」（多達三十多處），直言鬼神，卜以蓍龜，給人以宣傳迷信的印象，探討《周易》的自然觀，必須正視此問題。然而，細究「神」的概念則另有新意。

直言鬼神者有五條六處。其中一條有兩處提及鬼神。

夫大人者與天地合其德，與日月合其明，與四時合其序，與鬼神合其吉凶。先天而天弗違，後天而奉天時。天且弗違，而況於人乎，況於鬼神乎。

——《周易·乾·文言》

此言乾之大德（大人應據有此德）和天地一樣使眾人安其生得其養；像日月一樣普照一切事物而明察秋毫；政令像四季一樣，春夏秋冬循時而行；其賞善罰惡和鬼神賜福降禍那樣一致。當其走在天象之前，天都不違背其預

見，當其走在天象之後，則依照天時行事，天都不能違背他（大人）的意願，何況民眾呢，何況鬼神呢。

天道下濟而光明，地道卑而上行。天道虧盈而益謙，地道變盈而流謙，鬼神害盈而福謙，人道惡盈而好謙。謙，尊而光，卑而不可，君子之終也。

——《周易·謙·彖》

是說天道謙下，灑下陽光雨露使萬物生長；地道謙卑，而地氣上升與天交合而利萬物生長。日月虧損則迎來的是益漸豐滿；大地高隆則水土泥沙流向低窪之處，而達到平衡與和諧；鬼神帶來深重的災難之後，福祉就會降臨；對於人來說，驕傲自滿者人所惡之，謙虛者人所好之。尊而能讓者光榮，卑而不越者會有好的結果。總之，是從各方面闡述謙德的好處。

其三《周易·豐·彖》有云：

「日中則昃，月盈則食，天地盈虛，與時消息，而況於人乎，況於鬼神乎。」

這裏也是說天地盈虛與時消長的道理，人與鬼神都不能凌越這個自然之規律。其四

精氣為物，遊魂為變，是故知鬼神之情狀。

——《周易·繫辭上》

是說生物有至精之氣（或稱之為靈氣），它不附麗於實物之中而自成靈物，其性飛揚飄忽、伸展，稱謂「神」；另有一種氣，其性變幻莫測、凝重、收斂，稱之為鬼，亦稱之為遊魂，故有明白精氣這種靈物和遊魂之變幻，就知道鬼神之情狀了。

此所以成變化而行鬼神也。

　　這是介紹「大衍之數五十，其用四十有九」的揲蓍之法筮卦之後，可知卦爻變化而通達鬼神之情狀。

　　透過以上直談鬼神的文字，可以客觀地瞭解古人對鬼神的認識與評價。

　　第一，古人對控制物體及生命活動演化的、人們只能隱約覺察或感知的、卻不可確見的東西或力量的一種理解。認為一種是至精之氣，飛揚飄忽，無孔不入，稱之為「神」，喻示其性「伸」，屬陽；一種變幻莫測，凝重、收斂，稱之為「鬼」，喻示其性「歸」，屬「陰」。鬼神是一種在冥冥之中主使人禍福災祥的力量；

　　第二，鬼神的情狀變化，雖然人們尚不能確知，但是它們的變化是受天地變化控制的，是受天道——自然之道主宰的。因此，它們並不是主宰一切的「上帝」，而只是人們尚未確知的一種物質或能量或資訊。故有「天且弗違，而況於人乎，況於鬼神乎」；「天地盈虛，與時消息，而況於人乎，況於鬼神乎」；「謙」的德行是普遍適於天人和鬼神的，故有「鬼神害盈而福謙」之說。都說明鬼神是受自然之道支配的自然現象，而不是獨立於自然之外的「上帝」；

　　第三，鬼神是可以附麗於人物，或者脫離於人物而存在。這種存在是看不見，摸不著，但卻可以感覺到，故有「神無方而易無體」之說，是說「神」無方所，彌散於自然之中，而《易》則是探索這種「神」之變化的書，所以它就亦無有一定之形體；

　　第四，對這種人們尚不能確知的存在，往往使人們在決定事情時產生疑難。為此，人們利用蓍草、龜板等東西

進行占卜，以代替人們的決定，這就有所謂的「神物」，故有「是興神物以前民用」；「天生神物，聖人則之」；「蓍之德圓而神」等說法。這裏要強調的是，因為《易》首先認為主宰一切的是天道——自然之道，而且將這種不確知的「鬼神」的情狀也納入自然之道的統帥之下，所以當人們不確知之時用占卜決疑是權宜之計，在「卜筮」過程中重要在追求事物本身的「則」與「德」，一旦德行可則，就會使「卜筮」昇華為哲理而顯現為「道」的範疇。故有帛書《周易‧要》所說的：

子贛曰：夫子亦信其筮乎？子曰：吾百占而七十當，唯周梁山之占也，亦必從其多者而已矣。子曰：易，我復其祝卜矣，我觀其德義耳也。幽贊而達乎數，明數而達乎德，又仁守者而義行之耳。贊而不達於數，則其為之巫；數而不達於德，則其為之史。史巫之筮，鄉之而未也，好之而非也。後世之士疑丘者，或以易乎？吾求其德而已，吾與史巫同塗而殊歸者也。君子德行焉求福，故祭祀而寡也；仁義焉求吉，故卜筮而希也。❺

這段話非常重要，有如下幾層意識：

其一是說孔子會占卜之術，但並不看重占卜之術，不是不能也，而是不屑為也；

其二，孔子研《易》主要是觀其德義，占而達乎數，明數達乎德，德而行乎義。這是孔子研《易》而區別於史巫之筮的地方，正是孔子這些人將《易》引申到哲學層面的；

其三，孔子預見到後人可能因他研《易》而懷疑他的治學思想，特別聲明他與史巫是同途而殊歸者也；

其四是說，君子德行端正，行事合於天道（順乎天，應乎人），何須祭祀去求福；心存仁義何須卜筮而求吉。

綜上可見，孔子及其有識之士，治《易》不以個人之吉凶禍福為目的，而是心懷大業，志存高遠，而是由占而知數，數而明德（自然之本性），以德行義，這一個過程使《易》從占筮升至哲理之高度❻。

第五，正因為對鬼神領域的迷惑與好奇，而有對神明的祭拜活動，規定有禮儀，故有「觀天之神道，而四時不忒，聖人以神道設教，而天下服矣。」（《周易·觀·彖》）的說法，然而也特別強調祭示以誠敬，而不是以祭品之豐盛為標準，故有「東鄰（指殷商）殺牛，不如西鄰（指周）之禴祭受其福。」（《周易·濟既·九五》）對於「神明」一詞，古代有兩種解釋：一種以天神為「神」，地祇為「明」，所以有「幽贊於神明而生蓍」之說法，是說古之聖人之作易，暗中受神明的幫助，而用神草（蓍草）起卦。「神明」的另一種解釋是形容對複雜事物的瞭解十分透徹，稱為「神而明之」。故有「以通神明之德」，「神而明之存乎其人」的說法。這裏的「神」就已經脫離神椆，而有了明道通理之內涵；

第六，「神」是對人們利用自然規律，掌握生產方法，同時在實踐中不斷改進、創造，並使人類受宜，從而達到高度智慧領域的一種稱謂——「至神」。故有「利用出入，民咸用之謂之神。」（《周易·繫辭上》），「神而化之，使民宜之」，「精義入神，以致用也」，「窮神知化，德之盛也」（《周易·繫辭下》）等都是其例子。

綜上所述，古代先民雖然有祭示鬼神的儀式和敬畏鬼

神的思想，然而確更相信天道，並將鬼神納入天道統帥之下。認為「神」乃是人們對尚難以認識的變化規律及神秘奧妙現象的一種稱謂，故有「神無方而易無體」，「神也者，妙萬物而為言者也」的說法。陰陽變化有有序可測者，稱之為「理」；有無序難測者，稱之為「神」。故有陰陽不測之謂「神」。由是觀之，隨著人們認識水準的提高，「神」可以轉化為「理」，同時又發現新的不測現象，故「神」可以引導人們走向更深層次的探索。

此外，對大事件、突發事件暴發之前，透過微觀、隱蔽的徵兆、資訊，預測未來謂之「神」。諸如：「知己，其神乎」，「神以知來」，「知變化之道者，其知神之所為乎」，都是這種性質。

概言之，「神」之性無思無為，無形無體，但具有客觀存在的穩定性，是可以透過實踐而感知和體驗的，是可知的。故有「無思也，無為也，寂然不動，感而遂通天下者為『至神』」。故能「範圍天地之化而不過，曲成萬物而不遺」，能「體天地之撰，通神明之德」，「唯神也，故不疾而速、不行而至」等描述。如是觀之，《周易》中的「神」，不是上帝，不是世界的主宰，而是在「天道」統帥之下的一種自然規律。不是人們頭腦中產生的虛幻偶像，而是對客觀世界觀察到深處而體驗出的真實存在的東西。這種東西不以人的意志為轉移，在沒有人類存在的洪荒時代，就已經在那裏對自然界起著作用。

它可能是指當時人們還不能看到的微觀世界或者還不能把握的宇觀世界；可能指當時還沒能清楚總結證明的、控制事物發展變化的規律、定理等理論世界；也可能指各

種表示物質、體系之間關係的資訊世界。

「神」乃是未知的「理」，「理」乃是已知的「神」，「神」和「理」都是自然規律的體現，都是在《道》統帥下的萬物具體的「則」❼。

本節最後，必須談一談我國傳統文化中，有非常鮮明地重視自然而輕視鬼神的特點（這裏所說的鬼神是指偶像崇拜，迷信信仰的那種）。

衡量一種文化與科學的關係，一個很重要的標誌，就是看其是崇尚自然，還是迷信鬼神。誰崇尚自然、觀察自然，效法自然，誰就離科學更近，因為科學是對自然界固有規律的認識與發現。我國傳統文化的特點之一，就是崇尚自然，自然而然就與科學有一種親合性。

如前所述，《周易·繫辭下》有云：「易之為書也，廣大悉備，有天道焉，有人道焉，有地道焉。兼三材（才）而兩之，故六，六者非它也，三才之道也。」《周易·說卦》亦有：「昔者聖人之作易也，將以順性命之理，是以立天之道曰陰與陽，立地之道曰柔與剛，立人之道曰仁與義。」說明《周易》最核心的問題是論天地人三才之變化規律的學問。

然而這裏卻沒有鬼神和上帝的位置。即使談到了所謂的「神」、「鬼」，也不是上帝，也不是人們頭腦中虛幻的偶像，而是受自然規律（天道）控制的、人們尚未確知的微觀或宇觀世界、理論世界乃至資訊世界。

《老子》有云：「域中有四大，人居其一焉，人法地，地法天，天法道，道法自然。」老子在此概括地描述了自然界之構成，同樣也沒有鬼神之位置。《論語·述

而》有云：「子不語怪力亂神。」「不語」即不稱道，「怪」，指怪異之事；「力」，指好蠻力者；「亂」，指子弑父，臣弑君之亂事；「神」，指說神道鬼。這些事或無益於教化，或不忍言，或解說不清，故不稱道也。

在《大學》中提及的儒者立身修業八綱領中有：格物、致知、誠意、正心、修身、齊家、治國、平天下。這裏也沒有鬼神的位置。古代墨者主張兼相愛，交相利，非攻，非命，節葬，並在自然科學、邏輯學方面多有建樹，其主張「明鬼」實是一種約束有權者的手段，並非真的相信鬼神。

如其在《墨子·明鬼篇》對祭示之酒醴食品的處理時曰：「若使鬼神請（誠）有，是得其父母姒兄，而飲食之也，豈非厚利哉。若使鬼神請（誠）亡，…可以合驩聚眾，取親於鄉里。」是說假使鬼神真有，使先祖得以豐盛之飲食，是很有利的事；假使鬼神真的沒有，可以用這些祭品歡宴民眾，取悅於鄉里，這也是很好的事呀。可見，墨子並未確定有鬼神。再有《孫子兵法》中講：道、天、地、將、法、形、勢、變、間等九策，而獨不講鬼神，因為乞靈於鬼神是靠不住的，於戰無利❽。

59

可見，中國傳統文化的代表典籍及歷代聖賢學者都十分務實，都以道法自然為指導，以廣義自然為主要研究物件，經世濟用、教化民眾、靠認識自然、效法自然，靠格物致知、自我修養，學到本領。

這種務實傾向使得中國傳統文化與世界其他各種文化（如基督教文化、伊斯蘭教文化、佛教文化）有很大的區別，中國傳統文化不是宗教文化，這可能是我國古代宗教

相對勢微的重要原因。

4. 形而上者謂之道，形而下者謂之器

總結上述《周易·繫辭上》提出：「形而上者謂之道，形而下者謂之器」兩種存在。一種是有形的存在統稱之為器，也就是物質；一種是無形的道的存在。現將兩種存在的區別列表如下：❾

器(物質)	有形(形而下)	有生有滅	可量測(外求)	不可共享
道	無形(形而上)	無始無終	可感知(內求)	可以共享

人們最直接，最切實地認識，首先就是形而下的器——物質的存在。物質構成了人類的生活環境，包括人的食、衣、住、行，是人們須臾不能離開的，是人類乃至生物賴以生存和繁衍的重要因素。

物質有如下的特點：從宇宙範圍來看是無限的，但從局部範圍來看（譬如在地球範圍內）則是有限的；物質是不滅的，它可以轉換成不同的形式存在，其總量沒有增多也沒有減少，但從有用的角度來看，就是有生有滅的，是可以消耗的，有些是很難再生的，甚至是可滅的；物質這種東西是有形的，可以看得見、摸得著的，也是隨時而變化的，因為它是生成的，所以它就有生→長→衰→亡的過程，這個過程的各個階段雖然各不相同，卻都可以量測出來；物質這種東西是具體的存在佔有一定的空間，並在一定的時間中演化，故而隸屬於誰，別人就不能佔有，是不能共用的，給了你，我就失去了。

故爾，人們須臾不能離開的、有限的、不易再生的、又不可共用的物質，就成為人人欲求的。乃至一個人所佔有物質的多少就成為其權力地位的衡量標準。同時也是引起人們爭鬥的重要原因。

工業革命以來，由於機械化、電氣化生產力極大提高，人們開掘礦物資源的能力空前高漲，製造各種物品的能力飛速發展，出現了物質極大豐富的局面。同時也走過了從物質開發→物質生產→物質廣泛利用→物質分配不均→物質掠奪→貧富兩極分化→一方面物欲橫流一方面饑寒交迫，走出了由物質有利到其反面變成受物之累的不歸路：由於貧富不均而造成社會的不和諧，由於過度開發而造成人與自然環境的不和諧，由於過度追求物質享受而釀成許多社會問題，造成人們心理的不和諧。

中國傳統文化中則注意了物極必反的道理提出「惜物重德」，主張取財有道。《周易・繫辭下》有云：「理財正辭，禁民為非曰義」。強調理財必須受道義之約束，臨財毋苟得。這裏所說的道義，指合於道者為義，不合於道者為不義。道是自然固有規律，循此規律為得道，違背此規律的則為失道，失道則會受到自然規律的懲罰。

道，無形，無始無終，難於量測，卻可以感知，可以共用❿。諸如知識、規律、資訊、理論等，皆有道之性質，是可以共用的，可以傳授的，傳授給別人，自己並不失去。但是對「道」的體悟和接受能力卻因人而異，這與受者的閱歷、知識積累、自我修為乃至悟性有密切關係。因此，注重「道」的人，淡泊名利而更注重完善個人的品德與修養。

　　注重「道」者，並不輕視「物」，因為「道」是附麗於「物」才得以體現的，當對物有深刻瞭解之後，「道」才能彰明。知「道」者不僅注意物之形，而且重視物之性、物之理則，故能窮其理，盡其性，充分發揮物的作用，而不僅僅是自己佔有，是要使物為民用之宜發揮更大的作用，因為他知道「物」是受「道」的支配而變化的、而發展的。這就是「道非器不形，器非道不立」（朱熹《文集·答丘子野》）的道理。

　　科學、技術是好東西，但應用於社會就出現了截然不同的兩個方向；權力、制度是管理社會的好辦法，但實行起來卻南轅北轍；民主、自由是人們所嚮往的良好願望，但實行起來也會產生截然不同的效果。雖然其原因很多，追根到底都是缺乏「道」的制約。「道」是克服個人私欲、遮罩個人意志無限膨脹的最好辦法。

　　與天地相似故不違；知周乎萬物而道濟天下，故不過；旁（方）行不流，樂天知命，故不憂；安土敦乎仁，故能愛；範圍天地之化而不過，曲成萬物而不遺。

　　　　　　　　　　　　　　——《周易·繫辭上》

　　這是說行事與天地之道相合，周通萬物之性而利於天下，就不會有過錯，做事方正不邪曲，作力所能及之事就不會有憂慮，安於立足之地作有利公眾的事，就能兼愛天下，「易與天地準，故能彌綸天地之道」，就能囊括天地的各種變化而不過分，俱知萬物而不遺漏。

　　「易道」是以自然之道（即天地之道）為準的，所以更能正確的反應自然規律而避免以個人意志願望而行事的偏頗。有時，儘管有好的願望，好的動機，真心誠意想辦

成一件事，卻總是事與願違，其原因就是不知自然固有的規律（道），不按此「道」辦事，而將自己的主觀願望，凌駕於「道」之上，則最後受到自然規律的懲罰，得到與主觀願望相反的結果。

這也是一種「異化」現象。諸如父母望子成龍，不管孩子的天性，不管客觀條件，督促孩子學這、學那，結果造成孩子厭倦學習而一事無成；再如，為了「趕英超美」，早日進入社會主義，大搞人民公社，創高產，大煉鋼鐵，小高爐、土高爐全上去了，違背了自然法則，結果是勞民傷財。這就是說主觀願望，必須附和客觀實際，這種幹勁才能生效，這種積極性才能持久，才能取得事半功倍之效。故有「昔者聖人之作易也，將以順性命之理，是以立天之道曰陰與陽，立地之道曰柔與剛，立人之道曰仁與義。」將天道、人道、地道盡包括於其中，故能「窮理盡性以至於命」，窮萬物之理則，盡萬物之性情，而樂天知命，達到體道、明理、知命的「道」之境界。

從格物明理之中，而感悟體察「道」之存在則是下面易象思維將闡述之內容。

參考文獻

❶李樹菁遺著，商宏寬整理。《周易象數通論──從科學角度的開拓》。（116～119頁），光明日報出版社，2004。

❷〔美〕歐文・拉茲洛著，錢兆華譯，微漪之塘。《宇宙進化的新圖景》（317～334頁），社會科學文獻出版社，2001。

❸杜石然主編。《中國古代科學家傳記（下集）》。

（853～856頁），（962～965頁），科學出版社，1997。

❹商宏寬。《易學與科學源遠流長，中國傳統文化與現代科學技術》。（79～85頁）浙江教育出版社，1999。

❺陳長松，廖名春，帛書《二三子問》、《易之義》、《要》釋文，道家文化研究，第三輯，上海古籍出版社，1993。

❻商宏寬，卦象符號・卜筮・治國方略——易史淺析之一，第七回世界易經大會暨第十五屆周易與現代化國際討論會論文集，安陽周易研究會，2004。

❼商宏寬。《論周易的自然觀，周易與現代自然科學中》國社會科學出版社，1990。

❽商宏寬。《中國傳統文化中的科學理念》（曲阜）第二屆中華科學傳統與21世紀學術研討會論文，2003。

❾商宏寬，《周易》自然觀及其現實意義，國際易學研究，第九輯（301～323頁），華夏出版社，2007。

❿商宏寬。《中西文化傳統的互補性》山西大學師範學院學報，Vol. 13，No. 2，2001。

「古者包犧氏之王天下也，仰則觀象於天，俯則觀法
於地，觀鳥獸之文與地之宜，近取諸身，遠取諸物，於是
始作八卦，以通神明之德，以類萬物之情。」

——《周易・繫辭下》

三、八卦取象

1. 關於「象」的概念

「象」是易學研究中的重要概念，弄清楚「象」，不
僅對易道的理解有重要意義，而且對我國傳統的思維方
法，發明創造理念，由形而下之器物→形而上的道的認知
過程，乃至體與用的關係等重要問題的探討都有重要作
用。在此章只簡單介紹「象」的概念，介紹八卦取象的事
例，對「象」在認知領域中的作用將在第四部分「易象思
維」中，再作深入討論。

「象」，首先有現象、形象之意。現象、形象是由
視、聽、嗅、味、觸摸等感覺器官來感知自然界固有之
象。宋代邵雍提出「畫前易」，即在伏羲畫卦之前，自然
界本來就有一種「易」，張載也提出「書易」和「自然
易」之分。由自然界本來就有的自然之象所反應的易象，
稱之為「自然易」，也就是「自然原型」。

「象」，第二種意思為卦象。卦象，是由陰爻（--）
和陽爻（一）組成的符號，用其象徵自然界的事物，稱之

為卦象，有由三爻組成的八卦，有由六爻組成的六十四卦，構成了一整套卦象符號系統。它源於自然，又能靈活地比擬自然，是一種認識的昇華。「卦」字，左邊是「圭」字，是測日影的圭表，右邊是「卜」字，象徵立竿見影，說明卦象是測日影長短而能定四季，影射一年的陰陽變化，故爾陰陽變化成為卦象主要表現的內容。

「象」的第三種意思為擬象，擬象是用卦象比擬、摹寫自然現象，進而分析、判斷自然系統之間的關係及變化，從而有尚象製器和取象比類之效。

「象」的第四種意思為大象，大象是認知過程達到高層次，從形而下昇華到形而上的境界稱之為大象，《老子》說「大象無形」，這就是「道」，就是「太極」。

從具體的自然之象開始，透過感官認知形象；再由感而遂通瞭解到自然萬象皆具有陰陽、剛柔的性質，用陰爻「--」和陽爻「—」組成卦，形成一套卦象符號系統，這已經從具象昇華為抽象，是認知過程的一次昇華；用卦象符號系統比擬、模寫各種事物，進行分析、推演，判斷、發明創造，從認知之體到實踐之用，是認知過程的又一次昇華；最後抽象到極致，達到大象無形，知道萬象背後的不易之理，進入「道」的境界，是認知過程的最高層次。這樣一個過程就是易象思維過程，是從形而下向形而上的過渡，象就是通向形而上境界的階梯❶。

2. 八卦取象之一 —— 人類生活環境系統

古者包犧氏之王天下也，仰則觀象於天，俯則觀法於地，觀鳥獸之文與地之宜，近取諸身，遠取諸物，於是始

作八卦，以通神明之德，以類萬物之情。

——《周易·繫辭下》

這段話講述了遠古時代始作八卦的事，文中說的「包犧氏」，就是伏羲氏（也有稱為宓戲氏的），分析這段話有如下重要內容。

其一，王天下是始創八卦的目的。

漢字「王」很有深意，三橫分別表示天地人三才之道，一豎縱貫三橫是指能知天時、借地利、促人和者，才能管理好國家。因此，伏羲氏取法自然而作八卦，以瞭解自然萬物之情狀與規律，其目的是為了「王」天下。當時人類社會生產力低下，維繫生計十分困難，其主要之務是如何在自然環境中能夠存活下來。

有人說八卦就是用來卜筮的，那是後來發展過程中有一個巫史階段，但說伏羲作八卦就是為了卜筮是沒有根據的❷❸。

其二，以自然萬象為觀察起點。

伏羲氏仰觀天文，觀日月星辰，稱之為「天象」，觀風雨雷電稱之為「氣象」，俯察地理——觀江河湖海稱之為「水象」，觀察山原丘梁稱之為「地象」；觀鳥獸之文與地之宜——觀鳥獸魚蚧及借地宜而生的樹木草苔稱之為「生物象」；近取諸身——觀人之四肢百骸五臟六腑喜怒哀樂為「生理象」，觀察人類生產、生活及禮儀制度稱之為「社會象」。

伏羲氏的觀察是從自然萬象開始，是從自然原型開始的，有其原本的真實性。而且這種自然是包括人類及人類社會在內的廣義自然，把人看作自然的一部分。

其三，自然萬象是一個有聯繫的整體。

對自然萬象透過視、聽、嗅、味、觸摸等感覺器官而感知，由「觀」、「取」而感通。正如《周易·咸·彖》所說：「天地感而萬物化生，聖人感人心，而天下和平，觀其所感，而萬物之情可見矣。」這種感通關係不僅存在於物我之間，而且存在於人與人、物與物之間，天地之間。故而自然萬象是相互關聯、相互影響的一個整體。

其四，八卦取象原則是以天地為準。

《周易·繫辭上》開頭就說：「天尊地卑，乾坤定矣」。天的高崇，地的謙卑，陽（乾）和陰（坤）就確定了。又說：「易與天地準，故能彌綸天地之道。」易道是以天地為標準的，所以它才能包絡天地之道。而八卦取象的原則是：

同聲相應，同氣相求，水流濕，火就燥，雲從龍，風從虎，聖人作而萬物，本乎天者親上，本乎地者親下，則各從其類也。

——《周易·乾·文言》

相同的叫聲可以相應和，相同的氣質可以相投緣，水流過則濕潤，火燃燒是遷就乾燥而進行，雲隨從龍而行，風隨從虎而生，聖人的所作所為眾人都會效仿。以天為根本的事物，親附於上；以地為根本的事物則親附於下。這都說明一個道理，那就是事物都有依從其類的性質啊。

世間萬物雜而有序，是相互感通、影響、聯繫的，是以天地為準的，是本乎天者親上，本乎地者親下的。這樣一來，伏羲氏以「一」象徵陽、象徵天，命之為乾；以「--」象徵陰、象徵地，命之為坤。並以陰陽爻之比例多

少及排列順序排成從上到下的八卦順序。而陰陽爻的多少就代表了對天地的隸屬程度。

其五，從上到下的排序就是對人類生活環境系統的基本認識。

依據上述原則排列的結果，八卦的順序是：乾（☰）象徵天，為純陽；巽（☴）象徵風，為兩陽爻在上，一陰爻在下；離（☲）象徵火，性炎上，為上一陽爻，下一陽爻，夾一陰爻在中；艮（☶）象徵山，一陽爻在上，兩陰爻在下；兌（☱）象徵澤，一陰爻在上，兩陽爻在下；坎（☵）象徵水，上面一陰爻，下面一陰爻，夾一陽爻在中；震（☳）象徵地震*，兩陰爻在上，一陽爻在下；坤（☷）象徵地，純陰。此座標向上，天無盡頭，向下可直指地心，現稱之為地幔、地核。

這樣一個從上到下的順序在《淮南子・天文訓》有云：「清陽者薄靡而為天，重濁者凝滯而為地。清妙之合專易，重濁之凝竭難，故天先成而地後定。」這種描述實際上是以輕重分異為標準而構成的自然環境是具有分層有序的特點。這樣，伏羲氏就依據陰陽爻的多少及其排列順序而提出乾（天）、巽（風）、離（火）、艮（山）兌（澤）、坎（水）、震（地震）、坤（地）等八個環境動

---

*象徵地震可以震卦的卦爻詞之內容進行分析❹，也可以從《國語・周語上・伯陽父論地震》有云：「陽伏而不能出，陰迫而不能，於是有地震。」看出震卦有地震之象徵是古已有之❺。而且陽爻太盛，更附含本乎地者親下的原則，同時地震多發生在地殼之中15～300公里深處。當然取象是靈活的，震卦代表劇烈之動，所以亦可以象徵雷電。

70

取象原則	取象材料	名與卦符及隸屬度	取象	人類生活環境系統		圈層結構
以天地為準	仰則觀象於天	乾 ☰ 111	天		日月星辰	宇宙圈（天象）
本乎天者親上	觀鳥獸之文	巽 ☴ 110	風		風雲電雷	天氣圈（氣象）
	與地之宜	離 ☲ 101	火		蒸騰雨雪	
	近取諸身	艮 ☶ 100	山		山塬原崗	生物圈（生物象）
	遠取諸物	兌 ☱ 011	澤		河湖江海	人類圈（社會象）
本乎地者親下		坎 ☵ 010	水		地下水	水圈（水象）
		震 ☳ 001	地震		地殼	岩石圈（地象）
各從其類也	俯則觀法於地	坤 ☷ 000	地		地幔地核	

圖2 八卦卦象與人類生活環境系統

以「—」為0，以「— —」為0，則可得出各卦對天地的隸屬程度，本乎天者親上，本乎地者親下這種規律。

力因數，是人類生活中離不開，又去不掉，順之則吉，逆之則災。這種分層有序的人類生活環境系統與現代所稱為的宇宙圈、大氣圈、生物圈、人類圈、水圈、岩石圈的分層，真有異曲同工之妙（圖2）。

其六，關於能級的判斷。

如果將陽爻「—」設定為「1」，將陰爻「--」設定為「0」，則乾（☰）為111，巽（☴）為110，離（☲）為101，艮（☶）為100，兌（☱）為011，坎（☵）為010，震（☳）為001，坤（☷）為000。這就組成一個數列符號❻：

八卦	乾 ☰	巽 ☴	離 ☲	艮 ☶	兌 ☱	坎 ☵	震 ☳	坤 ☷
對天地的隸屬度	111	110	101	100	011	010	001	000
能級	最高級	高能級			底能級			最底級

這種符號可代表其對天和地的隸屬程度，最高能級為乾，純陽，為天；最低能級為坤，純陰，為地；高能級為巽（風）、離（火）、艮（山）更近乎天；低能級為兌（澤）、坎（水）、震（地震）更近乎地。映照著「本乎天者親上，本乎地者親下，各從其類也」。這就將自然原型，透過卦象符號系統，而轉變成一種模型化了的擬象自然——也就是將人類生活環境系統擬象化了。

總之，從自然原型→設卦→對人類生活環境系統的擬象化，是認知過程的昇華與進步。從自然原本存在的事物出發，由觀察感通，認識大千世界的事物雜而不亂，井井有條，並以天地為準，「本乎天者親上，本乎地者親下」為原

則劃分類別（各從其類），以陰陽爻的數量及排列來表示其對天地的隸屬程度，得出反應人類生活環境的八種要素：

雷以動之，風以散之，雨以潤之，日以烜之，艮以止之，兌以說（悅）之，乾以君之，坤以藏之。

——《周易·說卦》

而這些要素都有隨時間而漲落的變化，即為「消」、「息」。這樣「乾坤震巽坎離艮兌消息」就構成了伏羲的「十言之教」。這是人類走出洪荒時代的一大進步，也是中華傳統文化的奠基之作，是具有劃時代意義的大事。

3. 八卦取象之二——先天八卦圖以及太極對稱結構

天地定位，山澤通氣。雷風相薄，水火不相射。

——《周易·說卦》

這裏所講的是八卦之中兩兩相反相成的對待關係。「天地定位」是講乾卦純陽「☰」和坤純陰「☷」的對待關係。《周易·繫辭上》有云：「天尊地卑，乾坤定矣，高卑以陳，貴賤位矣。」這裏的尊－卑，高－低，貴－賤，乾（☰）－坤（☷），都是相反相成的對待關係；「山澤通氣」是講，艮卦一陽爻在上，兩陰爻在下為「☶」與兌卦一陰爻在上，兩陽爻在下為「☱」的對待關係，象徵正地形之高山與負地形之沼澤的對待關係；「雷風相薄」，其中「薄」字與「搏」字通用，是講震卦兩陰爻在上，一陽爻在下，為「☳」，象徵一陽初生受陰迫而產生激烈之動，如地震、如雷霆，而巽卦兩陽爻在上，一陰爻在下為「☴」，象徵風雨，《周易·繫辭上》有云：

「鼓之以雷霆，潤之以風雨。」是一種霹靂閃電，風雨交加的相搏場面，也是雷風相對待關係；「水火不相射」，這裏的「不」字，可能是衍文，實為「水火相射」，相射，即相對立、相剋，坎卦為兩陰爻中間夾一陽爻，象徵水，離卦為兩陽爻中間夾一陰爻，象徵火，則與相對待，水與火相對待。

乾☰　艮☶　震☳　坎☵
坤☷　兌☱　巽☴　離☲

　　如果將這種相互對待的關係表示在一張圖上，就是常見的先天八卦圖（圖3）。從這張圖中能更清晰地看出八卦各要素之間，在卦爻組成及所象徵事物的對待關係。同時將四組對待卦相連，成米字形交叉的四條圓的直徑，以半徑為單位：

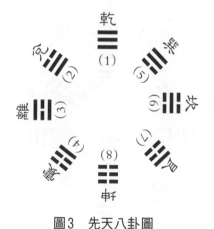

圖3　先天八卦圖

乾所對應的半徑為純陽；

坤所對應的半徑為純陰；

巽所對應的半徑1/3為陰，2/3為陽；

震所對應的半徑1/3為陽，2/3為陰；

坎所對應的半徑為陽中，一半為陽，一半為陰；

離所對應的半徑為陰中，一半為陰，一半為陽；

艮所對應的半徑2/3為陰；1/3為陽；

兌的對應的半徑2/3為陽，1/3為陰。

將以上各半徑之陰陽分界點相聯通，則形成陰陽相抱，相反相成相互對待的太極圖，從而看出陰陽消長的動態過程。這種陰陽相抱，同處於一個系統之內；陽消而陰長，陰消而陽長，循環不已；陰中有陽，陽中有陰，誰也離不開誰，失去了對方，自己也沒有了存在的根據，整個系統就失去了平衡，這種結構就是太極對稱結構，這才是真正的動態平衡的結構，這是我國古人對事物中相反相成，相互對待轉化和辯證思維的典型圖像表達模式，具有廣泛的代表性（圖4）。

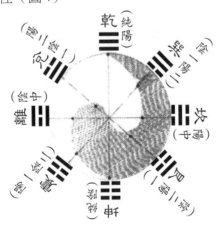

圖4　先天八卦圖所表現的太極對稱結構圖

「卦」字從「圭」從「卜」，「圭」為測日影的儀器叫「日圭」或「晷」，「卜」字則是立竿見影的象形字。

「卦」字其實就是以測日的投影而定時的一種科學活動，面「易」字的甲骨文，寫作「」，實際是測日影的結果，代表了一年四季太陽照射圭表，日影長短變化狀況的描述。這說明了「易」與「卦」都與太陽活動有關，是古人測日記時活動在文字中的反映。而將陰陽消長的理念引進八卦之中，就將時間這一變數巧妙地表示得十分準確而形象。可以說帶有陰陽爻的八卦或者六十四卦符號的圖像，比其他幾何圖形多了一個時間維。實際上遠古伏羲氏用晷儀測日影的長度變化，可以實測出如下的太極圖。

現將《周髀算經》所記載的二十四節氣所測日影長度，並校正到北回歸線點的資料，得出❼：

夏至0；小暑2；大暑4；立秋6；處暑8；白露10；秋分12；寒露14；霜降16；立冬18；小雪20；大雪22；冬

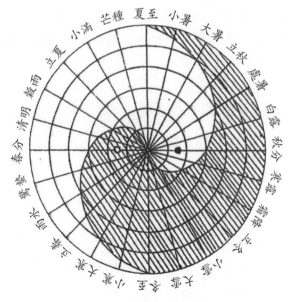

圖5　二十四節氣日影變化圖

至24；小寒22；大寒20；立春18；雨水16；驚蟄14；春分12；清明10；穀雨8；立夏6；小滿4；芒種2（1＝半尺）。依此資料繪出二十四節氣日影變化就是一幅實測太極圖（圖5）。

4. 八卦取象之三——後天八卦圖及四時八方

帝出乎震，齊乎巽，相見乎離，致役乎坤，說言乎兌，戰乎乾，勞乎坎，成言乎艮。又云：萬物出乎震，震東方也；齊乎巽，巽，東南也。齊也者言萬物之絜齊也；離也者，明也，萬物皆相見，南方之卦也。聖人南面聽天下，向明而治，蓋取諸此也；坤也者，地也，萬物皆致養焉。故曰：役乎坤；兌，正秋也，萬物之所說也，故曰：說言乎兌；戰乎乾，乾，西北之卦也，言陰陽相薄也；坎者，水也，正北方之卦也，勞卦也，萬物之所歸也，故曰：勞乎坎；艮，東北之卦也，萬物之所成終，而所成始也，故曰：成言乎艮。

——《周易·說卦》

「帝出乎震」，「帝」指天帝，是說天地生萬物於震，所以有「萬物出乎震，震東方也」。然者又有一年中的四十五日為正春季節，萬物生發之象。故震，既代表一日之晨，東方，又代表一年之春季。「齊乎巽」，是說在「巽」這個季節之中，萬物都長齊了，相當於春末夏初。以一天說，日走東南，萬物齊沐陽光。故有「齊乎巽」之說，「巽，東南也。齊也者，言萬物之叙齊也」。「絜」為修整，修整整齊之意。

「相見乎離」，是說盛夏之時，陽光明媚，普照大

地，萬物蒸蒸日上，都相見也。從一天而論，日在正午從南方普照大地，故有「離也者，明也，萬物皆相見，南方之卦也。」又說：「聖人南面而聽天下，向明而治，蓋取諸此也。」帝王面南向明而上朝聽政，也是以離為明、為南，而取此象徵意義。「致役乎坤」，坤者地也，萬物皆受地之滋養，此時正當夏末秋初，植物的果實儲漿正盛，致養之關鍵時期。從一天而論，日至西南矣。故有「坤也者，地也。萬物皆致養焉，故曰，致役乎坤。」為西南方，夏末秋初季節也。

「說言乎兌」，「說」即「悅」，「言」為「焉」，其意為秋天莊稼成熟了，人們的喜悅心情。此季正秋，萬物成熟收穫而喜悅。以一天論，日至西方。故有「兌，正秋也。萬物之所說（悅）也，故曰說（悅）言（焉）乎兌。」「戰乎乾」，是說正處秋末冬初時節，陽衰而陰盛，陰陽二氣正相搏鬥。以一天而言，日落，晝夜交替之時為西北方。故有「戰乎乾。乾，西北之卦也，言陰陽相薄（搏）也。」

「勞乎坎」，是說此時正當冬季，萬物皆已疲憊，該休養生息了。一切東西也該儲藏起來，以備嚴冬。就一天來說，時當深夜，人們睡眠休息，為北方之卦。故有「坎者，水也。正北方之卦也，勞卦也，萬物之所歸也，故曰，勞乎坎。」「成言乎艮」，「言」為「焉」講，是說這時正當冬末春初，恰逢萬物成其終，萬物成其始之時。萬物看似稠零，而其內已在萌動復蘇。相當於一天的黎明時期，太陽雖未出來，但東方已現魚肚白，相當於東北方之卦。故有「艮，東北方之卦也，萬物之所成終，而所成

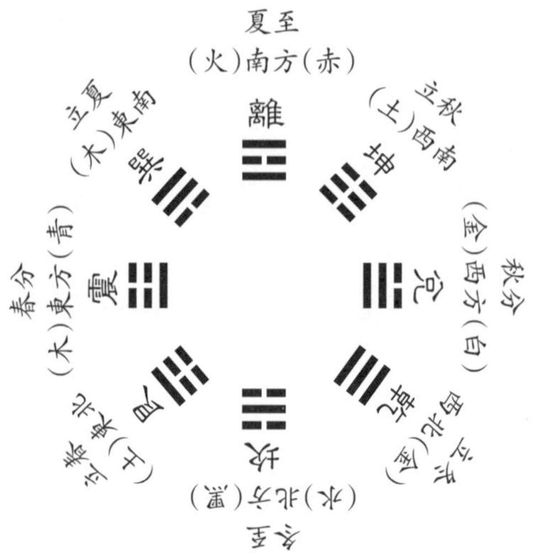

圖6　後天八卦圖

始也。故曰：成言（焉）乎艮。」

　　上述八卦象徵四季、八方，是將八卦與時空聯繫起來，將其繪於圖上，則得後天八卦圖（圖6）。將一年360天分成八份，每份45天，震相當於正春，以春分為其代表；巽相當於春末夏初，以立夏為其代表；離相當於盛夏，以夏至為其代表；坤相當於夏末初秋，以立秋為代表；兌相當於正秋，以秋分為代表；乾相當於秋末冬初，以立冬代表；坎相當於冬季，以冬至為代表；艮相當於冬末春初，以立春為代表。則一年四季成矣。

　　八卦代表八方，則有：震為東方；巽為東南；離為南方；坤為西南；兌為西方；乾為西北；坎為北方；艮為東北。震為東方屬木，色青，故有東方蒼龍之象，二十八星宿中角、亢、氐、房、心、尾、箕組成蒼龍之象；離為南方屬火，色赤，故有南方朱雀之象，二十八星宿中井、

鬼、柳、星、張、翼、軫組成朱雀之象；兌為西方屬金，色白，故有西方白虎之象，二十八星宿中奎、婁、胃、昴、畢、觜、參組成白虎之象；坎為北方屬水，色黑，故有北方玄武之象，二十八星宿中斗、牛、女、虛、危、室、壁組成玄武之象。

從上可知，後天八卦圖已將古代人們的天文、曆律、節氣、物候、四季、八方、陰陽、五行等知識融於一爐，並反應在八卦圖中，以指導人們的應用與實踐。

5. 八卦的對待與流行

現在討論先天八卦與後天八卦的關係問題。這涉及爻序、卦序問題、對稱、對應等對待流行的關係問題，卦爻序的變換（流行）問題。在此僅討論八卦的爻序及卦序排列，以引出對待關係與流行關係重要概念，而不深入討論爻變和六爻組成的六十四卦的對待流行關係問題，因為其內容繁雜而技術性太強，和自然觀主題較遠，故而從略，有興趣的讀者可以參閱商桂先生的《易索》中篇《八卦求索》❽。

所謂爻序，就是一卦中各爻之排列順序。如果規定陽爻為「1」，陰爻為「0」，從上而下為「正序」，那麼從下而上就為「逆序」；如果以陽爻為「0」，以陰爻為「1」，從上而下排序，則為「反序」，那麼從下而上排序則為「逆反序」。

以震卦（☳）為例，正序為001，逆序則為100（震變為艮），反序110（震變為巽），逆反序為011（震變為兌）。

如果以乾卦（☰）為例，正序111，逆序仍然為111，反序000（乾變為坤），逆反序仍然為000。坤卦（☷）同乾卦而正相反。

如果以離卦（☲）為例，正序101，逆序仍為101，反序010（離變為坎），逆反序仍為010。坎卦（☵）同離而正相反。

正序與逆序，反序與逆反序，是一種對應關係：如震（☳）001與艮（☶）100；巽（☴）110與兌（☱）011，其特點是爻序相反。另外，正序與逆反序，逆序與反序，是另一種對應關係：如震（☳）001與兌（☱）011；艮（☶）100與巽（☴）110，其特點是陰陽相反確不對稱。而正序與反序，逆序與逆反序，則是對稱關係：如震（☳）001與巽（☴）110；艮（☶）100與兌（☱）011，其特點是陰陽相反相成而正好對稱。

由爻序的分析可知，乾、坤、坎、離四卦只有正序、反序之別，而無逆序和逆反序之別。因此，他們只有對稱關係而沒有對應關係，所以此四卦較為穩定。而震、巽、艮、兌四卦既有對稱關係，又有對應關係，故此四卦較為活潑，我們稱之為卦的活性不同。

從爻序排列分析、各卦活性的分析，再看八卦排列問題，其實八卦排列方式是多種多樣的，已知的就有先天正序、先天逆序、帛書序、田氏序、後天序、能級序、中天序等。從圖7可見：以對稱關係排列，當強調它們的對待特性時，這種排序稱為極對稱，先天八卦就是其代表；當以局部對稱或對應關係排列，而強調它們的流行特性時，後天八卦就是其代表（後天八卦是以震兌為軸的軸對

先天八卦為極對稱各
相對卦以對待為特徵

後天八卦以震兌為軸的
對稱，以流行為特徵

圖7　先天八卦與後天八卦之比較

稱）。

　　現在討論先後天八卦的變換。邵雍《觀物外篇》有
云：

　　至哉！文王之作易也，其得天地之用乎？故能乾坤交
為泰，坎離交而為既濟也。乾生於子，坤生於午，離終於
申，坎終於寅，以應天之時也。置乾於西北，退坤於西
南，長子用事，而長女代母，坎離得位而兌艮為偶，以對
應地之方也。王者之法，其盡於是矣。

　　前段說的是先天八卦，乾南（生於子而盛於午），坤
北（生於午而盛於子），離東（離經酉而終於申），坎西
（坎經卯而終於寅），對應著天時。而後段是說後天八
卦，是說乾退居西北，坤退居西南，退出南北之正位，而
坎離得北南之位。長子用事，震居東，長女代母居東南，
兌居西，艮居東北，這種安置則體現了卦序的「流行」特

點，故有

「乾坤縱而六子橫，易之本也。震兌橫而六卦縱，易之用也。先天之學心也，後天之學跡也。」

（邵雍《觀物外篇》）。

先天八卦為心、為本，後天八卦為用、為跡（流行之軌跡也）。

先後天八卦是如何變換的呢，筆者試演於下：首先，艮震互觀。張理的《易象圖說‧內篇》有云：

「震艮互觀，反震為艮，反艮為震，則乾坤艮巽居隅，坎離震兌居中，而後天八卦方圖之象著矣。」

其次，坎離得位，居南北。將先天卦右旋90°；第三步，長子用事。震從東北移45°居正東，依次坤東南，離居南不動，兌居正西，乾西北，而艮巽添空，則成離坎震兌居四正之位；第四步，長女代母，坤巽互換。則成乾退居西北，坤退居西南，離（南）坎（北）得位，震（長子）用事，巽（長女）代母而居東南，兌居正西，艮居東北，遂成後天八卦（圖8）。

這樣就從完全極對稱（太極對稱）的先天八卦經「艮震互觀」，「坎離得位」、「長子用事」、「長女代母」四個步驟，而變為以震兌為軸的南北的對稱的後天八卦。

《周易》將自然原型，轉化為由陰陽爻組成的卦象符號，並將天地間存在的各種對待事物，如高－卑、輕－重、冷－熱、張－壓等概括為陰陽。這種對待關係與對立關係不同。對待的兩種狀態之間，有中間項，高與低是相對的，中間有次高、次低；冷與熱之間有涼、溫；陰與陽之間，有少陰、少陽，故而對待的雙方有轉換，諧調的可

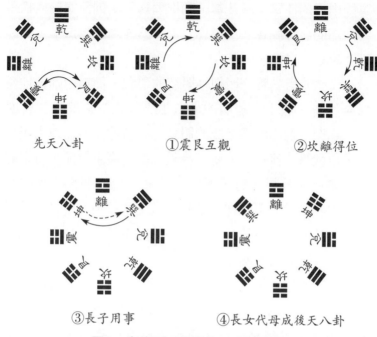

先天八卦　　　　①震艮互觀　　　　②坎離得位

③長子用事　　　　④長女代母成後天八卦

圖8　先後天八卦變換四步動程圖

能。而對立狀態，只是對待狀態的一種特殊形式，是雙方僵持不可轉化，只能是一個吃掉一個。矛與盾，是不能轉化的對立雙方，不是矛刺穿盾，就是盾弄折矛，沒有調和之餘地。

　　正如張家誠先生分析的那樣：「同矛盾相比，陰陽更確切地表達了辯證關係的準確概念。矛盾雖然表明了任何事物都有矛盾那樣的性質相反的兩面，但顯然過於勉強。實際上事物的性質並不都是『以子之矛，陷子之盾』，那樣簡單的針尖對麥芒的敵對關係。除了互相對立之外，還可以有互補互生，相互轉化等多樣的關係。而矛盾至少在字面上沒有這許多含義。陰陽則不然，它們可以概括一切

可能出現的性質差異及其啟動推理規則，因而適於概括事物內部的各種關係。」❾故有「一陰一陽之謂道」，「易以道陰陽」之說。

我們的祖先將一切相互對待的現象，簡單而抽象地概括為陰陽，是十分聰明的。有了「陰陽」之間的對待關係，那麼這個由陰陽組成的體系，就自然而然的運動起來了，這就是「流行」。有了冷熱，就會產生對流，有了輕重就會產生分異，有了擠壓，就會在另一個部位產生引張，而在擠壓－引張作用下就會產生位移。這就是陰陽對待，自然而然產生流行。那麼初始的原動力，那隻「上帝之手」就被淘汰了。

運動（也就是「流行」）是由「對待」而產生的，並隨著各種因素的不斷變化，流行總不停息，小到原子，大到宇宙星雲，概莫能外。這種對待流行的思想，被《周易》以陰陽爻變的形式形象而抽象地表現出來，是我國傳統文化對人類文明的一大貢獻。

參考文獻

❶商宏寬，「象」論，第九回世界易經大會暨首屆周易文化節．澳門－珠海．論文集（147～153頁），華人國際新聞出版集團，2006。

❷李樹菁遺著。商宏寬整理，《周易象數通論》。（18頁，44～48頁）光明日報出版社，2004。

❸商宏寬，卦象符號．卜筮．治國方略——易史淺析之一，第七回世界易經大會暨第十五屆周易與現代化國際討論會論文集（126～133頁），安陽周易研究會編，2004。

❹商宏寬，《震卦・地震成因・地震與社會，周易與自然科學研究》。中州古籍出版社，1992。

❺商宏寬，《周易對我國古代地震科學發展的影響》，中國歷史地震研究文集（2）（19～24頁），地震出版社，1991。

❻商桂。《易索》（154頁），地震出版社，1999。

❼田合祿、田峰。《周易眞原——中國最古老的天學科學體系》。（70～75頁），山西科學技術出版社，2004。

❽商桂。《易索》（133～352頁），地震出版社，1999。

❾張家誠。《東方的智慧》。（78～81頁），當代中國出版社，2005。

剛柔者，立本者也。變通者，趣時者也。吉凶者，貞勝者也。天地之道，貞觀者也。日月之道，貞明者也。天下之功，貞夫一者也。夫乾確然，示人易矣。夫坤隤然，示人簡矣。爻也者，效此者也。象也者，像此者也。爻象動乎內，吉凶見乎外，功業見乎變。聖人之情見乎辭。

——《周易‧繫辭下》

四、易象思維

在上章「八卦取象」中已經概略地介紹了「象」的概念，以及伏羲作八卦以自然原型為對象，「以天地為準」，「本乎天者親上，本乎地者親下」的原則。這一章比較系統地探討中國傳統文化中具有中國特色的易象思維。

1. 自然之易

天地間萬事萬物有萬象，物物有則，事事見理，故天下之物至雜而不越，天下事物至變而不亂，實有一自然之易也。宋代的邵雍稱之為「畫前易」，是說伏羲畫卦之前，自然界就有「易」。不過邵雍強調的是自然之物的「數」所反應的規律性。程頤贊成邵雍的「畫前易」之說法，但程氏則強調的是物之「理」所反應的自然規律性。張載則稱「畫前易」為「自然易」，指自然界原本就有的「易」，但張氏則強調的是「氣」所反應的自然規律性。

明代的楊萬里在《誠齋易傳・繫辭》中有云：

蓋易有二：有未畫之易，有既畫之易。未畫者易之理，既畫者易之書。曰天尊地卑，曰卑高以陳，曰動靜有常，曰方以類聚，物以群分，曰在天成象，在地成形，此未畫之易也，易之理也。有聖人作，仰觀俯察，於是制化此之畫，寫彼之理，羅彼之理，歸此之畫，而易之書生焉。

明代來知德在《周易集注・繫辭》中也說：

天地萬物，一對一待，易之象也。蓋未畫易之前，一部易經，已列於兩間。故天尊地卑，未有易卦之乾坤，而乾坤已定矣。卑高以陳，未有易卦之貴賤，而貴賤已位矣。……在天成象，在地成形，未有易卦之變化，而變化已見矣。聖人之易，不過摹寫其象數而已，非有心安排也。

這兩段論說，有如下幾層意識值得重視。

其一是說，在伏羲未畫卦之前，自然界原本就有一部易經，這就是自然界固有之象、固有之氣，固有之數，固有之理。象、數、理、氣和而成易之道。

其二是說，聖人透過對自然界本有的自然原型，進行仰觀、俯察、近取、遠取，發現自然萬物具有「一對一待」，相輔相成的特點，諸如高卑、貴賤、明暗、冷熱……正如吳秋文先生所說：「天下之萬聲，出於一闔一闢，天下之萬理，出於一動一靜，天下之萬數，出於一奇一偶，天下之萬象，出於一方一圓，盡起於乾坤二劃而已。」❶磁分南北，電分正負，物與物之間有吸引排斥，生物分雌雄，人分男女，這就是我們生存的世界——極性

世界❷。這就是「天地萬物，一對一待，易之象也」的概括、簡化為一陰一陽而成卦。

其三是說，所謂書易，實際上就是對自然象、數、理、氣的一種摹寫，而不是按某些人的意願有意安排的。這裏有一個很重要的方法論問題，就是要客觀如實地摹寫自然。在科學研究與考察當中，主觀好惡、主觀願望、主觀臆斷、主觀預設，是最難避免的毛病，這種看是常規之方法，恰恰是科學研究之大忌。而在我國傳統文化中，在易學理念中，很早就提出直面自然，切忌有心安排。

2. 立象以盡意

如前所述，將天（乾☰）、地（坤☷）、水（坎☵）、火（離☲）、風（巽☴）、雷（震☳）、山（艮☶）、澤（兌☱）等自然之象，用陰爻、陽爻符號系統表達，已是一個質的飛躍，這就是「立象以盡意」。這裏所說的「象」，已經不是「自然之象」，而是「卦象」。《周易·繫辭上》有云：

子曰：「書不盡言，言不盡意」，然則聖人之意，其不可見乎？子曰：「聖人立象以盡意，設卦以盡情偽，繫辭焉以盡其言，變而通之以盡利，鼓之舞之以盡神。」

此段話的意思是，孔子曾說過，「文字不能完全表達人們想說的話，話也不能完全表達人的思想。」那麼聖人的思想就不可能體現了嗎？孔子說：「聖人用立象之法以完善表達其思想，用設卦的方法以完全提示事物的真偽，並附加於詞語以完善其想說的話，用這些方法以鼓舞人們的聯想，啟迪人們的智慧。」

這裏指出，自然之道是很難用語言、文字充分表達出來的，聖人就創造了一套卦爻符號系統，「立象以盡意，設卦以盡情偽」，使自然之道更形象、更便於理解。「是故，易者，象也，象也者，像也。」這裏的「象」有象徵之意，而「像」則有比擬肖像之意。易就是用卦象來象徵、摹寫自然，比擬自然，謂之「擬象」。

這裏要強調一下「象徵」的理論意義，這是人類思維進入高層次而出現的聯想智慧，是把分散地，不相關的事物，透過人們心靈理解而聯繫起來，從而形成對自然和社會事物的深層次的理解。正如榮格所說：「真正的象徵即試圖用某種尚不存在恰當的語言概念能表達的東西。」而《周易》立象盡意的方法，就是「象徵」理論的具體應用，而且它將種種複雜觀念，體現在簡單化、符號化、象徵化的表現上❸。從而達到認識的新境界。

《管子·七法》有云：「義也，名也，時也，似也，類也，比也，狀也，謂之象。」是說「擬象」之範圍是非常廣泛而靈活的，可以是意義相似，名實相似，時機相似，性質相似，種類相似，比喻相似，狀態相似，都可以取象比擬。

故有前已敘及的《說卦》上所述的多種八卦取象方法。根據所研究問題而定範疇，進而決定八卦立象所表達之意境。諸如研究天地之間的萬物，則「易以天地準」，「本乎天者親上，本乎地者親下」，取八卦為天、風、火、山、澤、水、震、地；如研究方位與四時，則有「萬物出乎震，震東方也，齊乎巽，巽東南也；離也者，明也，萬物皆相見，南方之卦也，……；坤也者，地也，萬

物皆致養焉；兌，正秋也；……戰乎乾，乾，西北之卦也，……；坎者，水也，正北方之卦也，……；艮，東北之卦也，萬物之所成終，而所成始也。」

以動物取象則有：乾為馬，坤為牛，震為龍，巽為雞，坎為豕，離為雉，艮為狗，兌為羊。取象於身則有：乾為首，坤為腹，震為足，巽為股，坎為耳，離為目，艮為手，兌為口。以家庭取象則有：乾為父，坤為母，震為長男，巽為長女，坎為中男，離為中女，艮為少男，兌為少女。等等不一而足。

關於易學中的象，內容非常龐雜，在此不想展開講述，這方面的內容可以參考《周易·說卦傳》、《雜卦傳》，特別是焦延壽的《易林》，可以說《易林》是集古易象之真傳。民國初期的尚秉和先生著有《焦氏易詁》和《焦氏易林注》，將《易林》中的內外卦象、互象、反象、伏象、正反象、半象等失傳的易象復明於世，其功甚偉。❹而最近李樹菁先生的《周易象數通論》更在古易象的基礎上，對近代科學中的易象進行了系統研究，提出行為、心理、病理之象、數學幾何之象、物理之象，並提出「物象學」理論❺。以上著作，值得有志於易象研究者的參考。

3. 卦象符號系統

易有太極，是生兩儀（可以為陰陽兩儀，也可以比喻為天地兩儀），兩儀生四象（可以為少陽、老陽、少陰、老陰四象。也可以比喻為春、夏、秋、冬四季），四象生八卦，（即坤、震、坎、兌、艮、離，巽、乾八卦，也可

比喻為地、雷、水、澤、山、火、風、天八種人類生活環境要素）。八卦定吉凶，吉凶生大業。

（《周易・繫辭上》）

說的是八卦生成的系統，這個系統用陰（--）、陽（—）兩種符號表示出來，並且可以延伸至64卦，以至更多（如《易林》就可達 $64 \times 64 = 4096$ 卦）。從而構成了一個完整的卦象符號體系（圖9）。由於四象排列的不同，可以有不同的卦序系列，在此不展開敘述，有興趣的讀者可參看《易索》一書的有關部分❻。

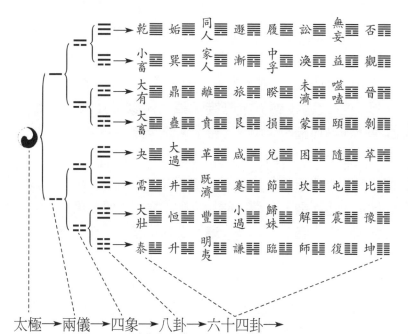

太極→兩儀→四象→八卦→六十四卦→

圖9 卦象符號系統衍生圖

卦象符號系統是易學特有的符號系統，是傳統文化瑰寶。這裏既有易結構之變異，又有陰陽對待之流行；既反

映自然秩序和象數理則，又有嚴謹的邏輯與方法；既是易學理念之淵藪，又是易學應用的手段。在此不能全面論述這方面內容，因為這離自然觀主題較遠，只想就自然認知有關的問題，作簡略地介紹。

（1）對陰陽爻比例的分析

如前所述，這個符號體系可以以其陰陽爻的多少，看其對陰或陽的隸屬程度。六十四卦之中，六爻全為陽爻的一卦，即乾卦（☰）；六爻全為陰爻的一卦，即坤卦（☷）；一陰五陽之卦六個：姤（䷫）、同人（䷌）、履（䷉）、小畜（䷈）、大有（䷍）、夬（䷪）等共六卦；五陰一陽之卦六個，分別是：復（䷗）、師（䷆）、謙（䷎）、豫（䷏）、比（䷇）、剝（䷖）；二陰四陽之卦十五個，他們是：遯（䷠）、訟（䷅）、巽（䷸）、鼎（䷱）、大過（䷛）、無妄（䷘）、家人（䷤）、離（䷝）、革（䷰）、中孚（䷼）、睽（䷥）、兌（䷹）、大畜（䷙）、需（䷄）、大壯（䷡），共十五個；四陰二陽之卦也是十五個，它們是：臨（䷒）、明夷（䷣）、震（䷲）、屯（䷂）、頤（䷚）、升（䷭）、解（䷧）、坎（䷜）、蒙（䷃）、小過（䷽）、蹇（䷦）、艮（䷳）、萃（䷬）、晉（䷢）、觀（䷓）；三陰三陽卦共二十個，它們是：泰（䷊）、歸妹（䷵）、節（䷻）、損（䷨）、豐（䷶）、既濟（䷾）、賁（䷩）、隨（䷐）、噬嗑（䷔）、益（䷩）、恒（䷟）、井（䷯）、蠱（䷑）、困（䷮）、未濟（䷿）、渙（䷺）、咸（䷞）、旅（䷷）、漸（䷴）、否（䷋）。共六十四卦。人們將陰陽消長的十二卦，稱之為十二辟卦，並用它們表示一年的十二個月。

十二辟卦	坤	復	臨	泰	大壯	夬	乾	姤	遯	否	觀	剝
陰陽消長	䷁	䷗	䷒	䷊	䷡	䷪	䷀	䷫	䷠	䷋	䷓	䷖
地支	亥	子	丑	寅	卯	辰	巳	午	未	申	酉	戌
月份	十	十一	十二	一	二	三	四	五	六	七	八	九

（2）卦爻的錯綜分析

前面在「八卦取象」中，簡略地介紹了八卦之間的對稱與對應的形式特點，那是分析三爻八卦，形式還比較簡單，這裏想談一談六爻組成的六十四卦構成形式的特點。

總觀六十四卦，非綜即錯。所謂綜，就是六爻正看是一卦，倒看又是一另卦，譬如復卦（䷗），倒過來就是剝卦（䷖），所以復與剝就是一對「綜卦」。但是有些卦正倒相同，就沒有綜的特點，譬如乾卦（䷀）正倒相同，坤卦（䷁）也是正倒相同，但乾與坤恰好是陰陽相反，這種卦，稱之為「錯卦」。六十四卦中，錯卦共有四對八個卦，綜卦共有二十八對，五十六卦（圖10）。

乾	坤	屯	需	師	小畜	泰	同人	謙
		蒙	訟	比	履	否	大有	豫
					頤		坎	離
隨	臨	噬嗑	剝	無妄	大過	大過		
蠱	觀	賁	復	大畜				
咸	遯	晉	家人	蹇	損	夬	萃	困
恆	大壯	明夷	睽	解	益	姤	升	井
革	震	漸	豐	巽	渙	中孚	小過	既濟
鼎	艮	歸妹	旅	兌	節			未濟

圖10　六十四卦錯綜圖

從圖中分析，由乾坤到坎離共有三十卦，正是通行本
易經上卷各卦之順序，由咸恒到既濟未濟，共三十四卦，
正是通行本易經下卷各卦之順序，而《序卦傳》就是本著
錯綜關係排列的，而且兩兩相錯與相綜的卦義，既有相反
相成的性質，亦有相互校正的聯繫，而使六十四卦形成個
網路聯繫的整體。

（3）爻位分析的規定

三爻八卦，一般稱為八經卦，經卦兩兩相重，而成六
爻組成的別卦，別卦六十四。相同經卦相重，其性質基本
與該經卦一致，如乾（☰）、坤（☷）、坎（☵）、離
（☲）、震（☳）、巽（☴）、艮（☶）、兌（☱）。而
其他各別卦則兼具兩經卦的性質而有相互變易的複雜關
係，為了分析各爻位對卦的影響，逐漸形成了一些對爻位
分析的規定理則，牟宗三先生稱之為「爻位的根本公
理」。

其一、「六位」公理。由下而上為初、二、三、四、
五、上各爻，從低向高有層級升遷性質，這種層級性反映
被稱為「六位」公理；

其二、「三才」公理。將六位分為上中下，下兩爻象
徵地，中兩爻象徵人，上兩爻象徵天。這種分別象徵天地
人的分析，稱之為「三才」公理。

其三、「中位」公理。六位分上下卦，上為外卦，下
為內卦，而內外卦之居中之爻（即二、五爻）為內外卦的
焦點和主流，受到特別地重視，稱之為「中位」公理。

其四、「當位」公理。六位以初、二、三、四、五、
上為序，單數為陽位，偶數為陰位，如果陽爻居陽位，陰

爻居陰位，稱為「當位」，否則為不當位，當位則吉，不當位則咎，這稱之為「當位」公理。

其五、「相應」公理。下卦與上卦是遙相呼應的，一般是初位與四位、二位與五位、三位與上位呼應，各位所對應之爻能陰陽相應則吉，相對則咎，這稱之為「相應」公理。❼

根據以上爻位之象分析的理則，進行對各爻及卦的吉凶悔吝的分析判斷，構成易象思維的特點。

（4）象數轉換

易學的基本理念之一，是道法自然。觀自然之象，識自然之變，通自然之理，達自然之數。明代來知德《易注·原序》有云：「有象即有數，有數即有理」。一切從自然之象來，象、數、理不可分先後。

時有其曆，音有其律，事有其度，物有其維，天地間萬物萬象都有數之表達，故《周易·繫辭下》有云：

乾，陽物也；坤，陰物也。陰陽合德，而剛柔有體。以體天地之撰，以通神明之德。

以體天地之撰，以通神明之德。「以體天地之撰」，是易的目的之一。「撰」，漢九家易注曰：「撰，數也，萬物形體皆受天地之數也。謂九天數，六地數也，剛柔得以為體矣。」宋代的朱震《漢上易傳》注曰：「體，形容之也。撰，定也。形容天地之所定者，體造物也，即剛柔有體是已。……剛柔相盪，剛柔相推是已，……其稱名也雜然不齊，枝葉至扶疏矣，而亦不越乎陰陽二端而已。」「撰」為數基本上是合乎易傳原意的。「撰」是陰陽造化之跡，亦是「象數」之意。❽

易之所謂數，乃是數與象結合的「象數」，而非單純抽象，脫離物的絕對數。如奇偶陰陽之數，天圓地方之數，初、二、三、四、五、上之爻位之數，河圖洛書之數，大衍之數，天干地支之數，八八六十四卦矩陣之數，三百八十四爻，四千零九十六卦變及萬有一千五百二十的萬物之數是也。易數是中國古代算籌推算，以計萬象之量度，象之流動變化之軌跡的重要方面。象可轉變為數，數可轉換為象，象數轉化與現代數學中的數／模、模/數轉化十分相似。這是研究易之象數的重要內容之一，此方面深入研究可參看李樹菁的《周易象數通論》，孟凱韜的《思維數學引論》❾郭俊義的《廣義量化引論》❿焦蔚芳的《周易宇宙代數學》⓫等著作，此乃是一個專門的易象數學領域，在此不多贅述。

（5）易結構研究

如前所述，根據八卦、六十四卦的陰陽爻配比、能級、錯綜形式以及其對待流行的變化、卦序序列之變換等，設立八卦及六十四卦的二維、三維、四維乃至多維模型，九宮模型，來推演易卦結構的變化成長，探討其能量、資訊通量，實與虛、表與裏、積聚與擴散的變化，並進一步探討易卦結構的變異、生長規律、易結構與分形理論和混沌理論的關係等一系列問題，這是易學中易結構學的內容，在這方面有較深入建樹的是商桂的《易索》⓬，和李定的《易學符號系統》⓭。

（6）卦象符號系統的小結

綜上所述，這個卦象符號體系有下列特點：

其一它是效天法地，師法自然，對自然萬象感而遂通

而形成的，與自然界圓融和諧的體系；

其二它是對自然界存在的陰陽組合對稱，相輔相成，對待流行這種感受的客觀反應；

其三它是對自然界萬象分層有序，局部映射全體的全息性質的客觀反映；

其四，上述所有規律性都能以數的形式，邏輯地反映出來。⓮

卦象符號系統之中既有易結構之變易，又有陰陽對待之流行；既反映自然秩序和象數理則，又有嚴謹而靈活的邏輯與方法；既是易學理念的淵藪，又是易學賴以應用發展的生長點。卦象符號系統是中國傳統文化的瑰寶。

正如符號學家皮埃爾‧古羅的評價：「（世界）最完善而且在結構上最有邏輯和最抽象的一個系統，是中國人的易經。」⓯。

4. 製器尚象

易象思維之中，最直觀、最值得發揚和推廣的是製器尚象思想。

易有聖人之道四焉。以言者尚其辭，以動者尚其變，以製器者尚其象，以卜筮者尚其占。

——《周易‧繫辭上》

是說《易》所揭示的聖人之道有四個方面，即知理、知化、知用、知來。四者都十分重要，而知用和「易象思維」的聯繫尤為密切，也是當今之世應發揚光大的。「以製器者尚其象」，就是通過卦象以比擬自然之象，而啟發靈感，進而發明創造新的器具，而改善民生、民用。這就

是「製器尚象」思想——中國古代仿真學理念。

（1）易簡原理

製器尚象，首先應在「易簡原理」的指導之下，《周易・繫辭上》有云：

乾以易知，坤以簡能。易則易知，簡則易從。易知則有親，易從則有功。有親則可久，有功則可大。可久則賢人之德，可大則賢人之業。易簡而天下之理得矣。天下之理得，而成位乎其中矣。

這段話有如下意思：

其一是談自然造化之易。乾為陽，陽顯稱易；坤為陰，陰藏為簡。乾懸象著明故易知；坤閱藏物故以簡能；

其二是強調陰陽之間的差別和聯繫。乾主動，相當於變數、原動力；坤主靜，被動，相當於因變數。這裏是將紛繁複雜的自然現象中一對一待的事物，抽象歸納為陰和陽，故有「易以道陰陽」，「一陰一陽之謂道」之說法；

其三是說成象謂乾，效法謂坤。「易知」，實際是指自然固有之規律，是從現象之中抽象出代表本質的核心理念，屬於認知範疇，「易知有親」是指人們能領悟並因適應自然規律而親依之，進而發展為學問；「簡從而有功」，是指按照自然規律之啟發而效仿自然，尚象製器，發明創造，發展生產，創造財富而有功於民，屬應用範疇，拓展為技術。這已經不是自然造化之易，而是循自然之理的人為發明創造；

其四是說本乎自然之理（天道）是為賢人之德性，是作人的根本，是謂體；本乎自然之理去做事是為賢人之事業，是為做事的法則，是謂用。

總之，「易簡」就是闡述以上的「天下之理」，所強調的是本著自然之規律，而運用於實踐，成就其事業。劉長林先生稱之為「易簡律」，❶我們稱之為「易簡原理」。

「易簡原理」是「製器尚象」和「取象比類」中的重要指導思想，是生生之理，是創造之源，是體用之典範。在認知與思考事物時，除了陰陽之道以外，主觀上不帶任何預設和成見，完全順隨事物的自然變化進行研究與考察，以「易簡原理」來觀察、比擬萬事萬物，則「天下之理得矣」。

（2）製器者尚其象

「製器者尚其象」，是說製造器皿的人崇尚象的研察。「象」是指對卦爻之象的玩味，以比擬自然的易簡原理，而發明創造器物便利於民用。

諸如「做結繩而為網罟，以佃以漁，蓋取諸離」（《周易・繫辭下》）。是說將繩結成網，用於田獵（捕捉鳥獸），用於捕魚，這些可能是取之於離卦之象（離☲為繩，離中空而聯想到以繩結網）。又如「斲木為耜，揉木為耒，耒耨之利，以教天下，蓋取諸益。」（同上）「斲」為「斫」，即砍削木材而成鋤（耜），使木彎曲而成犁（耒），以犁鋤之利教化民眾興農業，可能是取之於益卦之象（益卦上巽下震☳，上木、下動而用來耕田）。又如「刳木為舟，剡木為楫，舟楫之利，以濟不通致遠，以利天下，蓋取諸渙。」（同上）「刳」，剜空也，「剡」，削也，「楫」，撐船的竿子。是說將木材剜空成舟，將木材削尖而成楫，借用舟楫之利，而渡河致遠方便

天下，可能是取之於渙卦之象（渙卦上巽下坎☴，木漂浮於水上之象）。《周易·繫辭下》連續說了十三卦的「製器者尚其象」的事例，強調經卦象以擬自然之象而啟迪人們發明創造的靈感。

（3）模擬仿真之理

聖人有以見天下之賾，而擬諸其形容，象其物宜，是故謂之象。聖人有以見天下之動，而觀其會通，以行其典禮，繫辭焉以斷其吉凶，是故謂之爻。

——《周易·繫辭上》

這段話說的就是古代模擬仿真學的道理。所謂「擬諸其形容」就是比擬事物形態和樣式；「象其物益」就是觀察瞭解事物的性質，並取其有益的性質而效仿之。「觀其會通」就是觀察其變化規律並能充分掌握；「行其典禮」，就是依據事物之規律、性質、而確定規章、步驟和法則。這裏既考慮了「形」，又考慮了「質」，更考慮了「量」；既考慮了靜態之「象」，又考慮了動態之變（爻），更考慮了靜動之變的規律，並總結成具體的章程、操作步驟及法則，而達到「備物致用，立功成器，以為天下利」的目的。這真是我國古代模擬仿真學最精闢之論述。❶

化而裁之謂之變，推而行之謂之通，舉而錯（措）之天下之民謂之事業。

——《周易·繫辭上》

「化而裁之」就是循自然之理而改變並且製作新的器物，改製為變；將改製後的器物進行實用檢驗看其效果如何，就是「推而行之」，看其在實踐過程能不能行得通，

達到合用之目標；「舉而措之」則是將合用的器物進行普及推廣，使民得利，這就是事業。透過「化而裁之」（變）→「推而行之」（通）→「舉而措之」（事業），從而達到利天下之民的事業有成的目的，這就是「製器者尚其象」的理論和過程。

由此可知，「製器尚象」是促發展、促進步、自主創新之路，走這條路除了需掌握「易簡原理」之外，還要建立一種「結構變易」的理念。《周易》認為，物質結構也不是一成不變的，也是可以變易的，「象」也是可以流動和轉化的。「象思維的『生生』，就是『象的流動與轉化』，就是創造或創新的本義，這種創造或創新的思維，不能源於概念思維的判斷、推理，而只能源於『象的流動與轉化』」。❽

有關「結構變異」及「象的流動與轉化」方面內容，在「唯變所適」章中再作介紹。

總結起來「製器尚象」有如下要點：

其一是觀象

以目觀象，觀其形貌。以心觀象，觀其情偽，這時有人的主觀情感成分，愛與憎，好與惡，利與弊的權衡。以物觀物，則觀其理則，達到無我狀態，直接與物合，知物性、物理、物與物之關係、物象之變化規律與法則，這在下節（「取象比類」）中還要強調。

其二是取象

根據研察目的，選擇「象」其中主要性質（一種或多種性質），進行分類分級以及性質之間關係的選取。

其三是擬象

依據「易簡原理」——循自然規律對所取之象進行比擬，建立「象」的模式。

其四是玩象

對模式反覆玩味，瞭解其「象」的變化和流動以及轉化特點，主象與環境的關係，體悟解決問題的方法。

其五是製器尚象

經小樣、實驗，「化而裁之」（改製為變），「推而行之」（實踐檢驗為通），達到「舉而措之」（普及）以利天下之民（事業）。

（4）兩個事例

為了使讀者便於理解「製器尚象」的思想方法，現舉中國古代發明創造實例加以說明如下。

其一，候風地動儀

東漢科學家張衡發明了世界上第一台地震儀——候風地動儀，並開創了用儀器記錄地震的歷史。《後漢書·張衡列傳》對候風地動儀有如下的記載（圖11）：

陽嘉元年，復造候風地動儀。以精銅鑄成，圓徑八尺，合蓋隆起，形似酒樽。飾以篆文山鳥龜獸之形。中有都柱，榜行八道，施關發機。外有八龍，首銜銅丸，下有蟾蜍，張口承之。其牙機巧制，皆隱在樽中，覆蓋周密無際。如有地動，樽則振龍發機吐丸，而蟾蜍銜之。振聲激蕩，伺者因此覺知。雖一龍發機，而七首不動，尋其方向，乃知震之所在。驗之以事，合契若神。自書典所記，未之有也。……（一次）一龍機發而地不覺動，京師學者咸其無徵，後數日驛至，果地震隴西，於是皆服其妙。自

（a）外部造型

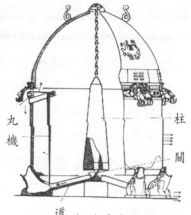

九機

柱

關

道　（b）內部結構

圖11　地動儀復原模型

此以後，乃令史官，記地動所從方起。

　　陽嘉元年即西元132年，文中所記地震為西元134年12月13日（陽嘉三年十一月壬寅）隴西地震，震中在漢陽（今天水）一帶[19]。

　　從這段記述可知，張衡當時已知地震是由某地（震源）發出一種震動，這種震動以波的形式向四周傳播，並使地面物體因振動而破壞、失穩，且有隨震源之近遠，其強烈程度有所衰減。這就是地震之「象」，而且這種「象」隨距震源的距離有所變化。

　　地震之「象」的性質是一種振動波的傳播，「象」的變化是這種波的能量隨距離遠近而衰減，要想測得這種地震之「象」，就需要一種非常靈敏的「器」——都柱，也是最原始的「擺」，為了使之靈敏，其一是要使「擺」（都柱）的重心偏高；其二是振動後能自動恢復，這就應該是一種懸「擺」；其三是平時穩定不受外界其他振動干

擾，這就要求樽體穩定，而且與地基接觸牢固，樽蓋密封不受氣流（風）的干擾。振動的初始波的方向，就是使都柱倒的方向，這也就是指向震源所在的方向。這恰恰是「擬諸其形容」，「象其物宜」，「觀其會通」，而後「行其典禮」，創造出和震「象」相吻合之「器」，能「記地動所從方起」。

這種從觀察地震動特點入手（地震之「象」），循其規律，用其性質，仿製器具（懸擺——都柱）的方法，正是易學中「製器者尚其象」的思想的完美體現。❼而地震的發明並進行實際觀測，比西方早一千多年。

其二、都江堰水利工程

都江堰位於四川省灌縣，正當岷江由北向南從山區流入成都平原的山口處。因山區地勢陡峭，江流湍急，突然流入平原水流變緩，使泥沙傾瀉於山口河道，使之河道淤塞、改道，造成經年不斷的水患。

早在西元前276～前251年，李冰父子周密觀察岷江一帶的山川地勢。充分分析水「象」隨季節、地形變化的特點，參考以往已有關於治水的經驗，巧妙地利用岷江出山口的地形條件，制定了一套完整規劃——都江魚嘴分水堤、飛沙堰溢洪道、寶瓶口引水口等一系列工程，達到上游束水→分水→溢洪排沙→引水灌溉之目的。從而舉世無雙，獲利兩千多年，至今仍在運營的常效水利工程（圖12）。

首先，在岷江出山口的地方，利用天然形成的江心洲北端，築起分水魚嘴，上尖下寬，直指向上游，形若魚嘴，全用一個個竹筐放進河卵石疊砌而成故又稱為「石魚嘴」，將岷江一分為二。東流為內江，此水用以灌溉下游

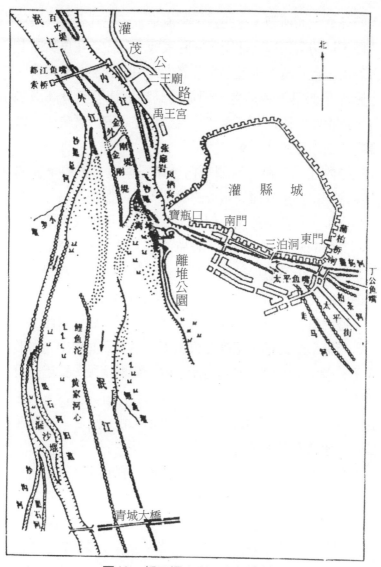

圖12 都江堰水利工程示意圖

成都平原農田；西流為外江，是岷江之正常河道。一般是
春季水少，分岷江水為內六外四；夏季水多，分岷江水為

內四外六，即所謂「分四六，平潦旱」。在其上游，築百丈堤，以防對兩岸之沖刷，同時束縛水流，並在魚嘴向上游斜築一挑水壩，以起導水分流之作用。於江心洲東築內金剛堤，西築外金剛堤，兩堤均高出岷江歷史最高洪水位，以保證分隔內外江水流。沿金剛堤設有「湃缺」，以備內江向外江洩洪。

在內江的南段，西側是內金剛堤南段，東側是虎頭山，南側是由堅硬礫岩組成的離堆，東南側是湔山（亦稱玉壘山），在此處鑿開一個人工隧道，是引岷江水進入成都平原的咽喉要道，稱為「寶瓶口」。過「寶瓶口」通向下游，經上天窩等節制閘，將水一分為二，二分為四，呈一扇面狀流向成都平原，形成一整套灌溉網路。

特別值得一提的是飛沙堰溢洪道工程。岷江內江水流經「寶瓶口」之前，正處在東、南、東南三面環山，而形成了一個大的漩渦，在其右岸（內金剛堤南段）築起一座湃水壩，當水位高時可以洩洪，同時利用旋流排砂，既起到了洩洪作用，又起到了排沙清淤作用，使進入「寶瓶口」之水清澈而不淤塞。

在「寶瓶口」左側石山刻有標度，稱為「水則」，以測量水位，隨時掌握水情。❷⓪

都江堰是透過水象流動變化以其與地象的複雜關係，充分利用地象對水象的約束、分流、導水、漩渦排沙、洩洪、鑿洞引水，並悟出水象變化與地象和諧相處之自然之道，因地制宜地改造，使水害變為水利，經二千多年常用不衰，成為水利工程史上的世界奇蹟。也是「製器尚象」思想的典範。

5. 取象比類

「取象比類」是中國傳統「易象思維」的重要方法。《周易‧繫辭下》有云：

八卦成列，象在其中矣。因而重之，爻在其中矣。剛柔相推，變在其中矣。繫辭焉而命之，動在其中矣。吉凶悔吝者，生乎動者也。

這是說，根據所研究的問題，列成八卦，象就在其中了。將卦與卦相重疊，則「六位時成」，就相當於將卦象放在時間之中考察了，時變在卦象中就體現為爻位變化之問題。剛柔相推，陰陽相盪，對待流行，交感而生變化，將這些變化寫出來（用符號或文字），就可知變化的動態過程，可推衍出吉凶悔吝的不同結果，以引起人們的借鑒與警惕。

剛柔者，立本者也。變通者，趣時者也。吉凶者，貞勝者也。天地之道，貞觀者也。日月之道，貞明者也。天下之功，貞夫一者也。夫乾確然，示人易矣。夫坤隤然，示人簡矣。爻也者，效此者也。象也者，像此者也。爻象動乎內，吉凶見乎外，功業見乎變。聖人之情見乎辭。

——《周易‧繫辭下》

此段話十分重要，基本概括了取象比類方法的要點，現詳述於下。

（1）立本（確定研究領域的範疇）

「剛柔者，立本者也。」「立本」就是確定所研究領域的範疇及其各部分之間的關係。假如研究領域是天地間之萬物，則乾可以取象於天，坤可以取象於地；如果研究

國家，則乾可以取象國王、總統……；坤可取象大臣、部長。如果研究家庭，乾可取象父，坤可取象母等，而其他各卦可以其卦性設定適當位置。

譬如研究企業範疇的事，乾可取象董事長，坤取象總經理；震以動之，可以取象能源部門；巽以入之，可以取象企業文化及思想工作部門；坎以潤之，可以取象設備保障及維護部門；離以明之，可以取象制度制定及企業管理部門；艮以止之，可以取象產品品質檢查部門；兌以悅之，可以取象公關宣傳部門等等。對課題研究來說，確定研究領域的範疇，與範疇內部包括那些部分，各部分之間的分工與相互關係是根本性問題，所以「立本」就是樹立根本宗旨，是「取象比類」的首要問題。

（2）趣時者也

「變通者，趣時者也」。「趣」為趨，就是將所研究的範疇放到時間之中去考察，以知其隨時之變化。這裏所說的時間，不是牛頓的絕對時間，而是與天體運行有關係的「天時」。也就是所說的易學時空。「日復日為一日」，「日與月合為一月」，「日復星為一歲」。

易學時空是相對的、又是統一的現代非慣性時空㉑。所謂相對時空，即是指時間中有空間，空間中有時間，而不是時間就是時間，空間就空間，那種將時空分離割裂的絕對時空觀念。所謂非慣性時空，是相對於慣性時空而言，慣性時空認為時間是均勻流逝的，與外界任何事物都無關係，而實際上，時間是非均勻流逝的，與物質的品質及其運動速度有著密切的關係。

太陽、月亮、地球等星體在宇宙間運動，都是橢圓形

軌道，其運動速度是變化的，故而時間是不均勻的，時間與空間是交織在一起的，是和宇宙環境，和日、月、地球品質及運動軌跡、運動速度，乃至整個應力環境有著密切關係的一種時空觀念。㉒正因如此，易學所說的時間是「天時」，其中有豐富的內涵。有「時信」（時間中包含有各種資訊、週期、韻律），「時序」（以時間順序而經歷的事物發展演進過程），「時運」（因時間進程而產生的有節律的變化），「時機」（由於「特殊時間」——「奇時」——及事物發展累積效果而產生的突然變化和機會）等重要資訊。因此，審時度勢是取象比類的重要環節，劉長林先生稱之為「時行律」。㉓⓰

　　在《周易》中多次談到「時」，一方面是指「天時」如《周易‧賁‧彖》有：「觀乎天文，以察時變；」《周易‧文言‧坤》有：「坤道其順乎，承天而時行」；《周易‧豫‧彖》有：「天地以順動，而四時不忒」等。另一方面是指在天運統帶下，所有相關事物在相互作用過程中所形成的時間條件和時間環境的變化，如《周易‧遯‧彖》有：「遯而亨也，剛當位而應，與時行也」；《周易‧艮‧彖》有：「時止則止，時行則行，動靜不失其時，其道光明」。

　　因此，《周易‧繫辭下》的結論是：「變通者，趣（趨）時者也。」循整體時間環境的變化而思、而行，則可因變而通，立於不敗。「與時偕行」不僅僅是指行動，更重要的是指思想上要「與時偕行」。

　　（3）貞勝者也

　　變化是有方向的，是進，是退；是利，是害；是吉，

是凶，如何判斷呢？「貞勝者也」。「貞」即正也，所謂「貞」是指符合自然固有的規律（天道），就可以得到「吉」的結果，就可適應時代之潮流而發展。如何能做到「貞勝」，需要作到對自然界的觀察達到「貞觀」，這是一；能從表及裏，直指事物的本質，達到「貞明」，這是二；看問題不僅看清局部，更要看到總體；不僅看眼前，更要看長遠；不只是看特異狀態，更要看其正常狀態，這就是要達到「貞一」，這是三。下面分別述之。

其一，「貞觀」

「天地之道，貞觀者也」。是說若想瞭解天地之道，就需作到「貞觀」，正如宋代邵雍在《觀物內篇》所云：

夫所以謂之觀物者，非以目觀之也。非觀之以目，而觀之以心也。非觀之以心，而觀之以理也。

這裏強調觀物之方法，不能只是用眼睛去看，眼睛看只能達其表面（形狀、大小、顏色等）；而更要用心去看，用心去看就帶有感其情的過程，就加入了感情因素，就有喜好還是厭惡，有利害之權衡，然而感情因素挾帶有主觀意志，觀察有違客觀性而失真；更進一步則是「觀之以理」，就是知其性，知其變，知其則。所以進一步又云：

聖人之所以能一萬物之情者，謂其能反觀也。所以謂之反觀者，不以我觀物也。不以我觀物者，以物觀物之謂也。既能以物觀物，又安有我於其間哉！

這裏提出「反觀」非常重要，不是站在我的立場上觀物，而是站在物的立場上觀物，才能達到「寫彼之理，羅彼之理」，才能達到「無我於其間」的「忘我狀態」那種

「非有心安排」的客觀如實摹寫自然的目的。

科學研究與考察過程中，主觀好惡、主觀願望，主觀預設，是最難避免的毛病，這種看是常規之方法，恰恰是科學研究之大忌。而在我國傳統文化中，在易學理念裏，很早就提出「反觀」，「以物觀物」而去掉主觀臆想之蔽的好方法，值得借鑒。總結起來，所謂「貞觀」就是：

目觀
（觀其形） }→ 心觀
（感其情） }→ 反觀
（通其理） }→ 達到客觀
摹寫之境界

其二，「貞明」

「日月之道，貞明者也。」是說日月運行的規律是十分清楚的，日月有信而明。瞭解事物，是要由表及裏，直達其本質。所謂「明」，就要有彰隱闡幽的能力。明末的方以智在《物理小識·象數理氣徵理論》中引胡康侯之語云：

象數者，天理也，非人之所能為也。天示其變，地產其狀，物獻其則，身具其符，心自冥應。

是說自然之象，與象的維度、數量是自然形成的，不是人的主觀意志所能為的，這是天理。所以以其象數來反推，從物之則，物之狀，物之變，而能達其理，則能彰隱闡幽，心自冥應（心裏想的與自然之道理暗合），而達到「貞明」之境界。

其三，「貞夫一者也」

是說看問題不僅看其局部，而要看其總體，並且瞭解局部與整體的關係；不僅看其暫時，更要看其長遠，並且瞭解暫時如何為長遠創造條件；不僅看其特異狀態，更要

111

看其正常狀態，並且瞭解特異狀態和正常狀態之轉換條件。這就是「得一損一之道」。《老子》有云：

昔之得一者：天得一以清，地得一以寧，神得一以靈，谷得一以盈，萬物得一以生，侯王得一以為貞，其致之。天無以清，將恐裂；地無以寧，將恐發；神無以靈，將恐歇；谷無以盈，將恐竭；物無以生，將恐滅；侯王無以貞，將恐蹶。

是說，以往的事實證明，凡能達到正常的「一」的狀態者（也就是符合「道」的狀態）都可以得到安寧：天得到「一」就可能清明，地得到「一」就可以寧靜，神得到「一」就可以靈驗，山谷得到「一」就可盈滿，萬物得到「一」就可繁衍生長，侯王得到「一」才是正主。這都是因為達到「道」（「一」）的狀態，所以都達到了各自的目的。如果天失去清明，恐怕就要天裂（小行星入侵之天象），地失去了寧靜，恐怕就要發生地震，神失去靈驗，恐怕就要變成泥塑木俑，山谷失去水源，恐怕就要乾涸，萬物失去生機，恐怕面臨滅絕之命運，侯王失正，恐怕就要面臨倒臺之命運。這就是「得一損一」之道。《周易·繫辭下》有云：

小人以小善為無益而弗為也，以小惡為無傷而弗去也，故惡積而不可掩，罪大而不可解。

也是說從小事做起，積而成果，看到長遠，看到大局，而不能認為小惡無涉而放任自流，以致達到惡不可掩，罪不可恕的地步。

總之，做到「貞觀」（以避免主觀臆斷），「貞明」（以避免片面，重表不知理），「貞一」（以避免近視、

112

短視，而要從大局、長遠著眼），則能達到「貞勝」之境界。

（4）「夫乾確然，示人易矣。夫坤隤然，示人簡矣」

這裏強調的是「易簡原理」。「易簡原理」不僅是「製器尚象」的重要原則，也是「取象比類」的重要原則。「確然」形容剛健之狀態，「隤然」形容柔順之狀態。這是說，像天行那樣剛健，給人顯示了以平易有信。象地靜那樣柔順，給人顯示以簡約可靠。「爻也者，效此者也。象也者，像此者也。」是說陰陽爻就是效仿乾坤相摩，剛柔相盪，所表現的各種卦象，就是象徵自然界中對待流行的變化。

如前所說，「易簡原理」就是將紛繁複雜的自然現象中的一對一待的事物，抽象歸納為陰和陽，以自然規律為指導，效法自然之道做事，則「天下之理得矣」。

（5）成其功業

「爻象動乎內，吉凶見乎外，功業見乎變，聖人之情見乎辭。」是說卦象之建立是對自然現象的摹寫。爻象變動於卦內，透過對其變動的分析，研究領域範疇內的吉凶資訊就可以顯現於卦之外，據此可審時度勢，掌握時機，趨吉避凶，循自然之道以發明創造，建功立業，並將其經驗教訓總結出來，則聖人之真情可見矣。

立本取象（定範疇）→明時通變（時行律）→判斷正邪（貞勝、貞觀、貞明、貞一）→易簡原理（建模）→分析動態資訊→給出建功立業之方向，這就是取象比類方法的要點和全過程，是我國傳統文化值得發揚繼承的寶貴財富。

取象比類方法在當代科學研究中，亦大有用武之地。

其一，總體控制

研究複雜系統問題時，最易犯「只見樹木，不見森林」的毛病，一頭紮進具體細部，而不知整體，陷入「瞎子摸象」的局面不知所以。而取象比類方法是建立在大系統限控和包容小系統的理念之上的。因此，首先明確研究範疇的整體（立本取象），之後再依象分類，則主次清楚，整體和局部關係明確。

其二，方便統計

明確研究範疇和目的，分類進行統計，才能從中提取有用的資訊。切忌「眉毛鬍子一把抓」。譬如，對「人」的統計，若瞭解一個單位的人員結構，就需要統計人員的年齡、學識程度、職務乃至知識的構成。如若瞭解岩體結構面在空間分佈的韻律性，既要統計結構面的數量、性質，還要統計結構面之間距（密度）。選擇統計對象是否準確恰當，取決於實踐的深入程度，掌握客觀第一手資料的程度，以及對研究領域、研究問題理解的程度。

114

其三，探尋關係網絡，建立結構模型

取象比類的另一種作用，是易於瞭解各類事物之間的關係。「人以群分，物以類聚」，「人」就是一種「象」，不是指張三、李四，而是泛指的人。「群」相當於「類」，人是以群而分的。可以以種族、民族、家族來分；可以社會分工來分，如工、農、商、學、兵；可以貧富分，以文化程度分，以宗教信仰分等等。

而所有這些關係總合構成一個龐雜的關係網絡——社會，社會是一個複雜巨系統。在生物界，除了以物種為準

分類、分群之外，還可以其間的相互作用關係（相生、相剋）構成一種生態系統——生物鏈，這是維繫生態環境平衡的基本構架。「物」也是一種「象」，物以類相聚在一起，「重濁者下沉，輕揚者上升」，是說物以其比重不同而聚集在一起，在沉積學中稱之為「分選」，在岩漿學中稱之為「重力分液」。

如果把「構造形跡」當作「象」，則不同構造形跡組合成的，有一定成生關係的「構造型式」就是「類」。取一定形式的「構造形跡」，組合成「構造型式」的群，形成「構造體系」，這就是李四光地質力學所研究的領域，這也是「取象比類」過程。

在岩體工程地質力學領域，以原生作用關係、構造成生關係、次生改造關係為分類標準，研究岩體結構，實際上就是對岩體這個「象」，進行取象比類，得出岩體結構類型，並以此尋求複雜岩體結構之間的關係網絡，這對深入認識岩體結構的形成，瞭解岩體結構的控制因素，找出具有代表性岩體結構的力學模型——本構模型，非常有幫助。這是研究工程岩體穩定性的關鍵步驟。

其四，結構變異

「取象比類」方法認為，物質結構並非一成不變，而是可以變異的。所謂結構是指事物的秩序狀態，它既包括原子、分子結構，晶體結構，基因排列及細胞組織結構這種物質結構，也包括人類社會的各種社會結構，乃至抽象的數理結構、資訊結構和思維邏輯結構等。結構受環境條件中物質流、能量流和資訊流的影響，可以出現結構的解體、重組、調整的變化。受結構內部的破缺、空位等缺欠

更易於產生局部共生、嵌套、扭結、纏繞、分裂、交代、流變而造成結構變異與弱化。凡此種種「結構變異」現象，都以質變、躍遷等不連續、非線性形式出現。猶如，碳原子在不同環境條件下，可產生截然不同的兩種物質（金剛石和石墨）稱之為相變；同樣的國家，由不同黨派集團執政，就可以產生不同的政體，稱之為政變，可見「結構變異」對事物狀態是何等重要。

研究結構變異首先要研究現結構的存在條件及自身結構特點；其次研究結構內部的缺欠（空位、破缺、分形特徵，資訊回饋能力等）以及彌補的辦法、結構組織優化的辦法；第三對結構變異的條件、徵兆、變異方向等進行判斷、分析、預測等問題進行探討。

其五，資訊提取及資訊預測

對災變及結構變異現象，重要地是能從自然中尋找資訊，而這種資訊最初常常是幾微的，混雜於正常資訊之中的，如何從眾多的資訊中把握小概率事件，這就有資訊提取和資訊不能失真的問題。

中國古代歷來重視「取象比類」研究，「天垂象，見吉凶，聖人象之。」（《周易・繫辭上》）有人說這是迷信，是偽科學。錯了！人類生活在自然環境中，宇宙間的各種物質、能量、資訊流動，其週期、節律、特別是地球環境造就了人的適應能力，人與環境早已融合為一（天人合一），環境變化，人也隨之變化，冬保暖，夏納涼，習以為常。其實人類就是生活在地球所提供環境中。對於地震、火山、氣象等自然災害，古人就有許多探索，對自然徵兆，古人稱之為「上天示警」，今人稱之為「大自然的

警告」。海城、唐山地震前的電磁、地氣霧、地光、地下水、動物異常都是真實存在的。

近年日本三宅島火山爆發之前，就有地熱異常、硫磺氣霧、動物遷徙及小震活動等異常現象。如何把握這些異常資訊為災害預報服務，是「取象比類」方法的特長。

傳統的數理分析方法強調對大能量、大資訊量事件的把握，而將小能量、弱資訊事件淹沒了。常常強調數列的連續性，而將暫態的特異資訊給平滑掉了。為了遷就理想模型，假設條件很多，使之脫離自然條件，更因為運算十分複雜而使資訊失真。結果導致預報的失敗。這正是當前西方傳統預測學所面臨的根本性問題。

「取象比類」方法則是在大能量背景中，重視小概率事件，將小能量、弱資訊單獨提取出來進行分析。其數列是離散的，強調其可公度性、準週期性。分析過程中，採取直觀簡單的倍加運算，可保持資訊的真實性。譬如，翁文波的可公度性、天干地支記年運算、浮動頻率法；任振球的天文奇點值（引力共振）預報法；徐道一及張鐵錚的二倍法，郭增建的倍九法等。

以上談了「取象比類」在現代科學的五方面應用。其中前三種是從宏觀控制整體把握入手，以瞭解複雜系統的性狀特徵，解決複雜性問題；後兩種則是從複雜性系統的局部缺欠及特異事件入手，研究小概率的偶然事件，以解決結構變異及災異預測問題。㉔

（6）取象比類方法應用事例

其一，武漢長江大橋橋線地質剖面

武漢長江大橋是萬里長江第一橋，江面寬1200公尺，

1954年進行大橋測繪工作，當時是前蘇聯援建項目，勘察工作主要由前蘇聯專家本著20世紀50年代前蘇聯工程地質規範（在橋線左右150公尺範圍內填圖），在橋線各墩位布孔，打了數十個鑽孔，岩性變化甚大，以致僅幾公尺距離的鑽孔岩芯就迥然不同，根本給不出合理的橋線地質剖面，工作一籌莫展。

武漢長江大橋所經之地，乃是構造極為複雜的下揚子拗陷，僅沿橋線布孔給不出地質剖面並不為怪。谷德振先生*請命承擔此項工作，首先帶領一批人去百里以外的大冶，測區域地層標準剖面——找標準「象」；之後在洪山、龜山、蛇山等地進行武漢區域地質填圖，建立工程區地質構造格架——與標準之彼「象」對比此「象」，知其異同和與構造活動之關係；再後是在關鍵部位打幾個檢驗孔（此孔並不在橋線上），以驗證地層構造填圖的準確性；最後，在橋線剖面布孔，則百分之八九十都與估計相合，圓滿地完成了任務。

當時前蘇聯專家組組長西林翹指稱讚，大橋工程局局長彭敏欽佩谷先生的工作方法。這種方法實際就是「取象比類」方法在全局調查的基礎上，限控局部細節，避免犯「瞎子摸象」的錯誤。㉕㉖

其二，二灘水電站導流洞工程

二灘水電站位於雅礱江下游，裝機容量330萬千瓦，左右岸導流隧洞長1100公尺左右，開挖斷面寬20.5公尺，

*谷德振（1914～1982）中國科學院學部委員（院士），中國科學院地學部常務委員，著名的工程地質學家。

高 22.5 公尺，是當時世界最大的導流隧洞。岩性為正長岩、玄武岩。高地應力區（20～30兆帕）。

施工中軟岩坍塌和硬岩岩爆同時並存，地質條件十分惡劣。該工程承包商菲力浦－霍爾茲曼公司自法蘭克福提交一份傳送單，並以6個斷面的二維邊界元分析成果為依據，提出修改原設計方案，建議每16平方公尺側牆增設1000千牛頓的預應力，並加設一根15公尺長的錨索，增加造價數千萬元。經水電部成都勘測設計院用「典型類比分析法」（PTA）BMP程式復核證明，德商的經驗性岩體力學參數不符合二灘實際，否決了德商的建議，為國家節省了數以千萬元的資金，並於1993年12月建成通水，到今仍運營正常。

「典型類比分析法」（PTA）是中國傳統文化與西方現代科學技術結合的產物。首先認為隧道圍岩－支護系統是一個開放的複雜巨系統，對這種系統用還原論的方法處理已不可行。現在能用的唯一有效的方法，就是以科學理論為指導，綜合已有的經驗知識和專家判斷相結合，採用典型類比分析方法。「典型」相當於「取象」，「類比」想當於「比類」，「分析」想當於「運數」。各單項技術都是學習西方的，只是結合中國工程實際有所發展，而形成人－機結合的BMP程式系統，則用的是中國整體自然觀思路，事實證明「典型類比分析法」比德商方案優越。㉗㉘

其三，加利福尼亞州地震的預測

翁文波院士曾對美國西海岸的地震進行過多次預報研究，在訪美期間曾介紹過此方面研究成果，引起廣泛重視。翁老的朋友，美國學者格林1991年11月22日致信寫

道：「我很感興趣將能收到您關於1992年在加利福尼亞州某個地方可能發生地震的預報意見。」翁老在經上級批准的情況下，於1992年1月27日回信：「對1992年將在加州發生的較為重要的地震的預測為：

時間：1992年6月19日

地震震級：6.8級

地區：三藩市大區。

1992年7月6日格林給翁老回信中寫道：「祝賀您的關於6月下半月在加州洛杉磯的地震預報意見。您可能知道，已經發生了幾個地震，震中最強的一個是芮氏7.4級。您能做到這點是多麼神奇！同時我渴望瞭解您是如何做的。」

翁老的預測學思維，與當代統計預報思想有本質的區別，以至不為人們理解。徐道一在《翁文波院士的天災預測方法、理論及其意義》一文中有詳細的論述，㉙在此僅介紹預報思想中與「取象比類」方法有關的幾點。

一是一切從實際出發，不作或少作假設（假設的成分越多，失真越多）。「象」表示實際體系，它與理論是相對的，唯象者與唯理者是相對的，唯象者重視實際體系，而唯理者重視理論體系。「類比」的方法與可公度方法較為相似，類比是根據已知事物與未知研究客體在某些屬性上的相似，從而推斷出它們在其他屬性上相似的邏輯方法，均是唯象思維方法。

一是從離散的資料中提取出非偶然性的資訊。翁老從理論上對自然數、整數的實用意義進行了深刻的論述。物質世界是由各種可數的結構單元構成的。一切實體的基本

單位是可數的，一些事件只能一次一次地發生，不能發生半次。那麼，它們都具有可公度性特徵。一切實際存在的物體和一切發生的事件都是由它們的基本單位組成，可用自然數來數個數，如果用函數來表示實體，它將是離散的、不連貫的，所以也是不可微的。

一是資訊預測。資訊預測是以研究對象的特性為基礎的。從常態要素可作「統計預測」，以知其大概；從異態要素可作「資訊預測」，以知其特性。資訊預測重點是研究自然特性中不確定性、非排中性、可數性（量子化、離散性）、可公度性等內容。成為研究變異、災害的重要方法。

以上就是筆者對「取象比類」方法的理解和其在研究複雜系統問題所發揮的作用，所做的粗淺地介紹，由於筆者知識的局限，可能有謬誤之處，請多加指正，也希望與同仁共同努力為弘揚「取象比類」這種傳統方法，繼承與開拓中國科學技術遺產而奮鬥。

6. 大象無形

從自然之象，經過仰觀俯察，近取遠取，感而遂通而達「貞觀」，經過符號化的過程，形成八卦之象，完成了由具體之象到抽象的認知的飛躍，並且形成了一套完整的卦象符號體系。又經過「立象以盡意」的處理，透過「易簡原理」建立模式，比擬研究對象，並將其置於「天時」過程中考察分析，一方面可應用於發明創造，製器尚象之法，以為民用，建功立業；一方面可應用於事物分析判斷和預測，形成取象比類之方法，用於科學研究之中。這在

認知過程中又是一個質的昇華。最後，可達到認知過程的更高層次——大象無形之境界。

易象思維是由自然之象→卦象→擬象→大象，從形而下過渡到形而上的一個階梯。是從具體的、個別的事物，到抽象的、一般的事物，到普遍的、本源的一種追溯。這實際上是人們思想境界的昇華。❸⓪

思想境界是靠人的修為而進步的，這可從乾卦的發展過程中，看出端霓，以下引文皆出自《周易・乾・文言》。

「潛龍勿用」，是處於懵懂境界——陽氣潛藏，其力隱而未見。

「見龍在田」，是處於學習境界——「學以聚之，問以辨之，寬以居之，仁以行之。」是養成學習的良好習慣，積累知識，分辨是非的能力，寬以待人，行仁義之事。

「終日乾乾，夕惕若」，是處於實驗幹事階段，「君子進德修業。忠信所以進德也，修辭立其誠，所以居業也。知至至之，可與言幾也，知終終之，可與存義也。是故居上位而不驕，在下位而不憂。」這時期是在實際工作中進德修業，忠其業，誠信於人，知道任務能達到什麼程度，會有什麼結果，這時可以和同事討論幾微的變化，也有一定的信譽了。

每天孜孜不倦地幹事，晚上反省自己的得失並不斷改正和進步。在與人交往中，居上位而不驕橫，在下位而不卑微，形成不卑不亢的人格特質。

「或躍在淵」，是正處在重要的變革時期，「上下無常，非為邪也。進退無恒，非離群也。君子進德修業，欲

及時也。」有以前的基礎，已經能接近重要崗位了，對於從事具體工作，則達到功利境界，對於從事藝術工作，則達到審美境界，而這些都需要有道德境界為保障。地位上下雖然無常，但行正拒邪確不變。職位升降雖然不定，但無論何時也不能脫離群眾。對自己道德修為和對事業責任，則是時時刻刻不能忘懷。

「飛龍在天」，上治也，位乎天德。「與天地合其德，與日月合其明，與四時合其序，與鬼神合其吉凶。先天而天弗違，後天而奉天時，天且弗違，而況於人乎，況於鬼神乎。」這是說能與天地一樣使眾人安其生得其養，像日月一樣普照一切事物而明察秋毫，政令像四季一樣，春夏秋冬循時而行，其賞善罰惡和鬼神賜福降災那樣一致。當其走在天象之前，天都不違背其預見，當其走在天象之後，則依照天的規律行事。天都不能違背其意願，何況民眾呢，何況鬼神呢。這就是「天德」，這就是「無」的境界。

「無」的境界，猶如《老子》所云：「為學日益，為道日損，損之又損，以至於無為。無為而無不為。」是說，為學應日積月累而能使之收益日增。為道，探索自然奧秘之時，應當將已有知識不要看得太重，能放棄則放棄，不要受已有定論（框框）的束縛，以避免限制你的思考和觀察。要達到「無為」的程度，這種靜觀玄覽，虛靜無為的認知方法，使你不受任何學術框框的限制，直接與自然感通時，就會有所發現，有所發明，達到「無為而無不為」之境界。㉛

《莊子·人間世》有云：

若一志，無聽之以耳聽之以心，無聽之以心而聽之以氣。耳止於聽，心止於符，氣也者，虛而待物者也。唯道集虛，虛者，心齋也。

這是心靈活動達到最高修養時的一種境界，即心靈的空靈澄明之境。「這種意義的『心』，為一切創造價值的根源，它洗淨了慾念的攪擾，超脫了俗世的牽累；它可照見萬有之真況，能觀賞天地之美，而遊於無所拘繫的境地」（陳鼓應，老莊新論，上海古籍出版社，1992）。㉛

《老子》說的「大象無形」，是說這種「大象」的「無」的境界，這種「大象」就是「先天之象」，就是「太極」，是一種「無對待」、「無分別」，其大無垠，充滿生機，是生生之源。是一種無形跡，無預設，無所執，卻有無限變化和信息量極豐富的一種創造之源。這是一種擺脫概念化思維方式，對象化的研究方法，和一切不變動的固化了的知識體系的束縛的境界㉓㉘。也就是《周易·繫辭上》說的：「易無思也，無為也，寂然不動，感而遂通天下之故。」

參考文獻

❶吳秋文，第二屆國際易學與現代文明學術研討會論文集序言（12～14頁），美國國際易經學會，北京國際易學聯合會，臺灣中華民國周易學會，2005。

❷商宏寬，論中西文化的互補性，山西大學師範學院學報，Vol.1，No2，2001。

❸侯敏，《易象論》，北京大學出版社，2006。

❹常秉義，《焦氏易詁，導言》，光明日報出版社，

2005。

❺李樹菁遺著，商宏寬整理，《周易象數通論》，光明日報出版社，2007第二版。

❻商桂，《易索》（156～173頁），地震出版社，1999。

❼鄧立光，析論《象傳》之哲學特色，第二屆國際易學與現代文明學術研討會論文集（267～273頁），美國國際易經學會，北京國際易學聯合會，臺灣中華民國周易學會，2005。

❽李樹菁遺著，商宏寬整理，《周易象數通論》（126頁），光明日報出版社，2007，第二版。

❾孟凱韜，《思維數學引論》，科學出版社，1991。

❿郭俊義，《廣義量化引論》，江西高校出版社，1990。

⓫焦蔚芳，《周易宇宙代數學》，上海科學技術文獻出版社，1995。

⓬商桂，《易索》（133～352頁；392～441頁），地震出版社，1999。

⓭李定，易學的符號系統，國際易學論壇，現代易學，東方國際易學研究院，國際易學聯合會，2007。

⓮商宏寬，卦象符號‧卜筮‧治國方略——易史淺析之一，第七回世界易經大會暨第十五屆周易與現代化國際討論會會議論文集（126～133頁），2004。

⓯閻韜，《周易符號系統的特點，國際易學研究》。第四輯（297～308頁），華夏出版社，1998。

⓰劉長林，《周易意象思維的基本邏輯規律，國際易學

研究》。第八輯（273～287頁），華夏出版社，2005。

⓱商宏寬，《周易對我國古代地震科學發展的影響，中國歷史地震研究文集》（2）（19～24頁）地震出版社，1991。

⓲王樹人，《「易之象」及其現代意義論綱，國際易學研究》。第四輯（284～296），華夏出版社，1998。

⓳馮銳、俞言祥，《張衡地動儀與西元134年隴西地震》，地震學報（654～668頁），Vol.28，No. 6，2006。

⓴劉長林，《中國系統思維》（534～537頁），中國社會科學出版社，1991，第二次印刷。

㉑趙定理，《周易與天文學和物理學，周易與現代自然科學》（126～132頁），中國社會科學出版社，1990。

㉒商宏寬，《易學與科學源遠流長，中國傳統文化與現代科學技術》（79～85頁），浙江教育出版社，1999。

㉓劉長林，《中國象科學觀》（上冊）（238～241頁），社會科學文獻出版社，2007。

㉔商宏寬，《「取象比類」是研究複雜系統的科學方法，實踐與思索的軌跡》，商宏寬論文選集（259～264頁），地震出版社，2000。

㉕谷德振，《武漢長江大橋工程地質，谷德振文集》（84～87頁），地震出版社，1994。

㉖商宏寬，《岩體工程地質力學——具有中國特色的工程地質學，中國工程地質五十年》（36～45頁），地震出版社，2000。

㉗李世輝，從岩石力學面臨的兩難問題看象數法的方法論意義——以二灘水電站導流洞成功為例，自然辯證法研

究，Vol. 15，No. 10，1999。

㉘李世煇，隧道支護設計新論──典型類比分析法應用和理論，科學出版社，1999。

㉙徐道一，翁文波院士的天災預測方法、理論及其意義，2000。

㉚商宏寬，「象論」，第九回世界易經大會暨首屆周易文化節論文（147～153頁），華人國際新聞出版集團，2006。

㉛侯敏.《易象論》。北京大學出版社，2006。

易之為書也不可遠，為道也屢遷，變動不居，周流六虛，上下無常，剛柔相易，不可為典要，唯變所適。

——《周易·繫辭下》

五、唯變所適

如前所述，天地之間的萬物都在變化和運動著。仰觀天文，日月星辰變化運動著；俯察地理，陵陸川澤變化運動著；觀鳥獸之文，鳥獸魚蟲變化運動著；觀地宜之所生，樹木花草亦在變化運動著；近取諸身，四肢百骸，五臟六腑，氣血運行亦在變化運動著；環顧社會，王朝更迭，仕宦升降，商賈奔忙，農夫耕作，芸芸眾生都在變化運動著；六十四卦，三百八十四爻，卦卦皆動，爻爻皆變。所以，有些學者認為《周易》就是研究變化的學問。

變化的形式很多，這裏想從圜道思想、天地之大德曰生，與時偕行，結構變易等方面，談《周易》對變化的認識，現分別敘述如下。

1. 圜道思想

日往則月來，月往則日來，日月相推而明生焉。寒往則暑來，暑往則寒來，寒暑相推而歲成焉。往者屈也，來者信（伸）也，屈信（伸）相感而利生焉。

——《周易·繫辭下》

這裏是說太陽落山了，月亮升起來了，月亮落下了，

太陽又升起了，日月相推晝夜分明，而成就了一天。冬天過去了，夏天來了，夏天過去了，冬天又來了，寒來暑往則一年就完成了。過去的將其看作屈，到來的將其看作伸，屈伸相感，從時間推移之中，利害關係就產生了。這是對圓道現象最樸實地描寫。週而復始的變化的根本原因是受日、月、地球三者運行週期的制約，這是天道運轉所決定的。故有：

大明終始，六位時成，時乘六龍以御天，乾道變化，各正性命。

——《周易·乾·彖》

依據太陽的升降，則東西南北上下的方向就確定了，乾卦的六爻隨天時而動。則萬物隨之而各按自己的命運而生活。這裏強調天地之間的萬物都是在天道所提供的時空條件下生活，這種時空節律影響著所有的生命活動。

這種天道循環而形成的節律，是很複雜的，有不同層次，不同長短的週期。小者如一呼一吸，如不同的聲音形成的音律，中者如晝夜週期；《周易·蠱·彖》有「先甲三日，後甲三日，終則有始，天行也。」說的是七日週期；有月晦而望，望而又晦的月週期；人所共知，一年有二十四節氣，有七十二候，這也是一種週期；《周易·臨·彖》有：「大亨以正，天之道也。至於八月有凶，消不久也。」是說一年之內有陰陽消長的七個月的週期；十二地支構成每十二年一個本命年，是十二年週期；天干地支六十年一個輪迴，構成六十年週期；而宋代邵雍則又分世運會元更長的週期。一世三十年；一運十二世，則三百六十年為一運；一會三十運，則一萬零八百年為一會；一元

為十二會，則十二萬九千六百年為一元。

故而這種週期也是分層次，大週期中套著小週期，小週期還有更小週期，這些週期互相嵌套，互相疊加，互相消長，是非常複雜的。

六十四卦從乾坤始，到既濟看似圓滿，但最後一卦卻是未濟，說明尚有未了之事要留到下一個輪迴去解決，這也是週而復始循環不已。

人類與生物節律中確有「七日來復」的現象。如婦女月經週期28天（4×7），人的情緒週期28天，如《靈樞·歲露》所云：「月滿則海水西盛，人氣積，肌肉充，皮膚致；」「月廓空，則海水東盛，人氣血虛，其衛氣去，形獨居，肌肉減，皮膚縱。」說明人體氣血的流注與潮汐漲落相關。❶

這種現象實際上是太陽、月亮、地球三體運動的客觀反應。地球圍繞太陽轉，月亮又圍繞地球轉，月亮從中地點到近地點（這是一個單元），從近地點又到中地點（這是第二個單元），再從中地點又到遠地點（這是第三個單元），再從遠地點又回到中地點（這是第四個單元）。共有四個特徵點，對應四個單元，每單元6.89天，古人將其定為七天，這就是七日來復的天文背景。

一年（一個回歸年）月亮共走了五十三個特徵點，為什麼不是六十個特徵點呢，因為月亮走，地球也在走，就回不到原來的起始點，而相差了七個特徵點，同時，在相位上也差了90°。（圖13）四年正好360°，故有四年一小周之說，月亮相位復原。而六十年，才能真正首（起點）尾（終點）相接，成為六十甲子一個輪迴。所以「七日來

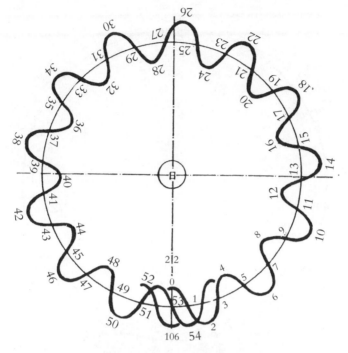

圖13　月亮運行軌跡在黃道面上的投影

復」，「四年一小周」，「六十甲子」都是有天文根據的
❷。（圖14）。

　　這種圜道思想，進一步拓展，從天文、曆律、音律、
自然生命節律、自然現象、以至於到社會現象的各個方
面。如《呂氏春秋・圜道》有云：

　　日夜一周，圜道也；月躔二十八宿。軫與角屬，圜道
也；精行四時，一上一下各與遇，圜道也；物動則萌，萌
而生，生而長，長而大，大而成，成乃衰，衰乃殺，殺乃
藏，圜道也；雲氣西行雲雲然，冬夏不輟，水泉東流，日
夜不休，上不竭，下不滿，小為大，重為輕，圜道

圖14　回歸年（對月回歸線）的隔八相生
「干支紀年歷年開始時的月亮特徵點位置」

也；……聖王法之，以令其性，以定其正，以出號令，令
出於主口，官職受而行之，日夜不休，宣通下究，海讖於
民心，遂於四方，還周復歸，至於主所，圜道也。令圜，
則可不可，善不善，無所壅矣。

此段文字全面介紹了圜道思想，首先講天道循環，晝
夜交替，月躔二十八宿，精行四時，都是天體運行而產生
的循環現象，這是圜道的根本；其次談生物之生→長→壯
→成→衰→殺→藏的生命循環，這是在天道背景下而產生

的生命循環，各類生物，各正性命，概莫能外；其三是講水汽循環，海水蒸發為雲，是謂「重為輕」，雲氣西行雲雲然，「冬夏不輟」，是說海上之雲氣被季風吹向大陸，雲氣遇冷而變成雨滴，是謂「小為大」，而落下是為降雨，補給河水及地下水，則泉水、河水東流。「日夜不休，上不竭，下不滿」，則流入大海，構成一個完整的水汽循環過程（圖15）。

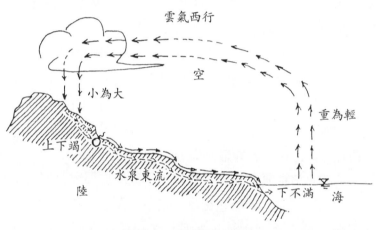

圖15　水氣循環示意圖

　　在二千多年以前，就對水變汽，汽變雲，雲西行，汽又結為水滴落下又流入大海，這種跨物態，跨地域之大規模循環，有如此深刻、真切的認識，實在難能可貴❸❹。其四是講政令之環，聖王出號令→官受而行→宣通下究→達於民心→回饋於王→可以修改，「則可不可、善不善，無所壅矣。」值得注意的是這種政令圜道強調回饋與修正及時改正，這就使令圜變成了螺旋式上升的態勢。最後又總結說：

圜道也，一也，齊至貴，莫知其原，莫知其端，莫知其始，莫知其終，而萬物以為宗。

是說這種圜道是天地之間的根本性的規律，是太一，是最為尊貴的，不知其來源，也不知其開端，不知其始，不知其終，而天地之間的萬物都以它為宗。故而，《周易·復》有云：「復其見天地之心乎。」是說週而復始的復卦，是圜道的典型表現，它是統領天地間萬事萬物，影響萬事萬物的普遍性規律，猶如天地之心一樣啊。綜上所述，圜道思想有如下要點，總結於下。

其一，圜道規律是自然現象觀察中總結出來的；

其二，圜道就是週而復始的循環往復，形成一種節律性、準週期性特徵，而其根本原因則是天道運行過程在時空領域的反應。就地球體系而論，則以太陽、地球、月亮三體運行的節律的影響最為顯著；

其三，這種圜道節律特徵提供了天地之間變化的時空及應力環境背景，同時也影響了自然的萬事萬物，萬事萬物附應這種節律而生活，並且以各自的條件而「各正性命」；

其四，這種圜道週期、準週期是有層次的，長週期包含許多小週期，各種週期、準週期之間有相干效應，相互嵌套、相互疊加、相互消長，呈現出一種十分複雜的情況；

其五，並非是簡單地循環過程，而是在循環過程中有繼承、有回饋、有發展、有改進，是一種螺旋式演進的一種運動過程。

2. 天地之大德曰生

在天道變化（圜道）這一大背景下，也就是在太陽、月亮、地球三體運動的背景下，天地間的萬物是如何發生的，這就是自然觀中的又一重要課題。《周易・繫辭下》有云：

天地絪蘊，萬物化醇。男女構精，萬物化生。

所謂「天地絪蘊」，是指天的陽氣下降，地的陰氣上升，陰陽二氣在天地之間充滿。使萬物都能均勻普遍的秉受陰陽二氣而化育。「男女構精」，實指獸之牡牝，鳥之雌雄，人之男女，整個生物界兩性間的生殖行為，從而使萬物生生不息的繁衍下去。

故有「生生之謂易」，「天地之大德曰生」，天地最大的德性就是生，重生、厚生是天地之本性，這就是中國傳統文化中的「自然發生論」。

道生之，德畜之，物形之，勢成之，是以萬物莫不尊道而貴德。道之尊，德之貴，夫莫之命而常自然。故，道生之，德畜之，長之、育之、亭之、毒之、養之、覆之，生而不有，為而不恃，長而不宰，是謂玄德。

——《老子・五十一章》

這裏的「道生之」，指的就是自然之道，也就是《周易・乾・彖》所說的：「大哉乾元，萬物資始，乃統天。」這裏的「德畜之」就是《周易・坤・彖》所說的：「至哉坤元，萬物滋生，乃順承天。」自然之道在大地上的具體體現，就是地之德（坤德），大地順承天時而畜育萬物。在「乾道變化」和「坤厚載物」的聯合作用下，李

曙華更具體為乾是生命的資訊動因，坤是生命之載體❺，則萬物「各正性命」，「品物咸亨」，千姿百態之物就產生了。陰陽二氣氣化而成形，這就是「物形之」。各物種有自己的發育途徑和過程，以勢而成之，這就是「勢成之」。

在道（乾）、德（坤）之統帥下，「道生之，德畜之，物形之，勢成之」自然而然就發生了，不是有心安排的。「長之、育之、亭之、毒之、養之、覆之」，是說在天覆地載之下，萬物生長、發育、亭其形、成其質（毒之），滋養與呵護之下成長。

雖然天地使萬物生長發育了，但卻沒有佔有的慾望；為萬物做了許多事情（雷以動之，風以散之，雨以潤之，日以烜之等），但卻不以此稱功；使萬物繁榮茂盛，但卻無宰控之意。這種無私、無慾，才可稱其為極深遠極博大之德（玄德）呀！

前面曾較詳細地介紹了《周易》的「易簡原理」，說乾以易知而有親，坤以簡能而有功，都是說天地自然之道在自然演進過程中所起的不同作用，兩者結合而形成這大千世界。這些都比較系統全面地反映了我國傳統文化的自然發生論。這種「自然發生論」，與「神創論」有本質的區別：首先，自然發生論強調「夫莫之命而常自然」，不是什麼人，更不是什麼神仙有意安排的，而是自然而然發生的；其次，自然發生論強調自然界本身就有使萬物生長發育的能力，天地之大德就是能夠生育萬物，這種認識既符合客觀真實，也為現代科學成果所證實。

讀《老子》的「道生之，德畜之，物形之，勢成之」

的自然發生論，不由得想起古希臘哲學家亞里斯多德的四因說：「質料因，事物構成的根基；形式因，事物何以是的原因；動力因，運動自何處來；目的因，事物何以為的原因。」❻兩者在形式上雖然相似，然而在本質上有很大的差別：

其一，《老子》特別強調自然規律（道）與法則（德）在萬物生成中的根本作用，並以遵道貴德為宗，並盛讚這種無私、無慾之玄德，這就將「宇宙的價值」，這種好生之德提到至高無上的地位；而亞里斯多德的四因說則是以邏輯推理的形式，客觀地對四因進行說明，可以說是為西方近代科學的「價值中立」觀念奠定了基礎，而這正是科學與道德趨向脫軌的肇始；

其二，《老子》乃至《周易》的自然發生論，強調的是自然而然的發生演化過程，沒有人的主觀意志起作用，即使人類利用自然物的發明創造，也要遵循自然規律行事，要符合「易簡原理」，因此「自然發生論的觀念與自然界之關係是和諧的，相容性更好；而亞里斯多德的四因說則為人的主觀意志參入留了許多後門，質料人們可以選擇，形式可以在人腦中形成，動力可以人來操縱，目的則更可以人的意願而隨心所欲，因此，四因說則為人類干預自然，無限度向自然索取以滿足人們之慾望，發展為人與自然對立的趨向，所以與自然的相容性較差，和諧程度亦較差。

《周易》和《老子》的「自然生成論」所說的天地之大德曰生，不僅僅指生育，其中還有繼承、發展、適應環境變化而向更高層、更深層的演進的內涵。正如前面所述

《老子‧四十二章》所說：

　　道生一，一生二，二生三，三生萬物。萬物負陰而抱陽，沖氣以為和。

　　《老子》這裏給出的是自然演化的普遍模型，這和《周易‧繫辭上》所說：

　　易有太極，是生兩儀，兩儀生四象，四象生八卦，八卦定吉凶，吉凶生大業。

　　有異曲同工之妙。而《周易‧序卦》所述則更為寫實，基本將人類社會的發展構勒得十分清楚。

　　有天地然後有萬物，有萬物然後有男女，有男女然後有夫婦，有夫婦然後有父子，有父子然後有君臣，有君臣然後有上下，有上下然後禮義有所錯（措）。

　　這是基本符合社會發展實際的。如果看一看地球的演化歷史，從無機地球→無機＋有機地球→無機＋有機＋有生命地球→無機＋有機＋有生命＋有智慧的地球；從人類社會生產力的發展過程看，從石器時代→青銅器時代→鐵器時代→機械時代→電氣時代→資訊時代。從這些演化過程中，不僅是量的增加，更有質的躍遷，思維理念的昇華，乃至社會結構的巨大變革。

　　《周易》所強調的「生生之謂易」，「日新之謂盛德」，都是一種在自然演化過程中，注重創新、改革與發展的體現。《大學》有云：「湯之盤銘曰：『苟日新，日日新，又日新』」。可見，並非古人就保守，其實古人思想的精華恰恰是從天道自然的考察中。得到的自然演進觀，進步、創新、發展是歷史的必然，故有：「窮則變，變則通，通則久」的思想。

3. 與時偕行

一切變化、運動、循環、發展、演化都是在時間進程中開展的。所以《周易》特別重視時間的作用。前已述及「時行律」，這是中國傳統文化中又一重要理念。整部《易經》都是在講事物隨時而變，卦卦乃至爻爻都隨時而變。

大明終始，六位時成，時乘六龍以御天。

——《周易·乾·彖》

說的就是日月交替，則東西南北上下的六個方位就已經構成了，六爻以動，陰陽消長，剛柔相蕩，則象徵天時的運轉。又說：

六爻發揮，旁通情也。時乘六龍，以御天也。雲行雨施，天下平也。

——《周易·乾·文言》

「發揮」乃「發動」，「旁」可釋為「廣」，六爻之發動，廣通天地人之情也，日乘六龍所駕馭之車巡行於天，行雲布雨，使大地都能得到恩澤。這是從宏觀總體上描述時空變化而對天地人物的影響。

無平不陂，無往不復，天地際也。

——《周易·泰·九三象》

復，其見天地之心乎。

——《周易·復·彖》

是說天下的事物都是在變化的，沒有平坦而總是平坦，一定會變為斜坡的；沒有往而不還的，這是天地根本法則呀！所以稱復卦（闡述反覆的卦）可以從其中看到天

139

地變化的根本道理——陰陽消長的道理——那就是天地之心。故有「與天地合其德，與日月合其明，與四時合其序」，是最根本最正確的選擇，是不可違背的天道。誰能順應天道行事，誰就能成其事業。

這就是「順天應人」的問題，是把天時與人事聯繫起來以判斷事之正邪。故有：

天地以順動，故日月不過，而四時不忒。聖人以順動，則刑罰清而民服，豫之時義大矣哉。

——《周易·豫·彖》

剛柔交替，天文也，文明以止，人文也。觀乎天文，以察時變，觀乎人文，以化成天下。

——《周易·賁·彖》

日月得天而能久照，四時變化而能久成，聖人久於其道，而化成天下。觀其所恒，而天地萬物之情可見矣。

——《周易·恒·彖》

天地革而四時成，湯武革命，順乎天而應乎人，革之時義大矣哉。

——《周易·革·彖》

這裏所說的都是聖人行事以天地準，彌綸天地之道，順天應人而成功，觀天而知時變，順應天時，順應民意而行事。可以說一部《易經》處處強調「時」，強調「與時偕行」。諸如「君子進德修業，欲及時也」。「終日乾乾，與時偕行。」「坤道其順乎，承天而時行。」「蒙亨，以亨行時中也。」「應乎天而時行。」「損剛益柔有時，與時偕行。」「凡益之道，與時偕行。」「天地盈虛，與時消息。」「過以利貞，與時行也」等等比比皆

是，時之義大矣哉！

時止則止，時行則行，動靜不失其時，其道光明。

——《周易‧艮‧彖》

天地節，而四時成。節以制度，不傷財，不害民。

——《周易‧節‧彖》

易之為書也，原始要終，以為質也。六爻相雜，唯其時物也。

——《周易‧繫辭下》

所謂「應時而行」是指當行則行，當止則止，動靜不失其時，才能前途光明。這個道理，首先是從農業生產當中總結出來的，農業耕種不違農時，播種當及時，鋤草當及時，追肥當及時，收穫當及時。要順著節氣來。故天地有節而成四季，以四季之節而定制度，才能不傷財不害民，才能得到豐收。

過去王室興修宮殿，大施土木，需要民出勞役，都要避開農忙季節，以防止擾民生產傷財害民。正因如此，《易經》這部書的目的是，觀察事物之始，探求事物之終，以瞭解事物的整體情況，從六爻相錯綜的情況，來分析所象的事物在一定時間條件下之變化，這就是《易經》所要解決的問題呀。從農事與天時的關係，進而拓展到政事，故有：

坤道其順乎，承天而時行。積善之家必有餘慶。積不善之家必有餘殃。臣弒其君，子弒其父，非一朝一夕之故，其所由來者漸矣。由辯之不早辯也。

——《周易‧坤‧文言》

危者，安其位者也。亡者，保其存者也。亂者，有其

治者也。是故君子安而不忘危，存而不忘亡，治而不忘亂，是以身安而國家可保也。

——《周易·繫辭下》

地之道曰順，順是順應天道而行。「履霜堅冰至」，就是按照自然的順序，必然是霜降而後至於堅冰，是必然之結果。社會事物亦如此，積善之人家必然餘有喜慶之事，積惡之人家必然會有禍殃。臣子弒君王，兒子殺死父親，這種違反倫常之事，都不是一朝一夕能發生的，其苗頭由來已經很久了，只是平時沒有提早辨識而已，這就有一個防微杜漸的問題。

發生危險的，多是安享其位者；亡國者，多是滿足於自保其存者；發生變亂的，多是墨守老一套治理方法而不知隨時改變者。因此，有道之君身處安而不忘其危險，存而不忘其亡，治而不忘其亂，這樣才能使之身安而國家可保也。

這裏有一個很重要的問題，就是不能安於現狀，而應根據形勢和時變而調整政策。時代在變化，周圍的環境在變化，政局時事消漲亦在變化。國家的政策、方針乃至組織結構亦理應作適當的調整，否則將不適應新形勢而被歷史淘汰這就是「與時偕行」。

聯繫「圜道思想」一節，更能進一步理解，圜道實際就是陰陽消長的規律在時間上的反應，就是所謂的韻律性、節律性。這種節律影響生物之生長發育，影響人的作息和氣血循環，影響農事安排，影響政事抉擇。順自然之道而行則吉，逆自然之道而行則凶。這是順陰陽消長之理行事，可見「天地之心」，可得「天地之際（法）」，可

知「天地之情」的道理。

然而，陰陽之間不僅有更替消長的一面，還有陰陽交合、振盪的一面，並同時產生更為複雜多變的現象，會出現新的生命、新的事物、新的形勢和新的變數。而這種新的東西，開始都呈幾微不顯的隱幽狀態，這就有一個如何認識幾微的問題，而在時間上則表現為「奇辰」。

堪輿徐行，雄以音知雌，故為奇辰。

——《淮南子·天文訓》

「堪」為天，「輿」為地，是說天與地緩慢地在宇宙中漫遊，天地陰陽是以音律相互感應的，當太陽、月亮、地球乃至其他星體運行過程中，出現「會」、「沖」之時，引力會突然增大，稱為「奇辰」。奇異的時段，在地表則出現大潮、驟雨，可誘發地震，火山等災害，所以古時就特別重視「奇辰」現象。這種「奇辰」事件已經證實能引起地表局部地區產生「引力共振」，從而引發地震，驟雨等突發事件❼。

陽氣下行，陰氣上升，則會出現風雨交加電閃雷鳴的劇烈變動的場面。當乾冷之寒風與濕熱之暖風相遇，冷暖氣流形成鋒面，是強烈降雨的特徵表象。在地下一定深度，「陽伏而不能出，陰迫而不能烝，於是有地震。」（《國語·周語·伯陽父論地震》），是說地殼之內陽氣伏於下，而不能順暢上升；陰氣在上，迫使陽氣不能蒸騰，陰陽二氣發生衝突而產生地震，這就是我國古代「氣動發震假說。」❽

陰陽二氣相遇產生的變化常常是突然的、劇烈的，但在此之前的醞釀、積累的過程常常是漫長而又隱幽的，這

也是《周易》的一項重要任務，由精義入神而知微知彰，顯微闡幽，並達到掌握「時機」的目的。

綜上所述，《周易》所說的「時」與現代科學普遍應用的絕對時是有差別的，在「趣時者也」一節中已經系統說明，現簡要總結如下：

其一，時間與空間密切相連。《周易》所談的時間是與日、月、地三體運動相聯繫的，「日復日為一日」，「日與月合為一月」，「日復星為一歲」。而不是牛頓的絕對時間，這種絕對時間將時間絕對化，變成與空間無關的只是一種時間的尺規。

其二，代表時空環境的變化，隨著時間變化而形成晝夜、寒暑乃至輻射強度、引力環境等呈週期或準週期的變化。

其三，陰陽交替形成節律。這種節律與韻律，對大地的影響是普遍，對大地上的生命的影響更是普遍的，這種節律或韻律與圓道思想的形成，曆律的制訂，生命週期的進展和音律定準都有密切關係。

其四，陰陽相交相激而成「奇辰」。這種相交相激的變化很激烈、很突然，甚至可產生質的變化。這種時變事先難以察覺，故有知己知微而察時變，這就是所說的「時機」。

總之，《周易》所說的時，不僅僅表示時間，更表示時間變化週期所具有的眾多資訊，和由此而產生的時間順序、生命節律，也反應天地生人網路的進程和變化。《周易》所說的「時」講求天與人的一致，具有更為重要和廣泛的涵義❾。

144

受《周易》的影響，中華民族是一個特別重視時間影響的民族，特別重視歷史的民族。從歷史的發展過程看時代的更替，總結經驗教訓，「原始要終，以為質也。」故而中華民族有一整套五千年的編年史，而且各個地方都有地方誌（郡縣州府之志），還有各種自然現象的觀察、見聞的記載，如對天文觀測及天象的記載，各種災異（水、旱、螟、蝗、疫病、地震等）的記載，這些都成為我國乃至世界歷史資源的寶庫。

4. 結構變易

變化是有方向的，是向前進的變化還是向後（倒退）的變化，這是發展問題，如何發展將在第六章討論。變化之中有正常變化，有異常變化，這方面的內容將在第八章災害觀中討論。在此，只想談談結構變易問題。

（1）結構變易的理念

事物的變化有量變和質變的區別。中國古代對「變」與「化」是有區別的。「變者化之漸，化者變之成。」用現在的觀念講，「變」是指「漸變」，變到一定程度而成「化」，「化」是「變」的完成，「化」即是「質變」。中國古代所說的「變」與「化」，指的是一個系統的「變」與「化」，而不單指某一種物質本身的「變」與「化」。做為一個體系，一個系統，除了包括事物本身，還重視事物所處的環境條件，如果割裂了事物與環境談量變與質變是不準確的。

一般常說量變而導致質變，這種說法值得商榷。譬如水變為汽，是因為環境溫度升高達到100℃，水沸騰而變

為汽，但是這不是因為水的量增多，而是所處環境溫度改變，使水的分子結構變化而出現質的改變。其質變的本質是「結構變易」。

所謂「結構」是指事物的秩序狀態。這種事物的秩序狀態是陰陽、剛柔對待雙方，在自然歷史的漫長過程，自然而然形成的一種自組織狀態，是相對穩定的。但卻並非一成不變的，而是可以變易的，這種變易稱為「結構變易」。「結構變易」是近代材料科學及軟科學中非常熱門的學問。「結構」既包括原子分子結構、晶格結構、基因排列及細胞組織這種物質結構，也包括人類社會的各種社會結構，抽象的數理結構、資訊結構乃至思維結構等。

所謂「結構變易」，是結構受環境條件中物質流、能量流和資訊流的影響，可能導致結構的解體、重組、調整的變化。受結構內部的破缺、空位等缺陷更易於產生局部共生、嵌套、扭結、纏繞、分裂、交代、流變而造成「結構變易」。結構變易的結果常常是使結構丟棄了某些性質，而增加了另一些性質，而使結構與環境的適應性增強了。凡此種種「結構變易」現象都以質變、躍遷等不連續、非線性形式出現。

同樣的碳原子組織結構不同，可以產生金剛石和石墨兩種截然不同的物質，這在物理學中稱之為「相變」；同樣的國家，由不同的黨派集團執政，就可能產生不同政體的國家政權，稱之為「政變」。可見「結構變易」對事物狀態是何等的重要。

研究結構變易，首先要研究現結構的存在條件和自身結構特點；其次研究結構內部的缺陷與性能（空位、破

缺、分形特徵、資訊回饋能力、自恢復能力、與環境適應能力等）；其三，對結構變易的自身條件、環境條件，以及變易徵兆、時機、變易方向的分析與判斷；其四，對結構變易的調整、控制工程，這就是所說的優化組合工程，是根據需要和預期目的而進行的主動改革。

（2）《周易》的位——能層序結構

天地之間的事物都是分層次有秩序的，這種分層有序結構是客觀存在的，如《老子》的人⊂地⊂天⊂道⊂自然的層序結構；《周易‧繫辭上》的「易有太極，是生兩儀，兩儀生四象，四角生八卦」，八卦生六十四卦的層序結構；物質世界的分級為宇觀、宏觀、常觀、微觀、渺觀；生物分類有門、類、科、屬、種；地質時代有代、紀、世、期；行政區劃有省、地、縣、鄉、村；各種專業職稱有高級工程師、工程師、助理工程師等等。在《周易》中對層序性的描述常用「位」的概念。

天地設位，而易行乎其中矣。

——《周易‧繫辭上》

是說天地定位，高卑以陳，六位時成，時乘六龍以御天，陰陽相濟，剛柔相蕩，於是易就行於其中了。

易簡而天下之理得，天下之理得，而成位乎其中矣。

——《周易‧繫辭上》

是說，乾以易知，有親、可久，而成賢人之德；坤以簡能、有功、可大，而成賢人之業，以此易簡原理就可得天下之理，天下之理得到了，天地之間的萬物的陰陽、剛柔、上下、貴賤就可以定位了，各正性命，按其位置而生活了。

天地之大德曰生，聖人之大寶曰位。

————《周易·繫辭下》

是說天地的最大的品德就是化生萬物，聖人最重要的就是崗位。要想幹一番事業，沒有崗位是不行的。可見《周易》對「位」的重視。

《周易》各卦中的初、二、三、四、五、上爻位，是象徵事物的層次上的差異，關於爻位的分析，曾在四章三節中介紹了「爻位的根本公理」請參照。《周易·繫辭下》有云：

二與四同功而異位，其善不同，二多譽，四多懼，近也，柔之為道不利遠者。其要無咎，其用柔中也。三與五同功而異位，三多凶，五多功，貴賤之等也。

是說二爻與四爻皆為陰位之爻。都是協助辦具體事情的，但效果卻不一樣，因為二爻在下卦之中位，所以多譽，而四爻在外卦之偏位，所以多懼。對於做具體工作的人來說，不利於偏遠者，對近者來說因為柔位得中，離領導近隨時可以得到指導，所以無咎。三爻和五爻都是在陽位之爻，是自主幹事之人，但由於崗位之不同而有差異，三爻多凶，五爻多功，這是所處位置的貴賤不同啊。五爻位尊為上卦之中位，九五之尊；而三爻在下卦之偏位，又剛愎自用，故多凶。這說明即使作法相同，但所處崗位有別，其效果差別很大，故有不在其位，不謀其政之說。

不在其位，視角不同，瞭解事情的範疇偏窄，對事物瞭解的片面也很局限，硬要作上位之事，實際是不具備條件的，所以，不在其位還是不謀其政為好，這樣較有迴旋之餘地。

一般來講，位高者，表現為物則結構緊密，蘊含的能量大，承受能力強；表現為人則德智均為上乘，能力強。但是，自然界是複雜的，常出現位－能不相匹配的情況。

德薄而位尊，知小而謀大，少力而任重，鮮不及矣。《易》曰：「鼎折足，覆公餗，其形渥，凶。」言不勝其任也。

——《周易・繫辭下》

是說德薄（德不敦厚）而所在地位很尊貴，才智不足而所思謀之事體卻很大，缺乏力量卻又承擔重任，這是力不從心的危險態勢。就像《周易・鼎・九四》所說的，鼎足折斷，鼎身翻倒，公侯祭示的菜湯潑灑於地，其形渥濁，已不堪用。是兇險之兆。是說鼎不堪其任也。對這種不穩定因素應提早洞察，以便防微杜漸。《周易・乾・文言》有云：

「亢龍有悔」，何謂也？子曰：「貴而無位，高而無民，賢人在下位而無輔，是以動而有悔也。」

有人問孔子「亢龍有悔」是什麼意思呢，子曰：身份尊貴而沒有實際崗位，高高在上而沒有民眾的支持，脫離有能力的賢人，得不到幫助，所以想做什麼事也做不成。動而有悔。

總之，要幹成一番事業，要居有利的位置，而居於有利的位置，還必須有好的德行與操守，聰明的才智和堪擔重任的力量。不當位，或當位而不勝任都不成，這就有一個優化組合問題。

（3）結構優化

小到一件器物，一個事物；中到一個企業，一個單

位；大到一個國家，都有這個結構優化問題，這實際是一個系統優化組合問題。一個系統有總體要完成的任務，系統內部由許多部分組成，部分之間既有分工，又相互配合，共同完成系統的總體任務。

譬如鞋子，由於各個部分的作用不同，選材亦不同，不能採用一個標準。作鞋面的皮革要柔軟堅韌；鞋底要耐磨又有一定的彈性；而將鞋面與鞋底連接起來的線，則要結實韌性，抗拉抗剪切的能力要強。所以作鞋子選料要合用更要相互匹配，形成一個整體優化結構。

對於一台機器來說，底座要穩固，承重件要堅實，轉動部分及軸承要滑潤靈活，加工部分要尺度精細，其能耗低，工效高，才是合用的機器。

對一個單位來說，既需要要有掌握方向統領全盤工作的人，但不能多；還要有精於管理事務的人，有兢兢業業的工作人員；也要有心靈手巧的能工巧匠；⋯⋯不同特長的人員合理分工，協調工作，才是一個匹配合理的單位。否則，人浮於事，正副領導一大群，什麼事都議而不決，決而不行，行而不果，工作效率很低，內部矛盾重重，多半是結構不合理造成的。

系統是適應客觀需要而組合成的有機整體，相互間要有機配合，剛柔相濟陰陽和德，張弛有度，疏密合理；在自然條件下，系統組合是在演化過程中自調節形成的自組織；在人造器物中，是本著「易簡原理」的指導下，以造福民眾；社會機構組合中，是以仁義為本，操守社會公利，實踐為民大業之中，形成組織、團體、單位。這些都是事業需要而組成，在實踐中完善，諧調的自組織。一旦

組織背離了宗旨，背離了事業，心不存仁，行不見義，這個組織單元就出現了「異化」，那麼「天地革而四時成，湯武革命，順乎天而應乎人。」這種改革、革命、撤換、重組是勢在必行的，是「順天應人」的義舉。

器物會因形勢、任務變化而改變，會因長期使用而磨損；人亦會由於地位變化、成績大小，知識積累、閱歷、年齡不斷變化而變化。這些變化也會使系統內各部分之間的不斷調整。故爾，結構優化不是一蹴而就的，是要根據環境條件、任務變動、內部關係而隨時調整的。這種調整有時是局部的，有時是整體的，有時可能是帶有本質意義的革命性改變。

（4）窮則變，變則通，通則久

對於生物來說，要能適應環境的變化而改變自己的習性，甚至自己的內部結構，這就是一種質變，一種飛躍式的進步。所謂「窮」，就是原有的習性、原有的招數已經窮盡其能還不管用，就得重新改變、學習，以適應變化了的環境的需要。

猶如一直生活在水中的生物，水逐漸乾涸，許多魚都死掉了，但有些魚類卻能在瀾泥中維繫生命，並逐漸改變用腮呼吸為肺部呼吸。將鰭變成了腿，既能生活在水中又能生活在陸地上，於是兩棲類動物出現了。

這就是窮則變，變則通，通則久的道理，知變通而得以保其種系的存活，那些不知、不能變通者就被嚴酷的環境變化所淘汰。

一個部門、一種行業也要能隨著時間進程和形勢變化來改變和調整自己的組織結構。譬如活字印刷是中國四大

發明之一，它改變了手抄、手刻的書寫方式，從而能將大部頭書籍成批量地印刷生產，使資訊傳播形式來一次空前大革命。然而隨著科技的進步，電腦排版，光碟錄製的出現，使整個印刷事業來了個天翻地覆地變化。如果還抱著鉛字排版印刷不放，則只能被社會淘汰。這就是與時俱進的道理。

對於一個國家來說，更不能落後於時代，不能出現「世紀差」（或稱為「時代差」），出現「世紀差」是很危險的。當年清朝的政體是封建專制的，而西方已經是資本主義民主制；經濟體制，清朝是自給自足的小農經濟，而西方已經是工業為主的商品經濟；在軍事上，清朝基本上是以冷兵器為主的落後裝備，雖有些原始火炮，既笨重、射程不遠、不准且移動不便，而西方國家已是船堅炮利的火器時代。所以西方列強只用不到萬人，就可打到北京，而被迫簽下城下之盟，落後就要挨打。形勢變化，「君子進德修業，欲及時也。」「修業」在軍事上就是要加強國防工業建設，使自己能跟上社會進步的步伐，不能差得很遠，特別是不能出現「世紀差」，否則就有亡國滅種之慮。

清朝時，中國已經到了「窮」的境地，窮則思變，經過「辛亥革命」推翻了清王朝；「五四運動」學習西方的「科學」、「民主」；經過「抗日戰爭」，由弱變強；經過「解放戰爭」建立了一個新中國，中國人民站起來了；由「改革開放」，使中國經濟發展起來，這才真正能立於民族之林。

經過百年幾代人的奮鬥、革命、變革，才有今天，這

個「窮則變」才開個頭，才剛剛走出困境，但是尚有許多問題要解決，如「三農問題」，「教育問題」，「醫療問題」，「社會保障問題」，「環境污染問題」、「提高產品的高科技附加值問題」，「節約能源問題」。若能從「變」而達到「通」，從「通」而達到「久」，尚有很長的路要走，同志應需努力。

「窮則變，變則通，通則久」，是何等深刻的思想。這裏所說的「變」並非表面的、形式上的變，而是從思想上、觀念上、組織結構上的變，是來不得半點虛偽的真正意義上的變，沒有這種脫胎換骨地變，是不能產生「通」「久」的效果的。

變而又能達到與外部環境相適應，與內部各部分相融洽達到「唯變所適」，這個「適」字非常重要，與環境合適，與形勢相適應，才算達到「通」。在自然法則面前是來不得虛偽和搪塞的。

在春秋戰國時期的中國，就有如此鮮明地變革上進的思想，確實是難能可貴。

153

參考文獻

❶楊力，《周易與中醫學》（472～475頁），北京科學技術出版社，1990，第二版。

❷鄭軍，《太極太玄體系》（36～47頁），中國社會科學出版社，1992。

❸商宏寬，華夏地輿觀及其對當代地學之影響，中國傳統文化與現代科學技術（394～395頁），浙江教育出版社，1994。

周易自然觀

❹商宏寬，《周易》自然觀及其現實意義，國際易學研究（301～323頁）No. 9，華夏出版社，2007。

❺李曙華，「天地之大德曰生」——中國傳統自然觀及其現代意義，第三屆全國中華科學傳統與21世紀學術研討會論文，2005。

❻苗力田、李毓章主編，《西方哲學史新編》（80～82頁），人民出版社，2000。

❼任振球，《引潮力共振對大地震臨震的觸發機理和預測檢驗，特大自然災害預測的新途徑和新方法》（12～21頁），科學出版社，2002。

❽商宏寬，《周易》對我國古代地震科學發展的影響，中國歷史地震研究文集（2）（19～24頁），地震出版社，1991。

❾徐道一，對《周易》的「數」和「時」的初步認識，第四屆世紀周易論壇暨中國傳統文化研討會，論文彙編（1～6頁），安陽周易專修學院，2007。

154

與天地相似故不違。知周乎萬物，而道濟天下，故不過。旁（方）行而不流，樂天知命，故不憂。安土敦乎仁，故能愛。範圍天地之化而不過，曲成萬物而不遺。

——《周易·繫辭上》

六、和平發展與和諧社會

和平發展與和諧社會，本是屬於社會發展戰略和社會治理戰略問題，好像與本書的自然觀主題的關係不大，其實不然，和平發展與和諧社會是非常本質而深刻的問題，它關係到對世界本質、自然本質的認識問題。

說到發展，就有如何發展問題，是執行「叢林法則」的霸道政策，還是執行王道政策走和平發展之路。說到和諧，就有一個是陰陽合德，還是矛盾鬥爭的問題。這些都涉及對自然本質如何認識的問題。

1. 對發展的兩種不同的思維路線

最近在電視上看了大國崛起的系列片，感慨頗多，然而在大國崛起的過程中，經過多少爭戰、掠奪。這就是弱肉強食的世界，這就是所謂的「叢林法則」。一些人說中國人應該多些狼性，否則在競爭中總是吃虧。這就是「牙齒和利爪滴著鮮血」的叢林法則。這就是「社會達爾文主義」的發展路線。

達爾文生物進化理論，否定了上帝造物的「神創

論」，批判了生物種群不變的「固定論」，使生物科學劃時代地進了一步，功不可沒。然而一些政客將達爾文的理論用到社會上，企圖為剝削、吞併、侵略行為辯護則具有徹頭徹尾的反動性。達爾文進化論的核心是「物競天擇，適者生存」，優秀者戰勝卑劣者，通俗地講，就是「大魚吃小魚，小魚吃蝦米」，認為這是天經地義的真理。這種「優勝劣汰」的種間競爭思想是失真的、片面的、封閉的、有害的思想。

首先，物種的優劣是模糊的、相對的，以生物進化程度來分有低級動物、高級動物之分；以對環境適應能力來分則有適應性強、弱以及對特殊環境適應之區別。客觀事實是，被自然淘汰的並非都是劣種，存留下來的也並非都是優種，而是由多種因素和複雜巨系統自組織演化過程形成的高低等級生物種群雜處，不同環境繁衍著相應的生物群落，是一個「萬類霜天競自由」的大千世界。

其次，「優勝劣汰」是以偏概全的片面之詞。從短時間尺度和單體事例看，大魚吃小魚是真理，但從長時間尺度和群體生態關係看則變成謬誤。大魚吃小魚不僅是小魚被吃，而且也促使小魚的逃遁、躲避能力提高，群體生活能力增強。大魚吃小魚將小魚吃光了怎辦，大魚依賴小魚的繁衍而延緒其生命，你活也得讓別人活，實際上生物種群之間不僅僅是競爭，還有協作，互動、互濟的關係，多樣性共存的觀點才是全面的。

另外，優勝劣汰思想將種群遺傳優化寄託於「優選」上，排斥一切「劣」種混入，但經幾代之後就退化了，這種趨同擇優方法導致失敗。而「多樣性共存」思想在種間

選擇上主張開放，取長補短，雜交優勢、創造新種，導致整個系統的不斷進化。

最嚴重的錯誤是將「優勝劣汰」的種間競爭機制引向社會，主張一個民族、一種文明、一種腔調統治世界，種間競爭思想引入社會是導致社會上的商戰、政治競爭、軍事競賽、種族歧視等事件的罪魁禍首，並且越演越烈，而第二次世界大戰則演到極致，成為全人類的大劫難。時至今日還有一些人迷信武器，以力服人，動輒制裁、封鎖、出兵，這種作法不尚中庸之道，卻有恃強凌弱之實，這無疑是播種仇恨。《老子》早就說過：「民不畏死，奈何以死懼之」。❶

正如克魯包特金批判的：活下來的可能是最優秀的，這是從實用的角度，而不是從道德角度而言的。毫無控制的進化會導致道德退化和社會崩潰。或者，正如有人所說的那樣，人類有理性的進化表現在，用更高的生存價值——福利與和平——取代粗野的肉體衝突，人類的進化是由大腦而不是膂力來組織的。有人指出，即使在生物領域中，衝突也不是唯一的法則；作為一種生物生存的手段，合作還是存在的。❷

從上節所述可知，《周易》是重視創新、改革和尋求發展的，但它所遵循的發展路線則迥然不同。

夫易何為者也？夫易開物成務，冒天下之道，如斯而已者也。

——《周易·繫辭上》

《易》這本書是幹什麼的呢？《易》是揭開事物的真像，確定做事的辦法，能包容天下事物的道理，不過如此

而已呀。若想幹事業有所發展，就應當學易，以掌握天下之道，瞭解具體事物之理則，辦好具體的事情。進而又說：

化而裁之謂之變，推而行之謂之通，舉而錯（措）之天下之民謂之事業。

如前所述，透過對舊事物的改制，使之變化，形成新事物，並在實踐當中「推而行之」，看其是否有效果，能否行得通，最後將實踐中行得通的，「舉而措之」推廣到天下民眾中廣泛應用，以成就其事業。這裏特別強調變通的目的是利民，有利於廣大民眾就是《周易》所說的事業。《周易·繫辭下》有云：

危者使平，易者使傾，其道甚大，百物不廢。

是說事業發展的過程並非是一帆風順的，會出現曲折、危險，而《周易》能夠使人們知道如何轉危為安。知危者能安，圖安逸者反而會遭遇危險，這個道理遍存於各種事物當中，應該警惕。故而又云：

能說（閱）諸心，能研諸侯之慮，定天下之吉凶，成天下之亹亹者。

是說能將天地之道，俱掌握於心中，能研究各種徵候並給予考慮，就能知道天下的吉凶禍福，就能成就奮勉前進的事業。

從上述可見，《周易》是崇尚發展的，而且對發展過程中可能出現的問題做了充分的準備。這裏所強調的是《周易》所提倡的發展是有前提的。

其一，這種發展是不能違背自然之道的。尊道而行是正途。追求「冒天下之道」，強調「易簡而天下之理

得」，易知有親、可久，而成其乾德；簡能有功，可大，立其德業；

其二，這種發展是為廣大民眾的利益，而非為個人私利。是為天下之民，才稱得上是「事業」，這種事業是非常高尚的，其理想是「保合大和乃利貞」，「首出庶物，萬國咸寧」，是天下太平，共同繁榮。所以有元、亨、利、貞四德之說。

元者，善之長也。亨者，嘉之會也。利者，義之和也。貞者，事之幹也。

——《周易·乾·文言》

乾德是至善（善之首），至美（嘉之會），至利（義之和），至正（事之幹）最優秀的品質。對利給出的定義是「義之和」，凡是合於義的利，都是正當的利益，不合於義的利，則是非正當的。這些優秀品質是為幹事的，這個事就是為謀天下民眾之宜利。正因為《周易》有如此宏大的志向，所以，其發展途徑必然是有利於天下的和平發展理念。

2. 和平發展觀

以《周易》為代表的和平發展觀，是中國的傳統思想的一部分，其表現方面很多，現略舉幾項如下：

（1）自強不息，厚德載物

要想完成大事業，首先自己必須要自強，不自強不足以領導別人。《周易·大有·象》有云：「君子以遏惡揚善，順天休命」。若要能夠遏制惡行，弘揚善舉，沒有力量是不行的。同樣沒有力量也不能改善自己的命運。《周

易‧坎‧彖》有云：「天險，不可升也。地險，山川丘陵也。王公設險，以守其國。險之時用大矣哉。」是說，天險是不可攀登的，地之險就是山川丘陵等險阻之地。王公本著坎卦之原則，設置險要之所，以守衛國家之安全，險之時用意義很大呀！要想有一個安穩的發展環境，必須有力量能憑險守土，隨著時代的進展，科技之進步，天險亦可攀登了，空防、海防更需加強。因此，自強是首要，而且是不能停息，不能掉以輕心的。一旦停息下來，就要落後，落後就要挨打。

特別是不能出現「時代差」，別人已經使用火器了，我們還用冷兵器，這種實力不對等的戰爭就等於不設防，猶如印第安人遭遇西班牙軍隊，根本不是對手，清朝遇到八國聯軍，不堪一擊。

如何不出現時代差，最主要的是不能閉關自守，要開放，要吸納新鮮事物，接受新的思想，要有厚德載物，海納百川的容人之量。學習別人的長處，弘揚自己優秀傳統，使自己跟上時代之進步步伐，與時偕行。一個系統、一個國家如果長期不與外界進行物質交流，能量交流，資訊交流出現負熵值匱乏，活力凝滯，資訊不靈，思想保守而導致「熱寂」，而走向衰弱和死亡。開放門戶，通風通氣是防止腐朽落後最好的辦法。能和五洲四洋之精華，納百國千邦良策為我所用，就不能頑固保守，就要像大地那樣厚德載物，像大海一樣容納百川。

要想發展，特別是和平發展，首先要有力量，要自強不息，自力更生，要使自己有發言權，要自己能管自己的事情，自己做主。這本來是天經地義的事，但是在當前的

強權政治局勢下，如果自己不強，想幹自己的事情都很難。故爾，自強不息是發展的前提，厚德載物是發展的保障。只有自強，才能鞏固國防，才能遏惡揚善，才能有自主權、發言權；只有開放，才能資訊靈通，才能融入世界潮流，才能與時俱進。「自強不息，厚德載物」，才能實踐和發展自己的事業。

（2）尚賢任能

若要實現事業，就需要一大批能幹事的人才，這些人才首先具有賢良之德，同時又有幹事之能。《周易·乾·文言》有云：

> 君子學以聚之，問以辯之，寬以居之，仁以行之。

> 君子進德修業。忠信所以進德也。修辭立其誠，所以居業也。知至至之，可與言幾也。知終終之，可與存義也。

> 上下無常，非為邪也。進退無恒，非離群也。君子進德修業，欲及時也。

> 與天地合其德，與日月合其明，與四時合其序，與鬼神合其吉凶，先天而天弗違，後天而奉天時。

這裏是說賢人君子有一個學習培養過程，培養其善於學習，積累知識，識辨真偽，寬以待人，行仁義之事的本事和品德，是學習積累，養成良好習慣的過程。

有一個積極幹事，身體力行，進德修業的過程。忠於其事業，誠信於人，知道任務應該達到什麼程度，能有什麼結果，已經有相當的分析判斷能力，可以與之討論幾微變化和正義的事業了。

有一個能應付較大困難和變動的考驗過程。儘管有較

大的變化也都能堅持正道，不脫離群眾，不管仕途是順利，還是坎坷都能抓緊時機完善自己的德行，忠於自己的事業。

只有經過培養學習，積極實踐、接受困難的考驗之後，才能達到完善之乾德，與天地合德，與時偕行，成其發展大業，造福民眾。

總而言之，以道德培養，身體力行，能克服困難，不忘宗旨，為治學、創業、立國之根本。格物、致知、誠心、正意、修身、齊家、治國、平天下，走內聖外王的選賢路線。

（3）安土敦仁

若要發展，首先是在自己的土地上發展，而不是侵掠別國的土地、資源，奴役別國人民，而是立足於本土、自力更生。《周易‧繫辭上》有云：「安土敦乎仁，故能愛。」說的就是安於本土，以敦厚仁德之心，熱愛自己的家鄉、熱愛國家，熱愛生活於這片土地上的人民，為發展自己的家鄉、國家而效忠效力，為保衛家鄉和國家而盡忠盡力。這是一個正義之士應該努力作的事情，既是一種神聖的責任，也是義不容辭的義務，各個國家辦好自己的事情，不干涉別國的內政，這是國際間交往中的基本準則與道義。

（4）理財正辭

財富是發展事業所必需的條件，但君子愛財，取之有道。《周易‧繫辭下》有云：

理財正辭，禁民為非曰義。

「正辭」，就是有嚴格的制度法令，是說管理財產是

要有明確而嚴格的制度和法令，對各種非法斂財的手段和行為要嚴令禁止，這就是「義」。《周易·損·彖》有云：

損，損下益上，其道上行。……損剛益柔有時，損益盈虛，與時偕行。

是說損卦談的是聚斂財富，是從民眾當中以稅收的形式，將財富集中到上邊，財富上行。財富聚斂之後，則要損剛益柔，要為弱勢群體辦有益之事。或損或益，或盈或虛，都要根據需要而行，像月之盈虛一樣與時偕行。進一步，《周易·損·象》又說：「山下有澤，損，君子以懲忿窒欲。」是說損卦猶如山下有沼澤一樣，水侵蝕山根，這是對君子的一種考驗，在外力誘惑之下，要制止憤怒，堵塞貪慾。對自然界的財富的索取也是要有節制的，否則大山之體也是要倒塌的。

《周易·益·象》有云：

益，損上益下，民說無疆，自上下下，其道大光。……益動而巽，日進無疆。天施地生，其益無方。凡益之道，與時偕行。

是說國家有了財富，應當用之於民。「說」，讀「悅」。國家拿出一部分錢，接濟下面的民眾，使其得實惠，其道光明。益卦動而謙遜，日有所進而無限量。上天施予大地生養，增益不受局限，凡增益之道都應合於時宜而行。所有這些關於財富的論說，主要有幾點值得重視：

其一，這些財富來自於自然，而對自然資源的索取要有度，應「懲忿窒欲」；

其二，這些財富都是取之於民，也應用之於民，「損

上益下」，「損剛益柔」，「其道大光」；

其三，財富的管理需有明確而嚴格的制度和法令不違背道義；

其四，財富之聚散盈虛應根據時勢，當行則行，當止則止，與時偕行。

理財有道，用財有道，不貪不占，不搶不奪，公平正義是和平發展之保證，對國內如此，在國際上的金融往來中亦應如此。

（5）公平交易

世界上的資源分佈是不平衡的，有顯明的地域特點，山有山珍，海有海味，自古以來就有交易互通有無之事例。《周易・繫辭下》有云：

日中為市，致天下之民，聚天下之貨，交易而退，各得其所。

是說上古神農氏時期就開始有市場交易行為，日中午時開市，使東西南北的老百姓帶著各自的貨物，進行公平交易，互通有無，各得所願所需之貨，滿載而歸。反對欺行霸市，貿易壟斷，武力傾銷商品的非法行為。

筆者以為，能做到「自強不息」、「厚德載物」、「尚賢任能」、「安土敦仁」、「理財正辭」、「公平交易」等原則發展經濟，尊重國際道義，維護世界正義，這就是和平發展的道路❸。《周易・繫辭上》有云：

與天地相似故不違。知周乎萬物，而道濟天下，故不過。旁（方）行而不流，樂天知命，故不憂。安土敦乎仁，故能愛。範圍天地之化而不過，曲成萬物而不遺。

是說聖人想要發展的事業，是不違背天地總體規律

的；是遍知萬物的理則，以自然之道普濟天下，而不是為一己之私利，所以就沒有過錯；主持並力行正義而不走邪曲之路，順應乾德，知道自己之使命，所以就沒有憂愁；安於本土，立足於本土，以仁愛之心，愛家、愛鄉、愛國、愛人民，所以能有仁愛之心；在天地之化育的範圍之內，享受資源而不過分；俱成萬物之和諧發展而不遺漏。這是多麼宏偉遠大的理想，不僅僅是為人類，而且包容天下萬物之和諧發展，求天下生物之持續發展而人類才能得以發展。

3. 天地萬物，一對一待，易之象也

發展，國際需要一個和平的環境，國內需要一個和諧的社會。和諧是一個關係到對世界本質的認識，對人類社會發展的可能性、穩定性、持久性的總策略問題。作為中國傳統文化之源的易經，恰恰是探索處在複雜變動過程中，尋求和諧發展的學問。這裏先談一談易學所認識的「對待流行」的世界。

縱觀天地間萬物，物物有則，事事見理。天下之物至雜而不越，天下之事至變而不亂，說明自然界本身就有一套秩序。宋代的邵雍稱之為「畫前易」，是說伏羲畫卦之前，自然界就有「易」，邵雍強調的是自然界萬物的「數」所反應的規律性；程頤很贊成邵雍的「畫前易」之說法，但程頤強調的是自然萬物的「理」所反應的自然規律性；張載則稱「畫前易」為「自然易」，指自然界原本就有「易」，但張載則強調的是自然萬物的「氣」所反應的自然規律性。正如明代張介賓在《類經附翼·醫易義》

中所說：

故天下之萬聲，出於一闔一闢；天下之萬數，出於一隅一奇；天下之萬理，出於一動一靜；天下之萬象，出於一方一圓。方圓也，動靜也，奇偶也，闔闢也，總不出於一與二也。

這種方圓、動靜、奇偶、闔闢是自然界固有的現象，「理只陰陽」是也。而陰陽消長變化，正是易學所研究的根本課題。

明代來知德《周易集注‧繫辭》有云：

天地萬物，一對一待，易之象也。蓋未畫易之前，一部易經已列於兩間。故天尊地卑，未有易卦之乾坤，而乾坤已定矣。卑高以陳，未有易卦之貴賤，而貴賤已位矣。……在天成象，在地成形，未有易卦之變化，而變化已見矣。聖人之易，不過摹寫其象數而已，非有心安排也。

這段話十分重要，闡述了如下幾層意識。

其一是說在伏羲未畫卦之前，自然界原本就有一部易經，這就是自然界固有之象，固有之氣，固有之數，固有之理。象數氣理而成易道。

166

其二是說天地萬物本來就是「一對一待」的，有高就有低，有貴就有賤，有明就有暗，有冷就有熱，闔闢、方圓、奇偶，動靜等都是對待的雙方，這就是易之所以存在的根據。磁分南北，電有正負，物與物之間有吸引和排斥，一個地方受擠壓，另外一個地方就會受引張，生物分雌雄，人分男女……，這就是我們生存的「一對一待」的世界❹。這個世界之所以沒有表現為分裂與走向極端，就

是因為對待雙方是相比而生，相濟而化，相輔相成，相互轉化，對待而又流行，和諧共處，生生不息。這正是易學在變動之中求生存，求和諧，求發展的根據。

其三是說易經實際上是對自然界固有的象、數、氣、理的一種摹寫，而不是按某些人的意願有意安排的。這裏有很重要的方法論問題。學易經，做學問，從事科研，就是要客觀如實地摹寫自然，切忌主觀好惡，主觀願望，主觀臆斷，主觀預設之毛病。當主觀臆斷背離自然固有規律之時，正是我們的研究走錯路之時。若要和諧，首要的是不能違背自然規律。

我們要深刻體會《周易‧繫辭下》所說的這段話：

乾坤，其易之門邪。乾，陽物也；坤，陰物也。陰陽合德，剛柔有體，以體天地之撰，以通神明之德。

這段話是說乾卦和坤卦是進入易學之門。乾是一切陽性事物的代表，坤是一切陰性事物的代表，易就是研究陰陽消長與轉化的學問，故有「易以道陰陽」，「一陰一陽之謂道」的說法。瞭解陰陽之性，知陰陽消長和轉化之理。並能促使陰陽融合，就是「陰陽合德，剛柔有體。」這才能體認天地之間萬物的象數關係（「撰」，可理解為事物及其所表現的象與數），才能通達自然所秉賦的基本規律。可見「陰陽合德」是何等的重要。

4. 是陰陽合德，還是矛盾鬥爭

在過去一段時間裏，我們一直混淆了陰陽關係與矛盾關係。誠然社會上存在著許多相反的事物與現象，產生了許多糾葛與鬥爭，在鬥爭中一方戰勝另一方，另一方或俯

167

首稱臣，或被消滅，或轉入隱蔽而憤憤不平。這就是「優勝劣汰，物競天擇」的思想，是以力服人的一種思維方式。以力服人是不能使人心服只能播種仇恨。英國的《經濟學報》曾經有一篇名為《愛與恨》（《Love and Hate》）的文章說，在「9.11」事件發生的時候，整個歐洲社會對美國是愛的，希望美國能夠好自為之，尋找一條長治久安之道，反恐能夠成功，大家都有這個期望，可是經過了兩三年，只有兩三年，現在法國、比利時、荷蘭，對美國不說恨吧，是一種厭惡，是一種失望。

美國在伊斯蘭世界眼裏是一個「撒旦」，在東亞社會和南亞社會眼裏是一個值得置疑的霸權大國。如果不透過聯合國，不透過國際組織，而走向單邊主義，那麼，一種最珍貴的資源就被喪失了，這個資源被許多學者稱為「軟性的力量」。我們認為美國在銷售自由、平等、人權各方面價值，被人家心悅誠服地接受，這就是「軟性力量」的推己及人。假如只是透過軍事，只是透過經濟來宰控，大家對此基本上是排拒和痛恨。

現在，美國在成為世界上大家所最畏懼的國家，但不是最尊重的國家。這對中華民族的復興是一個很重要的參照，是一個很重要的啟示。中國能不能把「和而不同」的理念真正地具體地落實，不僅在中國的現代化的過程中，而且要在國際社區中間爭得一席之地，要發出自己的聲音。❻是優勝劣汰，矛盾鬥爭，以力服人，還是和而不同，陰陽合德，以德服人，這是兩種不同思維理念支配下，而導致截然不同的策略方法。

在中國，矛盾之說來源於《韓非子·難一篇》：

楚人有鬻盾與矛者。譽之曰：吾盾之堅，物莫能陷也。又譽其矛曰：吾矛之利，於物無不陷。或曰：以子之矛，陷子之盾何如？其人弗能應也。夫不可陷之盾，與無不陷之矛，不可同世而立。

韓非在此提出矛盾悖論是很出名的，這種自相矛盾，不能自圓其說的現象經常看到。但是，矛與盾是兩種截然相反，並且是「不可同世而立」的對立關係，不是矛折，就是盾穿。

對立的雙方沒有調和的餘地。這種情況並非普遍現象，不能把所有相反相成的兩方，都看成勢不兩立，都需要鬥爭下去，特別是不能擴大到一切方面。在社會生活中要區分對立關係和對待關係。

《周易》則將天地之間的對待關係簡化為陰陽，是很聰明的。矛與盾之間沒有中間項，不是矛折，就是盾穿，這是對立關係，沒有調和只有鬥爭。而高低之間有次高、次低；輕重之間也有稍輕、稍重；冷熱之間，有涼、溫的過渡狀態；陰陽也有少陰、少陽。一切對待關係的兩極之間，都是相對的，是可以過渡、可以相互轉換的，因而有較大的調解和迴旋餘地。對待關係比對立關係更寬泛，雙方是相比而生，相濟而化，相輔相成，相互轉化，對待流行，生生不息的。

所謂相比而生，指對待雙方是以對方的存在為自己存在的根據，是在比較之中存在的。無有天高就不顯地卑，無有夏熱就不顯冬寒。

所謂相濟而化，指對待的雙方是相互需要的，可以相互幫助、可以溝通，並因此產生相互影響而生變化，孤陰

不生，獨陽不長，陰陽和合而生生不息。

所謂相輔相成，是對待雙方恰好取長補短，而成完美，而成事業。由於不同，則各有個性，各有閃光點，能和各方之長處，才能不斷進步、發展，這就是「和實生物」；如果只認為自己好，只認同一種性格、一種觀念，排斥其他，則是只求同，聽不得異樣聲音，就是自我封閉，則稱為「同則不濟」，這就是單邊主義的危害。

所謂相互轉化，是說高可變低，低可變高；冷可變熱，熱可變冷；動極而靜，靜極而動；陰盛而陽生，陽盛而陰生。所謂對待流行，指對待的雙方本身就是運動的根源，差別就是運動的動力。高低之間有位能差，位能易轉化成動能而運動；冷熱之間產生對流，輕重之間產生分異，張壓之間產生位移，這就是由對待而產生流行，這種運動隨著對待雙方及環境因素的不斷變換而永不停息。這裏不需要第一推動力，更不需要「上帝之手」。正如老子所說：「萬物負陰而抱陽，沖氣以為和」，《周易》所說：「陰陽合德，剛柔有體，以體天地之撰，以通神明之德。」這才是和諧的真諦。

5. 乾坤乃易之門

以乾為代表的陽性，以坤為代表的陰性，它們的特徵及其在不同時期的發展過程，可從乾、坤兩卦折射出易道之真諦。

乾卦初九：潛龍勿用。

龍處下也。龍潛於水中而不動，象徵陽氣潛藏，其力隱而未現，行而未成，因時機不成熟而不能談用也。

九二：見龍在田，利見大人。

龍處春而復蘇，可閱盡大自然之春色，對於人則「學以聚之，問以辯之，寬以居之，仁以行之。」養成學習習慣以積累知識，分辨真偽之能力，寬以待人，行仁義之事，是學習積累，養成良好習慣的過程。

九三：終日乾乾，夕惕若。

時當春夏之交，草木與時俱長，欣欣向榮。這時人們要與時偕行開始幹事。「君子進德修業。忠信所以進德也，修辭立其誠，所以居業也。知至至之，可與言幾也；知終終之，可與存義也。是故居上位而不驕，在下位而不憂。」這時期是在實際工作中進德修業，忠其業，誠信於人，知道任務能達到什麼程度，能有什麼結果，這時可以和你討論事物的幾微變化，也有一定的聲譽了。這時居上位也不驕傲，居下位也不煩惱，孜孜工作，每天晚上反省自己的得失而不斷改進。

九四：或躍在淵。

盛夏炎熱，或躍在淵以避暑也。此時正當乾道變革之重要時期：「上下無常，非為邪也。進退無恒，非離群也。君子進德修業，欲及時也。」這時地位變化很大，不管在上位還是在下位，都要守正、守誠；不管是晉升還是遷降，都不能脫離群眾。不管仕途是順利還是坎坷，都要及時完善自己的德行，忠於自己的事業。

九五：飛龍在天。

上治也。位乎天德。此時對人則事業有成，龍飛天上。「與天地合其德，與日月合其明，與四時合其序，與鬼神合其吉凶。先天而天弗違，後天而奉天時。天且弗

違，而況於人乎，況於鬼神乎。」此處說的乾德，指執政掌權者應具有此德：和天地一樣，使眾人安其生，得其養；像日月一樣普照一切事物而明察秋毫；政令像四季一樣，春夏秋冬循時而行；賞善罰惡相鬼神賜福降禍那樣公平。當其走在天象之前，天都不違背預見，當其走在天象之後，則奉天的規律行事。天都不違背其意願，何況民眾呢，何況鬼神呢，因為龍德、乾德，就是天德。

上九：亢龍有悔。

窮之災也。陽氣極盛，盛極必衰。「貴而無位，高而無民，賢人在下位而無輔。是以動而有悔也。」「知進而不知退，知存而不知亡，知得而不知喪。」這種人已經不宜掌握權力，如紂之亢極而衰，大廈將傾之勢，當引以為鑒。

乾的發展過程是：潛龍勿用→見龍在田→夕惕若→或躍在淵→飛龍在天→亢龍有悔。乾，健，自強不息。因時因勢而動，因時因勢而止。學以勤，寬以待人，行以仁義，幹事乾乾，謙謹自省，上下守誠，進退為民，與天地合德，與時偕行，知進知退，知存知亡，知得知失，進退不失其正。這就是乾德。

坤卦初六：履霜堅冰至。

陰凝而霜，隨後必然是堅冰至，此乃自然之序也。積善而福至，積惡而禍至，這也是必然之順序。

六二：直方大不習，無不利。

為人正直。雖然不熟悉也無不利。此處取地之方正廣大，包容萬物，雖然不熟悉萬物也無不利。人敬以直內，義以方外，敬義立而德不孤。

六三：含章可貞，或從王事，無成有終。

人有內秀，必發於外，陰雖有美，含之以從王事，事成於天，地養有終。

六四：括囊，無咎無譽。慎無害也。

天地交，草木繁盛，天地不交，賢人隱退。處於亂世，謹言慎行，如囊紮口。

六五：黃裳，元吉。

文在中也，美在內心，暢於四肢，通達事理，發於事業，美之至也。

上六：龍戰於野，其血玄黃。

陰極盛。陰與陽相比，勢均力敵，則必相爭鬥，其血玄黃，兩敗俱傷也。

坤卦的發展過程是：履霜堅冰至→直方大不習→含章→括囊→黃裳→龍戰於野。坤、順，厚德載物。順其自然而應天，正直誠懇，心胸寬廣，包容萬物而無所欲求，內秀含章，謹言慎行，通達事理，發於事業而不可張狂，因時因勢而進而隱，進隱有度，這就是坤德。

乾德、坤德，既是自然之道的反應，又是做人之道，幹事之道，更是和諧之道。

6.和諧之路

如前所述，乾德、坤德所提示的易道，給我們指示了和諧之路。

（1）順應自然

《乾·文言》有云：「與天地合其德，與日月合其明，與四時合其序。」《坤·彖》有云：「至哉坤元，萬

物滋生，乃順承天。」都強調要順應天道自然。

在中國傳統文化中，「自然」是最根本的存在。《老子》有云：

域中有四大，而人居其一焉，人法地，地法天，天法道，道法自然。

自然者，自然而然之存在者也。即不受人的主觀意志所左右，自動、自流、自生、自化而存在的事物，其分佈之廣也，無涯。其存在時間之長也，無始無終。在浩瀚的自然面前，人類是很渺小的，其活動範圍有限，其認知領域亦是有限的。人類出現很晚，存在時間很短，對於整體大自然（宇宙）來說，人類只能算是匆匆的過客。人類是從自然中孕育的，人類是自然之子，人們順應自然是天經地義之事。所謂「順」，就是孝順，所謂「應」，就是隨自然時空環境之變化而應和。

順應自然是我國傳統文化中的一種核心理念。《文子·上禮》有云：

老子曰：昔者之聖王，仰取象於天，俯取度於地，中取法於人，調陰陽之氣，和四時之節，察陵陸水澤肥墩高下之宜，以立事生財，除饑寒以患，辟疾疢之災。

進而《文子·上仁》又云：

先王之法，不掩群而取鹮䠥（幼畜），不涸澤而漁，不焚林而獵。豺未祭獸，羅罦不得通於野；獺未祭魚，網罟不得入於水，鷹隼未擊，羅網不得張於皋；草木未落，斤斧不得入於林，昆蟲未蟄，不得以火田，育孕不殺，殼卵不探，魚不長尺不得取，犬豕不期年不得食，是故萬物之發生若蒸氣出。先王之所以應時修備，富國利民之道

也，非目見而足行也，欲利民不忘乎心，則民自備矣。

《孟子正義·梁惠王章句上》有云：

不違農時，穀不可勝食也；數罟不入洿池，魚鱉不可勝食也；斧斤以時入山林，林木不可勝用也。穀與魚鱉不可勝食，林木不可勝用，是使民養生喪死無憾也。

可見順應自然，進退應時，取之有度，不僅注意眼前利益，更重視長遠的發展。追思古人，再看看當前那種急功近利，濫伐亂採的野蠻掠奪自然資源，破壞生態平衡，造成環境污染的做法，還美其名曰「人定勝天」，實在令人汗顏。人與自然的關係，不是誰戰勝誰的關係，而是和諧共生的關係，不知順應自然，保護自然，回饋自然，人與自然的和諧無從談起。自然是人類賴以生存之根本，如果根本無存，還談什麼發展、進步！

（2）身心和易

人生於天地之間，秉受陰陽之氣，日以烜之，雨以潤之，風以散之，火以烝之，符合於晝夜之作息，節制於四時之際，故而人的身心自然合於天地之道。天地大宇宙，人體小宇宙，人體之五臟六腑，十二經絡，血氣運行皆與節氣契合。故有：

乃知天地之道，以陰陽二氣而造化萬物。人生之理，以陰陽二氣而長養百骸。易者易也，具陰陽動靜之妙；醫者意也，合陰陽消長之機。雖陰陽已備於內經，而變化莫大乎周易，故曰天人一理者，一此陰陽也。醫易同源者，同此變化也。

——〔明〕張介賓《類經附翼·醫易義》

《內經》極為強調「五十營」，「五十」之數，合於

《周易》中的「大衍」之數五十，「營」即周也，其來源於月亮的一年運行五十周，人體之血氣運行一日五十營，人之臟腑分陰陽、裏表，故有《靈樞·脈度》所說的：「氣之不得無行也，如水之流，如日月之行不休。」人體氣血運行「與天地同紀」。

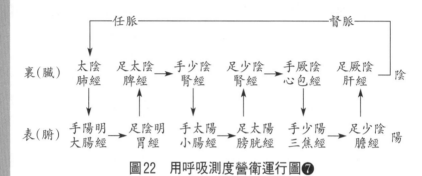

圖22　用呼吸測度營衛運行圖❼

從營氣、衛氣運行圖可知，十二經陰陽交替，表（六腑）裏（六臟）迭行，和日月地球運行相合，故而，與天地運行合者，身心康健，不合者「名曰狂生」。是處於病態或亞病態。所以，身心合易，與天地合德，身心康健，是謂人與自然節律和諧也。

（3）進德修業

這是易學中又一個重要理念。事業很重要，使人們生活提高，國力增強，科學技術發達，是好事。但一定要將事業執於德的統領之下。「德」就是天道自然在你身上的反應，就是自我境界的提高。進德、修業兩者不可偏廢。《周易·繫辭上》有云：

乾以易知，坤以簡能。易則易知，簡則易從。易知則有親，易從則有功。有親則可久，有功則可大，可久則賢

人之德，可大則賢人之業。易簡而天下之理得矣。

這裏說的是「易簡原理」：乾為陽，陽顯稱易；坤為陰，陰藏為簡。乾懸象著明故易知；坤閱藏物故簡能。一般來講，乾主動，相當於變數，原動力；坤主靜被動，相當於因變量（當然兩者也不是一成不變的，是可以轉換的）。

易學是將紛繁複雜的自然現象中對待的事物，抽象為一陰一陽。而成象謂乾，效法謂坤。乾易知，實指自然固有之規律，是從現象中抽象出代表本質的核心理念，屬於認知範疇，「易知有親」是指人們能領悟並適應自然規律而親依之，進而發展成為學問，成為作人之指南。「簡從而有功」，是指按照自然規律之啟發而效仿自然，尚象製器，發展生產，創造財富而有功於民，屬應用範疇，拓展為技術，這已經不是自然之易，而是循自然之理而發明的人類的創造。

這裏強調本乎自然之理（天道），是賢人之德性，是做人之根本，是謂「體」，這就是「進德」的培養；本乎自然之理去做事，是賢人的事業，是做事的法則，是謂「用」，這就是「修業」的功夫。

總之，「易簡」就是闡述「進德修業」這種「天下之理」的，這種「易簡原理」就是本著自然之規律，而運用於實踐，成就其事業。

科學技術是好東西，但失去德的指導，則可能變成壞事，諸如化學教授研製毒品牟取暴利，體育事業演變成興奮劑與反應奮劑之角鬥場，假貨充斥市場，電腦駭客防不勝防等等弊端層出不窮，這樣社會怎能談得上和諧。

國家強盛，軍事力量、經濟力量無人能敵，但是將力量用在哪裡，是減輕災害，治理污染，涵養環境，使萬民安居樂業，還是爭奪地盤，掠奪資源，發動戰爭，毀滅別人的家園，甚至大開殺戒而達到稱霸世界的目的。

這樣一個世界，到處在擴軍備戰，到處是軍事基地，怎能夠達到「和諧」❽所以，失德則業不正，業不正則災叢生，災叢生則要受到自然的懲罰（天譴），「積善之家必有餘慶，積不善之家必有餘殃。臣弒其君，子弒其父，非一朝一夕之故，其所由來者漸矣，由辯之不早辯也。」（《周易·坤·文言》）防微杜漸，應從「進德修業」這一根本抓起，從教育抓起。

（4）仁義誠信

《周易·說卦》有云：「立人之道曰仁與義。」可見仁與義乃做人之本。乾、坤之德就是本於仁義。乾卦強調「寬以居之，仁以行之」，「修辭立其誠」，「忠信所以進德也」。坤卦強調「直其正也，方其義也。君子敬以直內，義以方外，敬義立而德不孤」。仁是指有仁愛之心，是人們內心所稟賦的道德修養，是以正直，誠敬、信義為基礎的。「已所不欲，勿施於人」，「已欲立而立人，已欲達而達人。」自己不想幹的事，不要強迫別人幹；自己想成就其事業，也要讓別人能成就事業；自己想發達，也要讓別人能夠發達，而不是以鄰為壑，同行是冤家，搞惡性競爭。以這種仁義觀念與人相處就容易和諧。

國際上一些人從普適倫理和價值觀角度考察世界文明，亦認為中國傳統文化的重要性。瑞士神學家孔漢斯指出，如果要發展普適倫理，中國的「恕道」、「仁道」就

很值得推廣，「己所不欲，勿施於人」是不把我的價值，我所認為的真理，強加於人。而「仁道」則是要把人當人看，每個人都能親民愛物❻，把發展自己同發展別人等同起來，攜手共進，達到和諧雙贏之目的。

有不仁之心，則作不義之事，損人利己，甚至不利己反害己，販毒、造假、坑崩拐騙都是違背仁義，危害社會和諧的不良因素。仁義誠信，是人際關係往來須要遵守的規範，應該成為現代人的座右銘。

（5）中庸之道

做事常患過猶不及，很難達到恰到好處。所謂「過」，就是過頭，過火。所謂「不及」，就是火候不到。做菜過火，則菜太爛，營養損失還不好吃；火候不到菜還是生的，人吃了也會生病。而火候正好，菜香味美營養又豐富，然而火候，是最難掌握的。「不及」當然不好，「過頭」危害也是很大的。

增強國防的重要性是人所共知的，但一味增加國防預算，而影響國民經濟的平衡發展，造成經濟失調甚至崩潰，民不聊生，國家失穩則危害甚大，前蘇聯的教訓是值得借鑒的。「中庸」最好，但什麼是中庸，又如何達到中庸呢。《中庸》有云：

喜怒哀樂之未發謂之中，發而皆中節謂之和，中也者，天下之大本也；和也者，天下之達道也，致中和，天地位焉，萬物育焉。

「中庸」，就是「致中和」，當喜怒哀樂未發之時，人不受外界環境和內心情感所左右的自然狀態，就是「中」。當情感發動時，都能恰如其分的把握，能與你的

179

身份、地位、場合相合拍（中節）就是「和」。中的狀態是自然的本來面貌，和的程度，是與環境場合自然而然的暢達反應，能達到「致中和」，則天地自然萬物各居其位了，萬物也都能正常繁育了。

達到中庸的方法很多，如前述的仁義、誠信等皆是也。好學近乎智，凡事預則立亦近乎智。但較為具體的是「陰陽合德，剛柔有體」是也。凡做事不可極陽、極陰，不可極剛、極柔，走極端是危險之信號。亢龍有悔，窮之災也，陽極亢奮而失之偏頗，「知進而不知退，知存而不知亡，知得而不知傷。」龍戰於野，陰極而剛，窮兵黷武，只知用權用力，而兩敗俱傷。只有「陰陽合德」才是中庸之道。成物剛極，堅則堅矣，而彎轉運動滯緩；柔極，動雖易矣，卻不能承受壓力，故而「剛柔有體」，既能有所擔當，又能活動自如，恰到好處。

這裏講到了事物的組織結構問題，也是一個科學管理問題。組織結構與科學管理，是組織運作和企業單位和諧的保證。對一台機器而言，有些部位是承受壓力的，有些是轉動中心，有些起潤滑作用。只有這些部件剛柔組合匹配，才能圓滿合用。

一個機構，需要許多部門配合，有行政管理者，有宣傳鼓勵者，有具體操作者，有產品研發者，有後勤保障者，有品質監督者。因此，需要陰陽剛柔多種人才的優化組合。

「中庸」並非簡單的平均取其中，而是根據工作的需要，環境條件的允許，人盡其才，物盡其用，循道定則，因時因勢利導才能實現。

　　和諧問題是涉及很廣的大問題，筆者從對待流行的自然秩序入手，討論了對待與對立，和諧與鬥爭的觀念，進而以乾坤之德行闡述易道之真諦，從而討論順應自然而能處理好人與自然的關係；從身心和易討論人體內氣血循環與自然節律之和諧是健康之本；進德修業能處理好個人的修為與事業的關係；仁義誠信能處理好人與人之間的關係；中庸之道，能處理好事物內部及事物與事物之間協作調和的關係。

　　易經本身就是在各種複雜的對待流行中，時空變幻中，而隨時調整，迴旋，使之能和諧發展的學問，所謂：「窮則變，變則通，通則久」是也。

參考文獻

❶商宏寬，當代的困惑與東方的智慧，〔韓〕東洋社會思想（257～274頁）第八期，2003。

❷〔美〕羅蘭·斯特龍伯格著，西方現代思想史（335～336頁），中央編譯出版社，2005。

❸商宏寬，《周易》自然觀及其現實意義，國際易學研究（No. 9）（301～323頁），華夏出版社，2007。

❹商宏寬，中西文化傳統的互補性，山西大學師範學院學報，Vol. 13，No. 2，2001。

❺李樹菁遺著，商宏寬整理，周易象數通論——從科學角度的開拓，光明日報出版社，2004。

❻杜維明，世界文化的東亞視角，世界文化的東亞視角——中國哈佛—燕京學者2003北京年會暨國際學術研討會論文集，北京大學出版社，2004。

❼田合祿等，周易眞原——中國最古老的天學科學體系（290～295頁），山西科學技術出版社，2004。

❽商宏寬，恃強淩弱是萬惡之源——兼論科技是雙刃劍，科學新聞週刊，第十三期，1999。

坤至柔而動也剛，至靜而德方，後得主而有常，含萬物而化光。坤道其順乎，承天而時行。

——《周易・坤・文言》

七、地之道

大地是人類賴以生存的搖籃，是衣食住行之源，是繁衍、發展，展現人類才智的舞臺，是人類的母親。然而人們對偉大而慈祥的母親知道多少，只知道索取，卻不知道愛護；母親的奶水已經枯乾，還不知節制；母親當年風貌已不復存在，變得千瘡百孔，遍體鱗傷，還不停止亂砍亂挖；污穢遍地，甚至浸透肌腐之中，也不知道清理。人類只有一個地球，難道還不知道喚起人們的珍惜嗎？關鍵是人們的自然觀發生了偏差。此章主要談一談，中國傳統文化對大地母親的認識，並為下一章的災異觀打下基礎。

「易之為書也，廣大悉備，有天道焉，有人道焉，有地道焉。」（《周易・繫辭下》）昔之研究者對天道、人道多有論及，而對地道之研究尚少。所謂地道，是指我國傳統文化對地學認識的基本觀點，其中確有許值得當今學人值得借鑒、發揚之處。

1. 地法天

若瞭解地之道，首先應瞭解天地之關係，這是瞭解「地道」的第一要旨。「地法天」是說地乃天之一部分，

183

地以天為法，順應天的規律而動，「坤道其順乎，承天而時行。」所以，中國古代的地學又稱「堪輿學」，堪為天，輿為地，天與地本處於同一巨系統中，當天地未分之時，輕揚者升而為天，「天之包地，猶殼之裹黃」（張衡《渾天儀》）。故有天為陽，地為陰；天為空，地為實；天主動，地主靜。天地相比而生，受天包容而分主從，地承天柔順，厚重靜固以載萬物，與天交合共創大千世界。

日以烜之，月以揉之。天地之間的萬物乃至生靈，皆受太陽熱輻射之變化而定一日之朝夕晝夜，一年之春夏秋冬；以月亮的盈虧，潮汐的漲落，而定月相。共構成生命節律的基本要素。而全球的氣象變化，大氣環流，海洋洋流，厄爾尼諾與拉尼娜的湧動，地震形勢的活躍與平靜，農林牧漁業的豐歉，人類疫病流行的起伏等，均與日、月、地球和其他星體運行節律相關。❶故，地自行而受天控，地自變而應天時。

如是觀之，「地法天」是基於對天地仰觀俯察的實踐，是源於宇宙發生論，渾天說的假設，是本於相反相成的辯證思維和整體有機自然觀所做的科學論斷，是基本符合客觀實際的觀念。

本著這種觀念，可以做如下推論：地球科學中涉及整體的重大問題，諸如地層輪迴的形成，造山運動的週期，冰期、間冰期的更替，生物種群演進過程中的大暴發與大絕滅，地磁反向等重大問題，都不能僅僅從地球內部找原因，還應結合宇宙環境的分析才能探其究竟。這給我們的地球科學研究，打開了思路，從更廣闊的領域，從星際關係中做更深層次的探索。

2. 地之道曰柔與剛

從地球自身系統看,則「立地之道曰柔與剛」(《周易・說卦》)。剛者,靜固凝重之謂也,其質地剛強滯重,起支撐阻滯作用,行厚重載物之責;但變化緩、運動慢,在動力作用下呈被動狀態。柔者,動流熱浮之謂也,其質柔軟易流動,起調節緩衝作用,行物質、能量、資訊遷移傳遞之責,在動力作用下呈主動狀態。剛柔相比而存,相濟而化,是大地演化之根本。❷

柔與剛不是絕對而是相對的,也是可以轉化的,從地殼表層看,海洋屬柔,大陸屬剛;從陸地看,水系屬柔,山脈屬剛;對板塊來說,板緣屬柔,板體屬剛;對岩體來說,結構面屬柔,結構體屬剛;對細小的晶體來說,晶面屬柔,晶體屬剛。從地球的縱深結構看,岩石圈屬剛,上地幔屬柔,下地幔屬剛,外地核屬柔,內地核屬剛,也是剛柔組合起來的層狀結構(見下頁表)。故,整個地球就是一個由大小不同尺度,不同層次嵌套組合而成的剛柔結構體。

對地殼表層來說,剛柔組合的形式、剛柔相互影響與作用、在動力作用下其變形運動特點、可能產生什麼結果,這些現象就是「地象」,這些道理就是「地理」。縱觀萬千地象,皆為剛柔相濟變化而成。氣、水對岩土之剝蝕、運移、沉積作用,為地形地貌變化之要;氣、水在岩土之間進行浸潤、潛蝕、溶濾、運移、沉澱作用,為淺表地象變化之要;氣、水、熱液在岩殼間的熱液活動、浸染作用、動力變質作用,為地殼構造象變化之要;岩漿對岩

表地球內部圈層結構的剛柔組合❸

層次		濃度範圍（km）	圈層名稱		性質	剛柔評價
A		0～40	地殼 〉岩石圈		橫向不均勻	剛
B	B′	40～350	上地慢	蓋層	橫向不均勻	剛－柔
	B″			低速層	速度小	柔
	B‴			均勻層	橫向均勻	剛－柔
C		350～360	過渡層		速度梯度大	柔
	D′	650～2550	下地慢	上層	速度梯度變化小	剛－柔
	D″	2550～2885		下層	速度梯度近於零	剛
	E′	2885～3170	外核	上層	不很均勻	剛－柔
	E″	3170～4170		下層	較均勻，液態	柔
F		4170～5155	過渡層		速度梯度小，無間斷面	剛－柔
C		5155～6370	內核		固態	剛

（據曾融生《固體地球物理學導論》，1984，稍加改動）

石圈層的溶蝕、沖溶、變質、重結晶、侵入作用，為幔殼構造象變化之要。

「立地之道曰柔與剛」，抓住了地象變化之本質，而柔者又起著主導作用。氣、水、地下的熱液、岩漿、幔汁乃至柔之物，在各種地質營力作用下運移、浸染、流動、變形都非常靈敏，而中國古代的地學，稱之為「風水」學，實際是抓住了要害，是從善變之至柔之物的動態變化入手，來瞭解地之象，求地之理，是很聰明的想法。

3. 至柔之物——氣與水

　　鑒於上述，可以對《周易》的地之道作如下的介紹。《周易》中最基礎的觀念是天（乾）地（坤），「易以天地準」，有了天和地，易就行乎其了，天地是定位之標準。天覆地載，天施地藏，「天地絪蘊，萬物化醇。」《周易》中另一對觀念亦很重要，那就是水（坎）、火（離）。「水流濕，火就燥」，這裏含著土（大地），水流在土中則濕，火燒在土中則燥，土濕就有個濕度問題，土燥就有個溫度問題，溫度、濕度適合，則土就具備生化萬物的必要條件。離又為日，坎又為月，故有日為火之精，月為水之精之說法。「日月麗乎天，山澤成乎地，」太陽和月亮附麗於天上，正地形之高山（艮）和負地形之沼澤（兌）構成了大地。

　　「日為火精而生風（巽），月為水精而弄潮」，是說太陽由於輻射的差異而產生氣溫差，由氣溫之差異，產生氣壓差，故而使大氣流動而成風，月亮由於引力作用於大地而產生潮汐。一方面是氣之流動，一方面是水之起伏，這都是由天施於地的作用。而不平之大地高山受到氣水之「剝」，而「損」上「益」下，「危者使平，」「澤」變為「謙」（上坤下艮，山入地中稱之為「潛山」）謙，平也，沒有山之高，沒有澤之窪，而取其中庸之道，故謙是地準平衡之狀態。

　　《周易》中的日（火、離）、月（水、坎）交替而形成晝夜及四季的更替，形成天時節律。然而陰陽不僅有消長交替，還有陰陽交合，陰陽交合而生變化。「男女構精

而萬物化生」；冷熱氣流交合而形成鋒面，則電閃雷鳴，風雨交加；「陽伏而不能出，陰迫而不能烝，於是有地震」，是說地震是陰陽二氣相交迫而激烈運動造成的。所以「震」卦陰陽始交、有新生，激烈之動的象徵。

其結果是使準平衡的「謙」的狀態復歸於「無平不陂，無往不復」的狀態，地道變遷升降沉伏「高岸為穀，深谷為陵」，旋回往復，大概如此。其中氣、水的作用尤其顯得重要。

（1）傳統文化中的「氣」

中華傳統文化中，關於「氣」的論說真是洋洋大觀：

有老子所說的——視之不見，聽之不聞，搏之不得，寂寥惚恍，獨立不改的道沖之氣。

有《易經》所說的——周流六虛，上下無常，陰陽氤氳，變動不居的天地之氣。

有莊子所說的——聚則生，散則死，神奇化腐朽，腐朽化神奇的通天一氣。

有管子所說的——下生五穀，上為列星，流者為鬼神，駐者為聖人的至精之氣。

有王充、嵇康，張載、戴震等人所說的——浮沉升降，動靜相感，氣化流行，生生不息的混元之氣。

有沈括、陶弘景以及許多醫家所說的——外者，候天地之變，寒暑風雨，水旱螟蝗；內者，主人體強弱盛衰，周遊六腑，調暢四肢，神乃自生，津液相成的五運六氣

這裏不討論諸家的差異與分爭，只強調其共同點。「氣」是彌散於天地之間，附麗於萬物之中，看不見，摸不著，卻可以感知的客觀存在；它可能是一種氣體，或是

一股能量，或是一種物理——化學場；它是物質傳遞、能量運移、資訊流動的載體；其流轉受天地之調控，其循環與天時相應合，可促萬物生長變化，制地象演進以動力和資訊。

中國自古就有「氣動說」流傳於世，對當今地學亦有深刻之影響。「氣動說」最早可追溯到西周末年之伯陽父，《國語・周語上》伯父論地震有云：

幽王二年，西周三川皆震，伯陽父曰：「周將亡矣！」夫天地之氣，不失其序，若過其序，民亂之也。陽伏而不能出，陰迫而不能烝，於是有地震。今三川實震，是陽失其所而鎮陰也。陽失而在陰，川源必塞。源塞，國必亡。夫水土演而民用也，水土無所演，民乏財用，烝不亡何待！昔伊洛竭而夏亡，河竭而商亡。今周德若二代之季矣！其川源又塞，塞必竭。夫國必依山川，山崩川竭，亡之徵也。川竭山必崩。國若亡，不過十年，數之紀也。夫天之所棄，不過其紀。」是歲也，三川竭，岐山崩。十一年幽王乃滅，周乃東遷。

這段話包括如下內容：

其一，「夫天地之氣，不失其序，」這是立論的基礎。天地之氣就是陰陽之氣，它是有一定的次序的，「本乎天者親上，本乎地者親下，則各從其類也。」這個序就是天地之道，就是「一」，「天得一以清，地得一以寧」。若失其序，則「天無以清，將恐裂；地無以寧，將恐發。」「天裂」乃巨大隕石隕落之象，而「地發」則是地震了。

其二，「陽伏而不能出，陰迫而不能烝，於是有地

震」。這是氣動致震假說。此說與《周易》震卦有密切關係，震卦為一陽爻，受兩陰爻之壓迫之象。陽氣欲上升而受二陰之迫而不能蒸騰，形成阻滯（或稱為「閉鎖」），陰陽相鬥，則發生地震。陰陽可以認為是兩種相反的力量、相反的狀態、相反的作用、相反的體系，相激而生震。這種陰陽二氣相迫而產生地震的說法，具有典型模式意義。

其三，伯陽父最早提出了地震災害鏈：地震→山崩→川竭→田無收→饑荒→民亂→國亡。地震屬自然災害，山崩、川竭屬自然因素誘導的次生災害，田無收則是由自然因素和社會因素聯合誘導的次生災害，而後三種則屬社會因素誘導的次生災害。一個清明的社會環境，能及時拯救災民，就可使次生災害不致向社會縱深發展，否則，社會昏暗，自然災害就能導致社會動亂。

其四，伯陽父將歷史地震資料做對比分析，以強化周將亡的結論。這可能是最早的歷史災害學類比分析成果。

其五，「天之所棄，不過其紀。」這種說法有「天譴論」的弊病，違背了「天道無為」的理念，這方面受到後人的批判。但總的來說他的論斷還是科學而深刻的，特別是在西元前780年能有如此見解，是何等難能可貴❹！

對伯陽父的「天譴論」柳宗元有所批判。柳宗元在《非國語·三川震》中有云：

天地之無倪，陰陽之無窮，以澒洞轇輵乎其中，或會或離，或吸或吹，如輪如機。……山川者，特天地之物也。陰與陽者，氣而遊乎其間者也。自動自休，自恃自流，是惡乎與我謀？自鬥自竭，自崩自缺，是惡乎為我設？

是說天地無有邊際（無倪），陰陽之氣無有窮盡，那些星辰與陰陽之氣彌漫（澒洞）交錯（轇轕）在天地之間，或相會或分離，或吸引，或排斥，如輪之轉如機之動。山川也是天地所生之物，陰陽之氣也游於其間，山川之間之動或靜，或對峙或流動，或相鬥爭或停竭，或崩潰或殘缺，那些都是自然而然發生的事情，和人事無關，並非為誰所謀，為誰所設。這段話有三層意識值得重視。

其一，認為宇宙雖然無邊無際，但卻是相互聯繫的整體，各星體之間的會聚與分離，吸引與排斥都如輪如機在有條不紊地行進。

其二，認為無論是宇宙還是山川，都有陰陽二氣彌漫游動於其間，所以柳宗元並不反對伯陽父的「氣動說」。以上二條與伯陽父並無分歧。

其三，柳宗元本著天道無為的思想，認為自然災變並非有意干預人事，它是不以人的意志為轉移的。

所以柳宗元所批判的是伯陽父的「天譴論」，而不是「氣動說」，而且在宇宙是一個整體，天地有聯繫，山川之變動與陰陽二氣有關方面，還給予補充和支持。可見中國傳統自然觀，在整體論，氣動說方面是有傳承的。時至今日，地學發展日繁，地氣成礦說、地殼逸氣說、地幔熱柱說、幔汁輻射說等理論和斷層氣測量技術，結晶包體微量氣體分析技術等都傳承和發展了「氣動說」。

（2）傳統文化中的「水」

地殼內之液體有水、石油、岩漿等，在《易經》、《道德經》、《管子》、《山海經》、《淵鑒類函》等典籍中多有記載，而其中以對水的論述為詳。

191

老子崇尚水德，認為「水善利萬物而不爭」，「處眾人之所惡，故幾於道」，故為「百谷王」。又認為「天下莫柔弱於水，而攻堅強者莫之能勝」。遍觀大地，水滴而石穿，浪拍岩岸而成洞穴，高山流水而切成峽谷，始知柔之勝剛。

管子認為水是色之中、味之中，具五德。集於天地而藏於萬物，產於金石而存在於諸生，是地之血氣，如筋脈之通流，萬物之本原，諸生之宗室。可見水對整個自然界乃至人類的重要性。

同時他對水之分類，運動特性、地下水之埋藏、水與土壤，農作物的關係均有論述。管子既看到了水之利，也重視水之害，他在《管子·度地》中曰：

夫水之性以高走下則疾，至於漂石；而下向高，即留而不行。……水之性行至曲，必留退，滿則後推前，地下則平行，地高即控（頓挫），杜（沖）曲則搗毀，杜曲激則躍，躍則倚（排），倚則環，環則中，中則涵（涵激），涵則塞，塞則移，移則控，控則水妄行，水妄行則傷人，傷人則困，困則輕法，輕法則難治，難治則不孝，不孝則不臣矣。

故而，「五害之屬，水最為大」。

自大禹治水、老子的尚水觀，管子的水論。李冰父子修都江堰、隋始開鑿大運河、酈道元的《水經注》、郭守敬修建通惠渠……，對水的認識與利用堪稱源遠流長。而結合近代地學界水成說與火成說的爭論（火成說實為熔岩說，是地殼深處之液體），地槽──地台說（以沉積輪迴為標誌，以地槽熔岩上湧為造山高潮的構造理論），板塊

學說（以上地幔軟流層為背景的全球構造學說），地幔柱學說（圍繞地幔熔岩上湧而形成的構造體系）幔汁假說（是以HACONS流體為背景的氣液動力理論。幔汁來自地核強大的氫流向外輻射，當穿透下中地幔後演化為氫型幔汁，當穿透上地幔之後演化為鹼型幔汁，進入地殼後演化為氧型幔汁。

幔汁輻射具有重大的地球化學功能和地球物理和地球動力學功能，是地球內部不安定並將產生各種大地構造動亂的根本原因。❺❻等，都證實了地球內液體對地殼動力體系所起的至關重要的作用。中國古代「堪輿」又稱為「風水」，以強調氣體、液體在地體演化中所起的作用，體現了我國地學崇尚變動與演化，注意物質、能量、資訊的交換與流動，「風水」一詞正中了要害。

從傳統文化中對地中之氣和水的重視，說明古人更注重大地的變化，地之變開始常常表現得很細微，是難以覺察的，由氣、水之變而感知，故有望氣嘗水之法存焉。地變之結果往往十分劇烈，地裂山崩，「其動也剛」。變之過程多與氣水活動、作用有關；劇變之結果也多與氣水變化有關，所以，氣水變化是研究地變的關鍵。然而，近代地學主流思潮是以固體地球觀為主導，很少注意地下氣液之作用。這正是地學研究中開拓創新的生長點，是中華傳統地學理念大有作為之處。

4. 穴位論

如前所說，「立地之道曰柔與剛」，地殼表面是由不同尺度，不同級別相互鑲嵌的剛柔組合體。在漫長的地質

歷史過程中形成剛柔有序的網路結構，而網路結構的結點，就是「穴位」。

（1）古代穴位論

中國古代的穴位論是整體有機自然觀的體現。人們俯察大地，見山嵐台塬、丘岡平原，川澤湖泊，總觀大勢脈絡清晰，細觀局部條塊鑲嵌，山脈水系相互分隔、相互切錯，織成網路結構。「山水無輕重之分，蓋非山不能約水之散，非水不能定山之終」。（廖禹《畫筴扒砂經》）這裏說明了山約水，水定山的相互關係。《撼龍經》曰：

須彌山是天地骨，中鎮天地為巨物。如人脊背與項梁，生出四肢龍突兀。四肢分出四世界，南北東西為四脈。西北崆峒數萬程，東入三韓隔吉冥。惟有南龍入中國，胎宗孕祖來奇特。黃河九曲為大腸，川江屈曲為膀胱。分肢擘脈縱橫起，氣血勾連降水住。大為都邑帝王州，小為郡縣君公侯。其次偏方小鎮市，亦有富貴居其中。

這種從全局把握華夏大勢的能力，說明地學知識已相當淵博。

人們最早認識的網路格局就是華夏大地橫亙東西的山脈、大河相間，以及從西到東地勢階梯遞降的網路。網路之交匯處就是「穴位」。古人將山脈稱為龍脈，石為龍之骨，土為龍之肉，植被為龍之毛。將地表水比喻為大腸、膀胱，土石中之水比喻為氣血通流，它們都起著運輸營養，排泄廢物之作用。

龍脈與龍脈相交稱為龍門，此處山形散亂，結構複雜常有礦苗出露，稱之為「見榮」。水脈與水脈相交稱為水匯，地勢平坦開闊，常為大都會、郡縣、集鎮，物資集散

之地；龍脈與水脈相交常形成斷山、峽谷、孤山，且泉眼成串。古人透過對山川地勢之穴位，用於選址、找水、找礦以及軍事佈陣等。這種整體有機自然觀思想被移用於人體經絡體系，並使中醫得到了發展。

（2）近代穴位論的興起

早在本世紀20年代，中國的地質學家翁文灝在《中國某些地質構造對地震之影響》論文中，首先總結出中國16條地震帶及其頻發次數，並在1922年於布魯塞爾召開的第13屆萬國地質學大會上宣讀，引起國際學術界很大反響，很高讚譽。60年代，王嘉蔭教授在整理歷史地震資料時發現，一個時期發生的地震有呈線狀排列的現象，稱之為「地震線」❼。70年代中國的一些地震工作者又發現，在一個地震活動期內，地震活動呈帶進行，如第三活動期時，地震在山西地震帶活動；第四活動期時在華北平原地震帶內活動。20世紀70年代末丁國瑜院士將地震活動帶與現代地殼活動構造聯繫起來分析，提出現代構造破裂網路概念，從而建立起來地殼的力學結構網路體系❽。

在廣泛的地震前兆監測實踐中，注意到一些地區小地震活動十分頻繁，且常與附近地區應力積累增強有密切關係。故而，稱這些地區為「地震窗」❾。在地形變、地下水氡含量、地下水動力學測量中，也發現一些觀測點的異常資訊十分靈敏，稱之為「敏感點」。「地震窗」、「敏感點」，都處在地殼構造網路的特殊部位，並且織成了地球物理場和地球化學場的網路。

據「板內地震的空間分佈特徵和岩石變形的脆性──延性轉變的研究表明，在中、東部亞洲大陸的岩石圈下層

195

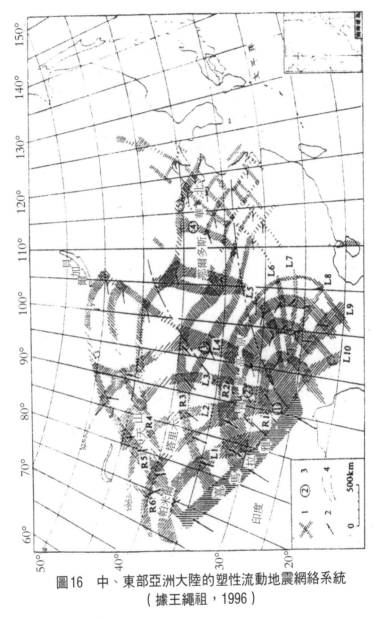

圖16　中、東部亞洲大陸的塑性流動地震網絡系統
（據王繩祖，1996）

1. 塑性流動——地震帶；　　2. 最大壓應力方向；
3. 估計應變速率的地段編號；　4. 研究塑性波傳播的區域

（包括下地殼和岩石圈地幔），存在著一個統一的塑性流動網路。……它控制著板內構造變形、應力場和地震活動。」❿這是上述地殼動力學結構網路和地球物理場，地球化學場網路的深部背景（圖16）。

至此，上述網路的結點復合部位——「穴位」成為地球動力學研究，地震觀測研究的熱門話題。

（3）穴位的結構特點及資訊傳播特點

地球是個剛柔結構體，其特點是剛柔相對而生，互補而衡，蠕滲而動。當受內外引力作用時，剛柔結構體內部，由於剛性物質的支撐，不易瓦解；由於柔性物質的變形、運移，其自調節能力充分，可塑性強，隨著動力的驅使地殼表層形成許多特徵性帶狀結構，諸如構造活動帶、地震活動帶、火山活動帶、水熱活動帶等等。這些特徵帶組成的網路系統，是過去動力活動的固化，是挽近構造系的格架，又是當代動力活動的軌跡。我們所說的地殼表層的穴位，恰恰位於這些特徵帶的交匯復合部位。

穴位是幾組活動構造帶交匯復合部位，其構造格架十分複雜，斷裂縱橫交錯，相互咬合鉗制，派生裂隙密集而又若斷若續。其強度軟弱，應力下降梯度變化很大。密集裂隙富水通氣，水氣循環強烈，離子交換頻繁。多組活動構造復合交匯部位其構造擾動深度亦大，深層水熱活動、熱液浸染活動，甚至岩漿侵入活動均較強烈，並將深部的熱量、氣體。礦物成分帶到地表，構成「煙囪」效應。

正因穴位在結構上有如此特點，所以在資訊傳播上亦有先天優越之處❶。

一是，穴位是地殼與外界環境進行物質、能量、資訊

交換的通道，散熱、逸氣、應力消長頻繁；

二是，穴位附近的深層過熱水的爆沸、承壓水的不可壓縮及其狹窄通道，構成了資訊傳播過程的集中、反射、放大效應，使其資訊傳播特別靈敏；

三是穴位是網路的結點、中樞，並與深層統一塑性流動網路相聯繫，具有多個穴位資訊的遙聯性、公度性、準同步性反應，其觀測資料易構成整體活動圖像。

故而，尋找地殼各種穴位點，並對其進行系統的地球物理、地球化學指標的觀測，是探索地殼當代變化的鑰匙，它將為全球現今構造活動及局域性的特異變化研究，提供實踐方法和理論指導。

5. 太極對稱與全球構造

太極對稱是指，在一個自組織系統中，以太極相反相成規律而形成的對稱模式。如太極圖負陰而抱陽，陰長陽消、陽長而陰消。如先天八卦圖，乾（☰）與坤（☷）相對，震（☳）與巽（☴）相對，離（☲）與坎（☵）相對，兌（☱）與艮（☶）相對，其對趾部位恰構成陰陽平衡的反對稱關係，同時亦達到總體的和諧與平衡（見本書圖4）。這是我國古人對事物向兩極的相反方向的轉化和辯證思維的圖像表達而總結出的模式，具有廣泛的代表性。

地球是一個自組織體系，它是由不同層次、不同尺度的剛柔物質組合成的剛柔結構體。在宇宙環境和自身動力活動作用下，剛柔結構體的有序諧調運動是永恆的，內部調整運動是經常發生的。剛與柔的互濟，重與輕的分液，冷與熱的對流，張與壓的互補，開與合的反覆，升與降的

平衡，在漫長的地質歷史長河中，逐漸形成了一個可塑性強，自調解能力充分的太極對稱的動量均衡體。

（1）地球形狀的太極對稱

地球是一個旋轉橢球體，赤道直徑大於兩極直徑，但並非標準的橢球。透過衛星資料作出的地球形狀看，南極微凹、南半球稍肥、北半球略瘦、北極偏尖的梨形（圖17）。是北極尖對南極凹，北半球瘦對南半球肥的反對稱——太極對稱。

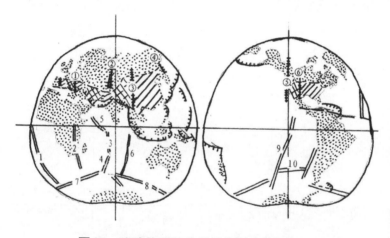

圖17　地球的形狀及其地殼結構示意圖

1.大西洋海嶺；2.非洲裂谷及莫桑比克海嶺；3.中印度洋海嶺；4.西南印度洋海嶺；5.卡爾斯伯格海嶺；6.東經九十度海嶺；7.大西洋——印度洋海嶺；8.東南印度洋海丘；9.東太平洋海丘；10.智利海嶺；①希臘——土耳其交界處的南北構造帶；②烏拉爾山脈；③中國南北構造帶；④庫頁島南北構造帶；⑤帝王山構造帶；⑥落基山構造帶。

（2）南極、北極的太極對稱

對趾的南極、北極更明顯地反應了太極對稱特點。北

極處與地球形狀微凸的一端，南極處於微凹的一端；北極是受歐亞大陸和北美大陸環抱著的北冰洋——陸抱洋，南極是受太平洋、大西洋、印度洋環抱的南極洲——洋抱陸；北冰洋屬柔，南極洲屬剛；北極表現為沉降，南極則為抬升。恰恰是相反相成的太極對稱。再看其細節❷，南極洲的面積約1400萬平方公里，北冰洋的面積為1478.8萬平方公里，同處於一個數量級；南極洲中央的南極高原，對應於北冰洋的中央海盆；北極的格陵蘭島陸塊北部，對應著威德爾海灣；北極最深處是中央海盆邊緣，斯瓦爾巴群島北側海域，深達5449公尺，正對應著南極洲最高峰——文森峰，高達5140公尺（圖18）。如此相反相成的太極對稱性，真好像冥冥之中有神力相助！

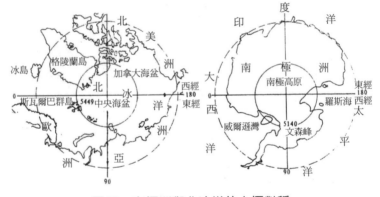

圖18　南極洲與北冰洋的太極對稱

（3）南半球與北半球的太極對稱

全球的構造形式多種多樣，但從基本類型上劃分，可分三大類。以壓應力為主導的X型斷裂系統及其派生的壓性經向構造帶；以引張為主導的裂谷構造帶及其派生轉換

斷層組；板塊邊緣的俯衝構造帶及碰撞構造帶。前兩者呈大面積分布，而後者僅呈帶狀分佈於環太平洋帶及地中海——喜馬拉雅——印尼帶。

地球的北半部是以X型網路體系為主要特徵的壓性板塊構成的陸半球，而南半部則是以裂谷系為特徵的張性板塊構成的洋半球（圖17）南北半球結構特徵的對比如下：

北半球	收縮	擠壓	X型網路	冷	升隆	大陸為主	剛
南半球	擴張	引張	裂谷系	熱	沉降	大洋為主	柔

這種有序反對稱配置結構，馬宗晉院士很早就進行了系統研究，並且還進行了東半球與西半球及經度0°半球與180°半球的結構研究，並稱這種現象為地殼結構的非對稱性❸。筆者以為叫「反對稱性」更為準確，因為這種結構不是不對稱，也不是幾何形態上相似的對稱，而是更廣泛意義的對稱，是物質、能量、資訊交換條件下，動量均衡並隨時進行調整的對稱。是遠離平衡狀態系統，經過長期自調整、自組織化後，形成的準穩定平衡結構，是相反相成的辯證調製的太極對稱。它具有普遍性，大至宇宙空間，小至分子結構，乃至涉及到意思形態、精神領域均有這種太極對稱結構存在，比如人腦左右半腦功能的相對分工，人類意思形態上的東西方文化的互補現象。這已經是題外話，筆者將在後文闡述。

縱觀地學之發展，由混一的堪輿學發展到現今，地學分枝越來越細，諸如礦物學、結晶學、岩石學、岩組學，地層學、古生物學、地質學、構造學、地貌學、地球物理

學、地球化學等等。近300年的建樹甚豐，積累了豐富的資料，改進、創新了觀測分析技術，發現了許多規律，形成了諸多學術思想體系。然而單科獨進的研究方法，隔行如隔山，割裂了地學的整體性，嚴重妨礙地學的發展，特別對全球動力活動、巨災問題、生態環境、資源開發及人類持續發展、從固體地球觀如何過渡到剛柔結合的流體地球觀等問題，更亟待多學科、多手段綜合研究。

當前，在走向新綜合的全球動力學及天地生人系統研究的引導下，華夏地輿觀的整體有機自然觀思想，將日益受到重視，並在地學發展的又一個輪迴上得到新生。⓮

參考文獻

❶《天文自然災害》編委會，天文與自然災害，地震出版社，1991。

❷商宏寬，初論地之道，羑里易學，No. 1，1995。

❸曾融生，《固體地球物理學導論》（126～150頁），科學出版社，1984。

❹商宏寬，《周易》對我國古代地震科學發展的影響，中國歷史地震研究文集（2）（19～24頁），地震出版社，1991。

❺杜樂天，《搜索學——「找」的辯證法》。（104～114頁），中國大地出版社，2003。

❻杜樂天，王駒，從固體地球觀向流體地球觀轉變，自然辯證法研究，No. 10，2003。

❼王嘉蔭，《中國地質史料》（31～42頁），科學出版社，1963。

❽丁國瑜等，我國地震活動與現代地殼破裂網路，地質學報，Vo1. 53，No. 1，1979。

❾姜秀娥等。邢臺震群的應力場「窗口」效應，地震，No2，1981。

❿王繩組，《大陸岩石圈的網路狀塑性流動，塑性波和地震活動，現今地球動力學研究及其應用》（20～27頁），地震出版社，1994。

⓫郭增建等，《災害物理學》（54～57頁），陝西科學技術出版社，1989。

⓬中國北極科學考察籌備組編著，《走向北極》（3～4頁），地震出版社，1996。

⓭馬宗晉等，《現今地殼運動問題》（7～11頁），地質力學的方法與實踐，第四篇（下），地質出版社，1995。

⓮商宏寬，《華夏地輿觀及其對當代地學之影響，中國傳統文化與現代科學技術》（392～399頁），浙江教育出版社，1999。

無妄。剛自外來而為主於內，動而健，剛中而應。大亨以正，天之命也。其匪正有眚，不利有攸往，無妄之往何之矣？天命不佑，行矣哉？

——《周易・無妄・彖》

八、災異觀

災異觀，是人類對自然認識的一個重要方面。中國古代十分重視自然災害對人類社會的影響，在殷商甲骨文中、《易經》中、各種史書典籍中都有豐富地記載和論述，其中蘊含著許多簡明而深刻的哲理，和被實踐證實的寶貴經驗，並形成了具有中國特色的災異觀思想。

今天，我們探討中國古代的災異觀，結合當前世界面臨的資源、人口、環境危機，以及這些危機對人類持續發展的威脅，更具有現實意義。

1. 人類生活環境系統

在本書「八卦取象之一」中已經概略地介紹過人類生活環境系統。人生天地間，以天地為準，從上至下形成分層有序的結構。人類以地殼的岩石圈為安身立命之地，以大氣圈、水圈、生物圈為生活、消費的物質來源，和廢物淨化的歸宿。如何正確認識人類生活環境系統，首先應建立起天道無為思想。如前所述。「天道無為」是說：天地普濟萬物而無所選擇；滋養眾生而不求報答；天地施為不

204

以人的意志為轉移；而按其固有規律行事，這種規律　是可以體認、觀察、感知的。它比較客觀的描述了自然是一個自動、自流、自生、自化的自調節、自組織、自洽體系。這就是人類生活環境系統。

這一自調節、自組織系統，首先是一個開放系統。自天地不間斷地向系統內進行物質流、能量流、資訊流的交換，輸入負熵，使系統始終保持充分的活力。即所謂「天道下濟而光明，地道卑而上行」（《周易》謙卦彖），「雲行雨施，品物流形」（《周易》乾卦彖），使之成為「萬類霜天競自由」的大千世界。

其次是一個多層次有序系統。因物之輕重而分異，因能量之高低而運動，因運動頻率之異同而諧振共鳴，故「方以類聚，物以群分」。如《周易》乾卦文言中所說，「同聲相應，同氣相求，水流濕，火就燥，……本乎天者親上，本乎地者親下，則各從其類也」。從而，使系統呈現多層次有序系統。

爾後，各子系統之間產生協同作用和相干效應，從而產生複雜的變化。系統之內物種聚類雜陳，則因物性異同而相生、相剋；利害攸關而相取、相攻；情感好惡而相感、相仇。即所謂

> 剛柔雜居，而吉凶可見矣。變動以利言，吉凶以情遷，是故愛惡相攻，而吉凶生；遠近相取，而悔吝生；情偽相感，而利害生。

——《周易·繫辭下》

綜上所述，人類生活的自然系統，可用下圖簡示：

205

天地絪蘊 $\xrightarrow{\text{天道無為}}$ 萬物化生 $\xrightarrow{\text{聚類分群}}$ 物分等雜處 $\xrightarrow{\text{協同作用、相干效應}}$ 吉凶利害生

（天道無為／開放系統　聚類分群／有序系統　協同作用、相干效應／自調節、自組織系統）

從圖可見，中國古代對自然界認識的整體觀思想與當代的系統科學理論，是何等的吻合啊。

對於這樣一個開放的、有序的、自調節、自組織系統中的吉凶禍福的判斷，不能靠上帝，也不能靠神仙，只能靠人類自己救自己。《周易》的宗旨就是祛災決疑，依靠人們對天道之領悟，萬象之觀察，行事之貞悔，而興利除害，趨吉避凶。所以，易經六十四卦卦辭中厲、咎、悔、凶、吝之批語，比比皆是，故無卦不險之說，是不妄的。

有些人從占卜的表象出發，武斷地宣判《周易》是唯心主義的著作，閉而不見其對自然界的唯物的認識，不看其觀察於自然，學習於自然，從自然實踐中總結經驗，再用於指導人們實踐的實質，這是我們學術界的悲哀，這種顛倒是非的論斷，應該終止了。

人類生活於天地之間，天地之間就成為人類生活的環境系統（圖19），隨著人類活動能力的增長，這個環境系統之範圍不斷擴大，就當前而言，這個環境系統由大氣圈、水圈、生物圈、岩石圈構成，而人類本身對此系統越來越起著主導的作用。

人類生活環境系統，不是上帝單為人類而創造出來的，而是經過漫長的歷史逐漸演化形成的，其形成的時序是岩石圈→大氣圈→水圈→生物圈→人類圈。依據當前研究的成果，對每個圈層的蒙生→發展→成圈（所謂「成圈」是指對全球環境起作用）的發展過程概述如下。❶～❺

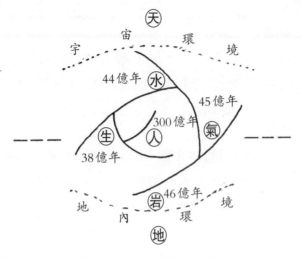

圖19　人類生活環境系統

岩石圈：

蒙生於距今約46億年，從目前絕對年齡測定資料看，地殼最古老的岩石為42～38億年，到30～20億年時，70%的地殼形成，可以認為岩石圈已經成圈。

大氣圈：

蒙生於45億年左右，初成時大氣中有許多大分子揮發份、固體塵埃、水汽，空氣能見度很低，近地表高溫、高濕；30～20億年時大氣逐漸清淨，但CO_2含量較高；6億年以來大氣中氧含量漸增，可以認為這時大氣圈已經生成。

水圈：

蒙生於44億年，當時水量較少，腐蝕性較強；20～10億年時陸地水顯弱酸性，海水中開始進行脫硫、脫氮、脫鐵錳作用；6～4億年時海水以NaCl為主，陸地水以$HCO_3Ca. Na$型水為主，水中氧含量增高，這時可以認為水

圈已形成。

生物圈：

蒙生於38億年左右，最早的生物遺跡發現於35億年；20億年時開始有生物進行光合作用；6～2億年時才成為對全球起作用的圈層。

人類圈：

蒙生於600～300萬年前；到10000～7000年時始有農牧業；距今約500年前哥倫布發現新大陸，逐漸對全球有初步認識；300年前的工業革命之後，人為活動能力呈指數增長，人類圈初步形成；但迄今為止，人類圈尚未成熟到對全球環境的改善起建設作用的自覺程度。將上述過程列表於下：

人類生活環境系統各圈層形成過程簡表

形成過程(億年)	圈層 岩石圈	大氣圈	水圈	生物圈	人類圈
蒙生	46	45	44	38～35	600～300萬年
初創	42～38	30～20	20～10	20	萬年～7000年
形成	30～20	6	6～4	6～2	300萬年

而大氣圈以上的宇宙太空，則是人類生活環境系統的外部環境，稱之為「宇宙環境」古人稱之為「天」；岩石圈以下的地幔、地核也是人類生活環境系統的外部環境，稱之為「地內環境」古人稱之為「地」。這兩種環境對人類生活環境系統施加影響。

人類生活環境系統是一個開放系統，它不斷地與內

（地球內部）外（宇宙）環境進行著物質的、能量的和資訊的交流活動。而系統之內則構成一個相互作用的、複雜的、有層次的自組織網路結構。這種結構隨著系統外物質、能量、資訊的輸入，以及系統內各子系統之間的相干作用、耦合作用、互動作用，介面作用等，而進行著不同程度的自調整過程。因此，人類生活環境系統在不斷地變化著、調整著。當這種變化十分劇烈，或其趨勢累積達到一定閾值，而使人類社會難以承受，並構成損失和傷害時，就稱其為災害。

筆者就是從人類生活環境系統的整體觀角度，討論自然變化的正常與異常，災害的關聯性、兩重性和生態環境保護問題。

2. 自然變化的正常與異常

雖然是自然災害，也是一種社會現象，自然變化必須與人類社會相遭遇，並且達到使人類社會不堪承受，造成損失時，才構成災害。人類經過百萬年的進化，已經能夠適應自然界的正常變化，循自然規律行事。所謂災害，不是自然的正常變化，而是指那些不以人的意志而轉移的異變事件。所謂「無妄之災」，是指人們無妄作之行為，既不妄作為何有災眚糾纏呢？《周易》無妄卦彖辭說：「剛自外來而為主於內，……天之命也。」說此災不是人為的，而是外在環境強加於人的自然災害。

《周易》繫辭傳中有一段話說得非常好。

夫乾，天下之至健也，德行恒易，以知險；夫坤，天下之至順也，德行恒簡，以知阻。能說諸心，能研諸侯之

慮，定天下之吉凶，成天下之亹亹者。

這裏的「說」同「閱」，作審視講；「侯」同「候」，為物之候，氣之候，是一種徵兆，一種資訊；「亹亹」，是進步奮勉之狀態。這裏所說的「恒易」、「恒簡」是指天地變化之正常，而「險」、「阻」為天地之異常變化。如能審視天地變化，記之於心，研究各種徵候，給予審慎的考慮，就能夠定天下之吉凶，成就天下之進步。

「天下之動，貞夫一者也」（《周易》繫辭傳下），這裏所說的「一」為「太一」，為「齊一」，為變動之正律，為正常。所以《老子》指出：「昔之得一者：天得一以清，地得一以寧，神得一以靈，谷得一以盈，萬物得一以為貞。」然而，一旦失去正常則將導致災變，即：「天無以清，將恐裂；地無以寧，將恐發；神無以靈，將恐歇；谷無以盈，將恐竭；萬物無以生，將恐滅；……」。可見，中國古代就將災與異緊密地聯繫在一起了。

異常事件具有暫時性、罕見性、過極性、失時性。暫時性是相對正常而言它是暫時的，「故飄風不終朝，驟雨不終日，孰為此者，天地」。（《老子》）罕見性如《荀子》天論篇所說：「星隊木鳴……天地之變，陰陽之化，物之罕至者也，怪之可也，而畏之非也。」由於異常事件的暫時性、罕見性，其出現的概率小，實踐體認的機會少，對這類事件的預測難度就很大。

異常事件的過極性和失時性，是致災的主要原因。過極性是指天地各種現象失常，過多或過少。失時性是指天地變化不守常規，不應時節。《書經・周書・洪範》中指出：

庶徵：曰雨、曰暘、曰燠、曰寒、曰風，曰時。五者

來備，各以其敘，庶草蕃廡。一極備，凶；一極無，凶。

這裏明確指出雨、晴、暖、冷、風，五者皆備，以時序而來，則草木繁茂，否則，一種極多、極少或極強，則成災。

中國古代就已經發現災變之前出現的徵兆，稱之為「徵」、「候」、「幾」、「微」。知微而知彰，防微杜漸，「能說（閱）諸心，能研諸侯（候）之慮」，「知己，其神乎，君子上交不諂，下交不瀆，其知幾乎，幾者，動之微，吉凶之先見者也」（《周易》繫辭傳下），都強調透過對幾微的徵兆（資訊），進行分析處理，判斷預測災害，而採取趨吉避凶之對策。

這裏提出的，「上交不諂，下交不瀆」，可以理解為對上級、下級的態度，也可以理解為對權威對一般群眾的態度，實質是說只有擺脫世俗的地位等級觀念及表面看問題，才能發現客觀規律，才能知己、知微，洞察變化之實質，預見吉凶。

3. 禍不單行──災害的共生規律

「禍不單行」通俗地反應了災害的共生規律，這可能和災害的韻律性、同源性及鏈發性有密切關係。

（1）災害的韻律性

災害的韻律性是自然活動的韻律性決定的，如前所述，中國古代將韻律性稱為「復」，稱為「圓道」，實際本質是以日、月、地三體運行所表現的宇宙環境變化這一大背景所導致。《周易·謙·彖》有云：

謙，亨。天道下濟而光明，地道卑而上行。天道虧盈

而益謙；地道變盈而流謙；鬼神害盈而福謙；人道惡盈而好謙。謙，尊而光，卑而不可踰，君子之終也。

此段話有三層意思：

其一是說盈謙這種韻律是由天地交變流轉而形成的自然規律。

其二是說事物發展到極端就要向相反方面轉化，因此應切記「亢龍有悔」之教導。盈則虧、則蛻變、則害、則惡；而謙則益，則流通、則福、則好。

其三應防止驕傲自滿，保持謙遜的態度，這是君子終身追求的人生準則。

其實謙卦是說由謙→盈→謙的循環，是天地人普遍存在的規律，所以才有《周易‧復‧彖》之「復見天地之心乎」的結論，才有《呂氏春秋‧圓道》之「圓道也，一也，齊至貴。莫知其原，莫知其端，莫知其始，莫知其終，而萬物以為宗」的結論。這是自然界中帶有本原性的基本規律。正常環境如此，異常環境亦如此，故自然災害的發生亦應當有災害群發的高潮期和災害少發的平靜期。

關於自然災害的韻律性（或準週期性），古往今來，史不絕書。

《淵鑒類函》（地部‧地）中莊子說：「海水三歲一週，流波相薄，故地動」，這種以三年為週期的異變現象，與由厄爾尼諾造成的中國南方「濤動」現象吻合，也和木、金、地球三星公共會合期3.44年一致。

清代季元瀛曾描述過地震的韻律現象：「地震之災，史不絕書……嘗考明嘉靖乙未（卯）地震（1556年關中大地震），清康熙乙亥平陽、潞安地大震（1695年臨汾大地

震），何今又適逢此干支也（指1815年垣曲地震）。」這種一百三四十年的災害韻律性，徐道一等曾對近1000年的太陽活動、中國物候溫度、祁連山圓柏年輪指數、長江下游冬溫指數、中國受旱縣數、黃河長江特大洪水、大氣降塵（雨土）、中國地震活動、格陵蘭冰塊^{18}O氣溫及九大行星會聚時間和地心張角等方面的資料綜合分析，發現有140～180年左右的韻律性[6]。

老子曾這樣描述1000年尺度的韻律性：「桑田變滄海，我為之添一籌，滄海變桑田，我為之添一籌，今觀海屋籌，忽已三千年矣」（老子《道德經》見引於遺愁集）。據現代所掌握的資料分析（九大行星與地心會聚的季節和地心張角、中國溫度變遷、長江黃河罕見特大洪水、非洲撒哈拉地區乾濕度變化、海平面變化、荷蘭西海岸泥炭層序列、大地震活動、古代文明發展史等）近6000年來災害，有1000～1400年左右的週期，有人稱之為殷週期、兩漢期、明清期（見表）。

自然災害韻律事例表

週期	氣象洪水	相關現象	天文背景	古代記載
3年±	中國南方濤動	厄爾尼諾現象	木金地合期	莊子《淵鑒類函》卷二十三地部
22年±	降雨及地下水位	地震活動幕	太陽黑子活動	太極序列奇數列22.6
160年±	中國物候氣溫	地震活動期	九大行星與地心會聚時間和地心張角	季元瀛《虞鄉縣志》
1000年～1400年	長江、黃河特大洪水	古代文明發展期，災害群發期（宇宙期）		老子《道德經》見引於遺愁集

當然，還存在10萬年左右的冰河期、3200萬年的異常期、2.8～3.2億年的異常期，他們分別對應於地球自轉軌道參數、往返銀道面的振盪運動、銀河年等宇宙環境因數。可見這種韻律性是自然界的根本性質之一，是與宇宙天體的運行週期相吻合，並有清晰層次性的、普遍的規律，故，「萬物以為宗」。把握這種韻律性，判斷當前所處的宇宙環境可能形成的災害程度，將對減災工作有戰略指導意義。

（2）災害同源性

災害同源性是指：受高層次環境因數的影響，而導致多個低層次系統同時或相繼異變成災的現象。正如《老子》所說：「道大、天大、地大、人亦大。域中有四大，而人居其一焉。人法地，地法天，天法道，道法自然。」這一個相互涵蓋包容、第次限控的層次關係，是基本正確的，並決定了尋找災害根源的方向。故，中國古代有一種習慣地思辨方法，人世間有災眚，總想從天上找原因，因天主宰地。

譬如：《詩經》小雅·十月之交裏指出，地震前有日蝕、月蝕之天象變化；夏桀十年（西元前1809年）地震前有五星錯行、隕星如雨之天文背景；春秋時期曾有晏子以星象預測過地震的傳說❷；《周易》豐卦中有「豐其蔀，日中見斗，往得疑疾」的說法，提及太陽黑子活動與人體疾病的關係；「日為火精而生風，月為水精而弄潮」，明確指出日、月天體對氣象及地球潮汐的影響。

中國古代能對天地之間的關係有如此深刻的認識，實為難能可貴。時至今日，上述種種已為大量的研究所證

實，諸如：人類歷史上暴發的疫病流行（如鼠疫、白喉、霍亂、天花、傷寒、流感等）都與太陽黑子活動有密切關係；探討宇宙環境與地震活動關係的專著，已有《天體運行與地震預報》（徐道一等，1980）、《天文地震學引論》（杜品仁等，1989）等問世；而《全球地震活動性與太陽活動及大氣過程的關係》（А‧Д‧瑟京斯基，1987）、《天文與自然災害》（《天文與自然災害》編委會，1991）等著作則從更廣泛的領域，多側面地充實了宇宙因數對地球上自然災害發生的調控作用的事實。

中國古代對大地的認識也反應了「地法天」的影響。對地形之分類，最早要數軒轅氏的《三墳書》，它將地形分七類，山嶺分七種：「天地圓丘、日地圜宮、月地斜曲、山地險徑、川地廣平、雲地高林、氣地下濕」；「天山嶽、地山磐石、日山危峰、月山斜巔、川山島、雲山岫、氣山岩。」文字簡短，內含豐富，著眼於地，比象於天，旁涉雲氣霧靄及地表水和植被，貫穿著綜合作用的整體自然觀思想。

中國古代對地輿的認識注重整體聯繫，從總貌認識局域差別，採取有區別之對策。在《書經》禹貢中，大禹首先根據中華大地西高東低的總趨勢，繼而分出山脈水系、劃分九州、按流域疏通河道，導滯流入海。清代玄燁透過地震的統計結果，認識了地震發生的地域差別，並分出中國西北、閩粵沿海及荊楚黔等區域。這種高層次限控低層次，大區域控制小區域的指導思想，也為後人所借鑒。《中國減災重大問題研究》中，就根據中國區域地殼動力特點，對自然災害進行合理地綜合分區（高慶華，1992）

215

❾。可見，從大環境特點來考慮成災條件，對趨勢性災害預估是有實際意義的。

（3）災害鏈發性

災害的鏈發性是由於系統中各子系統之間存在著相干效應所致。自然界是一個自組織的有序整體，一旦其中某個環節出現躍變，使原組織產生不適，而進行自調節作用，形成一系列的鏈鎖變化。如前所述，自然界中，剛柔雜居，能量、物質、資訊、情感之間的交割、遷移，則吉凶、利害、愛惡生焉。

中國古代對自然災害產生的相干效應十分注意，伯陽父對周幽王二年（西元前780年）地震災害就曾提出地震災害鏈：地震→山崩→河竭→田無收→饑荒→民亂→國亡。管仲在研究河流運動規律時，也提出水災的連鎖反應：水塞→水道移→移則控→水妄行→傷人淹田→貧困→輕法→不臣（《管子》度地）。現將當前地震及洪水的次生災害鏈列舉如下：

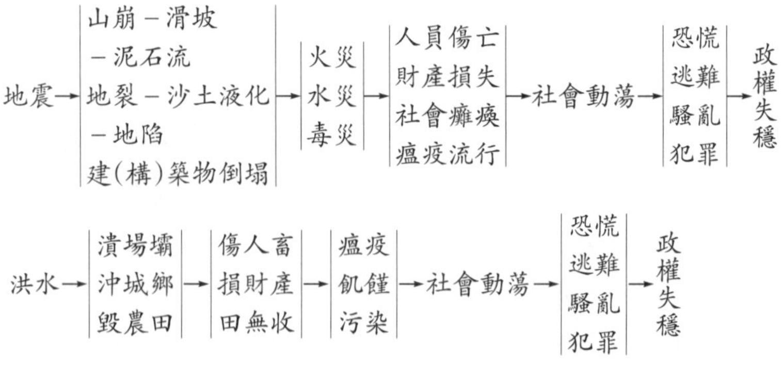

圖20　地震及洪水自然災害引起的鏈鎖次生災害

各種自然災害，發端於自然因素的誘導（當然也有的是人為因素誘發的，下文再討論），殃及百姓、禍及社會、危及政權。所以，在減災過程中，及時地掐斷災害鏈，使其不向更廣泛的領域蔓延，不向社會縱深擴展，是最關鍵的環節。

綜上所述，研究自然災害的共生規律給我們如下的啟發：

・不能單打一的分兵把口，單災種作戰，而應採取綜合防禦減災戰略；

・切忌頭疼醫頭，腳疼醫腳，而應全盤考慮社會防禦體系，制止災害蔓延，捏斷災害鏈鎖；

・應長期監測與臨災預報相結合，災時與平時相結合，常備不懈，以掌握災發的韻律和臨災之災變信息。

4. 災害是壞事也是好事——自然災害的兩重性

中國古代觀察自然及社會事物，非常重視辯證思維。《周易》中「窮→變→通→久」的論斷，乾卦中「潛→田→惕→躍→飛→亢」之發展過程，「泰⇌否」、「損⇌益」、「剝⇌復」、「既濟⇌未濟」等都浸透著物極必反，否極泰來的辯證思想。《老子》中：

禍兮，福之所倚；福兮，禍之所伏。孰知其極？其無正。正復為奇，善復為妖，人之謎，其日固久。

成為辯證思維的千古絕唱。這裏既強調禍福相倚之事物兩極相輔相成的觀點，又指出正復為奇的互相轉化的觀點，並且認為這種辯證關係是事物的基本性質，固久不變

的真理。

　　無妄，剛自外來而為主於內，動而健，剛中而應。大亨以正，天之命也。其匪正有眚，不利有攸往，無妄之往何之矣？天命不佑，行矣哉？

——《周易·無妄·彖》

　　此是說「無妄」卦為天下雷行（☰），下卦之陽爻是由上卦乾來的，所以動而健，下卦的中柔爻與上卦剛中爻相應。剛中動健之性是符合天之道的。《雜卦》中有「無妄，災也。」是說人雖無妄作之行為，但仍然受災，是說此災是「剛自外來而為主於內，天之命也。」是天災，是不以人的意志為轉移的自然災害。既然是天災，為什麼還冠以「大亨以正」之美名呢？因為天災是符合自然規律的自調節行為，所以有「元亨，利貞」之德。是說天災既是災害，卻也有有利的地方，是有兩重性的。當天災來臨之時，不利於去辦事，天不佑何行哉。

　　現以地震災害為例，剖析災害的兩重性及禍福轉化的道理。筆者曾論證《周易·震》是講地震災害的，談人們面臨地震災害所應具有的積極態度。❿《周易·震·彖》有云：

　　震，亨。震來虩虩，恐致福也。笑言啞啞，後有則也。震驚百里，驚遠懼邇也。不喪匕鬯，出可以守宗廟社稷，以為祭主也。

　　這段話有三層意思：「震，亨」，是對地震這種天災的總體評價；「恐致福，後有則，」是講禍福轉化；最後，是講災難這種非常時期是鍛鍊人，選擇人的大好時機。

地震是一種災害，為什麼冠之以「亨」的美德？筆者認為，地震的本質是一種運動，是地球生命力旺盛的一種標誌，假如地球也像月球那樣僅有微小的月震，那就變成沒有生機的死球了。

地震過程對地表震中來講造成建築物破壞財產損失、人員傷亡、社會生產生活及管理機能的損害，是一種壞事；而對地殼深處，釋放了鬱積的能量，進行了物質交換，實現了穩定，並對石油的無機合成、有色金屬成礦有利，是一種好事。

廣而言之，自然災害從短時間尺度和局域範圍講，是一種躍變、失衡的成災過程，是一種壞事；而對長時間尺度和大區域範圍講，則是一種調整平衡過程，是一種好事。正如，強烈隆起區的山地地質災害，正是追求地殼的自然平衡，而由山崩、滑坡、泥石流等災變過程，將過剩的物質輸送到沉降區；強震連發的高潮期過後，換來的是該區乃至更大範圍的長期穩定；異常海流和熱帶氣旋，消耗的正是厄爾尼諾的異常熱量，使之趨於平衡。因此，犧牲局部而換取整體穩定，是自然災害過程的本質（自調整的本質）❼。由是觀之，地震乃至一切自然災害，都是符合天道（自然規律），尋求自調節、自平衡的過程，理應具備嘉美、亨通之德。

「震來虩虩，恐致福也，笑言啞啞，後有則也。」是說地震來勢迅猛，使人們恐懼，但禍可以轉化為福，因經歷大震變動之後，總結了經驗，有了對付地震災害的辦法，故有「震，無咎者，存乎悔」的說法。地震帶給人類的不僅僅是災難，還有可貴的經驗及豐富的資訊資源，透

219

過對大震成災過程的經歷，災害結果調查總結，對大震過程各種資訊的分析反思（這些都可稱為「悔」），可制訂出切實可行的防禦辦法及具體對策（這可稱為「則」）。那麼，災害這種壞事就變成了防災的經驗，便成為好事。從這種角度出發，可以說人類社會的進步，就是不斷與自然災害較量的結果。

面臨突然發生的災難，各人應對的態度很不相同。有的鎮定自若，有的驚慌失措；有的捨己救人，有的損人利己。這是對人的一種考驗，只有那種臨危不懼，鎮定自若，「不喪匕鬯的人」，才堪當社稷之重任。從這個角度看，非常的自然災害的特殊環境，也是對人們的一種淘汰和選拔，所以「震，君子以恐懼修省」，是很有道理的。廣而言之，生物種群的演化，也是由自然災變的篩選而進行，大災難所造成的不僅僅是舊種群的滅絕，而且更是新種群的誕生。

自然變異現象只有與人類社會相遭遇，並且達到難以承受的程度，才構成災害，這樣自然災害和人類社會之間發生相互作用，這是一種雙向雙效應的作用關係。

自然災害既給人類社會造成財產損失、人員傷亡、社會生產生活及管理機能的損害；同時自然災害又給人類社會帶來大量資訊，激勵著人們對自然災害發生、發展規律的探索。人類社會對自然災害一方面是恐懼，甚至造成社會性騷亂；一方面運用已掌握的科學技術和組織管理才能，進行防災對策、抗災技術的研究，提高自己抗禦災害的能力（圖21）。

自然災害這種壞事，如何向好的方面轉化，這就有一

$$\text{自然災害} \xrightarrow[\text{正效應＋負效應}]{\text{負效應＋正效應}} \text{人類社會}$$

圖21　自然災害與人類社會雙向雙效應關係⑬

個認識客觀規律，創造有利於人類的條件，因勢利導，努力科學實踐的過程，使壞事轉化為好事，這就是「恐致福，後有則」的道理。

地震災害轉化模式示意表

地震→成災（壞事）→科學實踐→取得經驗→獲得成果（好事）
地震→山崩地裂→觀測、調查分析→發震規律→預報成功
地震→房倒屋塌→調查研究→合理規劃，抗震設計→重建家園
地震→人財損失→總結經驗→防震對策→減少損失
地震→人心恐慌→組織科普宣傳→防震知識→抗災意識增強

5. 切勿自毀家園——持續發展問題

（1）人與自然的關係

人與自然界的關係，涉及地球起源和人類起源問題。天地未分之時，稱之為混沌，也就是《老子》中的「道生一」；而後重濁者凝而為地，輕揚者升而為天，這是「一生二」；天地絪蘊，鼓之以雷霆，潤之以風雨，在地表積而成水，是謂「二生三」；有了水之後則鬱鬱蔥蔥，「盈天地之間者唯萬物」，這是「三生萬物」；「有萬物之後有男女」，才有了人類。

人類是誕生最晚的。這說明人類誕生於自然界，是自然界的一部分。人順之於天、行之於地、呼之於氣、飲之

於水、食之於生物、交之於人類社會，則地球表層的岩石圈、大氣圈、水圈、生物圈及人類圈是人類生活不能離開的環境體系，這一體系經千百萬年的演化和自調整，已經形成了和諧的生活秩序。

（2）人為自然災害

人為自然災害與自然災害之根本不同是：自然災害是自然界演化過程中自調節過程，是為全局及長期穩定而做的局部犧牲，是符合自然變化的基本規律的。而人為自然災害是由於人為活動的干預造成自然界和諧的破壞，這種災害往往由於人類的錯誤造成，是違背自然規律的。

人類的錯誤之一是無知妄作。

《老子》曰：「知常曰明，不知常，妄作，凶。」違背自然規律蠻幹，竭澤而漁、殺雞取卵、毀山林燒炭、砸鍋煉鐵、引海水入家園之類蠢事皆是其謬也，必生災禍。

錯誤之二是知小謀大。

《周易》繫辭傳曰：「德薄而位尊，知小而謀大，少力而任重，鮮不及矣。」自己力量不足，技術不過關，不待時勢成熟而揠苗助長，必適得其反。在「大躍進」時期遺留下來的病庫，至今仍為水利工程之隱患。

錯誤之三是積惡成患。

《周易》繫辭傳曰：「以小善無益而弗為，小惡無傷而弗去，故惡積而不可掩，罪大而不可解。」螻蟻之穴不堵可潰千里之堤，明知有害而不禁止，實為飲鴆止渴，大禍必在後面等待，若濫伐森林、亂採礦藏、無節制地圍湖造田皆此種謬誤也。

錯誤之四是事無遠慮。

做事只看眼前，不慮長遠；只顧局部利益，不顧整體利益；居安而不思危，則必釀成大患。所以《周易·繫辭》中強調：「是故君子安而不忘危，存而不忘亡，治而不忘亂，是以身安而國家可保也。」這點對負責任者尤其重要。太湖流域之水利工程，只強調地區局部利益，總體計畫被肢解，結果造成1991年排洪不利；只顧當地工業發展，忽視環境保護，廢水亂排於河道，造成千里淮河之大污染，太湖蘭藻之大氾濫，均此謬實例也。

人為自然災害問題，不僅僅是我國的問題，也是世界性問題。工業革命後之三百年來，人類社會確有突飛猛進的發展，生產力成幾何級數增長，交通、通訊系統快捷準確，人類活動空間領域不斷擴大，知識更新速度與資訊都呈指數增長。與此同時，能源、資源消耗也呈幾何級數增長，環境污染及生態失衡問題日趨嚴重，自然界的和諧結構遭致破壞，人為自然災害已經成為最難自調節、自恢復、直接影響人類持續發展的災害。而且這些災害的發生越來越多，強度越來越大，覆蓋面越來越廣（見下頁表），對此，我們不能掉以輕心。

223

上述各種人為自然災害無外乎兩類，一是人類生產活動造成的，一是人為消費活動造成的。其結果，特別是最近幾年日益嚴重，一方面造成人類生活環境系統的基本功能嚴重失調，由於不宜再生資源的「滲漏」造成的能源資源危機，生態調控機能乏力；另一方面造成人類生活環境系統的自然結構產生畸變，如大氣圈的污染及臭氧層空洞，全球氣候變暖；水圈的水體污染與水荒，兩極冰雪融

地表圈層	突發性災害	緩變性災害
大氣圈	由於戰爭和事故造成煙塵 酸雨、陰霾天氣 城市風	臭氧層空洞 廢氣污染 城市熱島 二氧化碳排放氣候變暖
水圈	赤潮 地面沉降造成的海水入侵 決堤潰壩導致的水災 河道淤塞、擠占河道造成 的水災 坑道湧水	水質污染 地下水開採引起下降漏斗 廢液排洩 海水滲漏造成淡水鹹化 兩極冰原融化海水上漲
生物圈	森林火災 放射性污染造成的種屬異 變 流行性疫病	漏檢造成的病、蟲、草害 農藥污染 生物物種衰敗及滅絕 生態失衡 地方病
岩石圈	工程活動導致的崩塌、滑 坡、土石流 水庫、採礦、注水抽水、 爆破誘發的地震 岩爆、煤爆、突瓦斯 工程振動導致的沙土液 化、地裂	地面沉陷 岩移 水土流失 土地沙化 土地鹽鹼化 固體廢物污染

化，海水上漲；生物圈的生態環境惡化和種屬滅絕，岩石圈的水土流失、土地沙漠化及鹽鹼化等。

人類應當警醒，發揮自己的良知，運用資訊回饋的能力對整體環境系統進行有意識地調控，使人類社會走向可持續發展的道路。

（3）持續發展問題

對人類未來的社會的憧憬，有許多遐想。其一是物質極大豐富的社會；其二是生產力高度發達的社會；其三是智慧電腦化的社會；其四是資訊社會；……誠然，這些都

是十分美好的，但是筆者以為利用人類的高度文明和科學技術，充分運用資訊控制技術，創造一個生態和諧的持續發展的社會，才是我們的目標。不管是不是願意，這是必然要走的路。

持續發展的思想是當前人們追求和諧生活環境所提倡之思想，國際環境大會宣導的思想，與我國古代「天人合一」思想有密切聯繫。眾所周知，中國傳統哲學特別強調自然和諧，《周易》繫辭傳指出：「與天地相似，故不違；知周乎萬物，而道濟天下，故不過；旁（方）行不流，樂天知命，故不憂。」這是說循天地規律、瞭解萬物性質與演化、以自然界之發展趨勢辦事，就不會違背天時、地利，不會有過激的行為，就沒有令人擔憂之災禍。這不是被動地順從天，而是強調提高人認識自然規律的能力，並應用這個規律為人類服務。

在《荀子‧天論》中更說的明確：「大天而思之，孰與應畜而制之；從天而頌之，孰與制天命而用之；望時而待之，孰與匹時而使之。」這裏提出，不要僅僅停留在心裏的思念、口頭的歌頌天之偉大和無聊的等待天之賜予，而應能動地根據物性去創造、掌握自然規律去應用，應天時創造條件去發展人類的事業。

225

在上述思想的基礎上，進一步提出發展與使用消耗的「度」的問題。《孟子正義‧梁惠王章句上》中指出：「不違農時，穀不可勝食也；數罟不入洿池，魚鱉不可勝食也；斧斤以時入山林，林木不可勝用也。穀與魚鱉不可勝食，林木不可勝用，是使民養生喪死無憾也。」並且說這種資源使用、開發和保護同時重視的策略，是「王道之

始」。

堅持持續發展的策略最重要的是使人類活動不犯或少犯錯誤，和犯了錯誤能及時調整改正。對此，中國古代曾有過較深入的論述，歸納起來有：悟其道而識其則，察其象而知其化，制其法而計其數，思得失而補其過，衡利弊而定決塞。

·悟其道而識其則。

人類與自然的關係應是和諧的，而不是對立的；是順應自然而不是征服自然。「則」者，「根天地之氣，寒暑之和，水土之性，人民鳥獸草木之生物，雖不甚多，皆均有焉，而未嘗變也，謂之則」（《管子》·七法）。也就是說，這是秉受自然之力，附於萬物並控制萬物演化，而恒久不變的規律就是「則」。領悟自然之道識其則，才可「知周乎萬物」，「與天地相似」，才能「效天」、「法地」，才能有和諧地持續發展。

·觀其象而知其化。

若能悟其道而識其則，必須觀察自然、學習自然：「仰則觀象於天，俯則觀法於地，觀鳥獸之文與地之宜，近取諸身，遠取諸物」，對自然界進行全面觀察，並「擬諸其形容」——比擬其形態，「像其物宜」——象徵物的性質，「觀其會通」——觀察其變化，而後才能「行其典禮」——根據規律性定出辦法。研究人為活動對自然界造成的影響的重要方法，就是建立全方位的監測系統以掌握豐富的資訊。

·制其法而計其數。

這裏所說的「法」，不是辦法的「法」，而是指觀測

自然所需要的，有統一標定的衡器。「尺寸也，繩墨也，規矩也，衡石也，斗斛也，角量也，謂之法」（《管子》七法），有「法」才能取得定量乃至半定量的「數」，「剛柔也，輕重也，大小也，實虛也，遠近也，多少也，謂之計數」（《管子》七法），可見古時對數有十分明確的物理概念。

· 思得失而補其過。

在不斷的人類活動實踐中，考慮得失，汲取經驗教訓，以調整自己的作法，正如《周易》繫辭傳所說的：「吉凶者，言乎其失得也；悔吝者，言乎其小疵也；無咎者，善補過也。」以此，使人類活動與自然運動規律更加和諧。

· 衡利弊而定決塞。

「予奪也，險易也，利害也，難易也，開閉也，殺生也，謂之決塞」（《管子》·七法）。故「決塞」是人們權衡利弊得失之後而進行的抉擇。

經過以上步驟，才能做出比較符合自然規律和人類持續發展的較好選擇。人類活動應包括人類的生產活動、科學實踐和社會運動，這些活動既受控於自然環境，同時又反過來影響自然環境，這是一個非常複雜的相干系統，很難保持穩定，處理這種系統時，應慎之又慎。故自然環境的保護，是人類持續發展的前提，所以，創造一個生態和諧的人類生活環境，是今後壓倒一切的基本策略，我國的基本國策。

· 人口節制策略。

貫徹計劃生育方針，少生、優生、優育是我們的基本

227

國策。重視增強人們的身體和文化素質，加強全球環境保護意識和綜合減災意識的教育。

・綜合減災策略。

貫徹經濟建設與減災一起抓的指導思想，把減災納入國民經濟和社會發展的總體規劃中去，繼續貫徹以防為主，防、抗、救相結合的基本方針，增加投入，加強防災建設，提高抵禦自然災害的能力。

・防止與減輕人為自然災害的策略。

在人類的生產活動中，一定要加強總體規劃，既要注重工程本身的安全、經濟、合理，也要注重環境的負荷能力，要社會效益、經濟效益、生態環境效益一起抓。實現與環境友好型社會。

・防止與減緩資源「滲漏」策略。

對資源（包括能源）的開發與利用要有節制，要強調上低能耗、少污染的項目，採取提高資源利用率和回收率的措施，選用可再生資源代替不宜再生的資源，使資源開發減緩，重複利用增加，努力實現資源節約型社會。

・三廢處理工程。

對於工業或民間排泄的廢氣、廢水和固體垃圾，要進行淨化、限排、分類、回收、加工、利用，形成一個化害為利，變廢為寶的三廢處理系統工程。一定不要忽視這種廢棄物回收工作，大力發展循環經濟。「每回收一噸鋼可減少11000噸由於採煤和鐵礦石所產生的有害廢物」⑮。這種有三四個數量級環境效益的好事，何樂而不為呢。

・綠色工程。

與前述各項措施相比，綠色工程更有積極意義，它旨

在保護、建立、恢復、創造良好的人類生活環境系統。諸如建立生態環境保護區、植樹造林、挽救瀕臨滅絕的生物群落、創造環境社區、改造小氣候、開發無污染產品、在一些地區，實行退牧還草，退農還林的政策，以恢復人類生活環境系統的自然狀態。並使這些工作聯成一體，逐漸使人類生活環境達到自恢復、自調節的，良性循環局面，給子孫後代保留下一個持續發展的生活空間。

參考文獻

❶D. J. 安德森，《地球的理論》，地震出版社，1993。

❷徐道一等，《天文地質學概論》，地質出版社，1983。

❸曾融生，《固體地球物理學導論》，科學出版社，1984。

❹商宏寬，《古代的災異觀及其現實意義，中國傳統文化與現代科學技術》（297～304頁）浙江教育出版社，1999。

❺商宏寬，《論人類生活環境系統的可持續發展，地質哲學與可持續發展》，中國文史出版社，1998。

❻徐道一等，《多尺度地球異常事件的群發現象及其宇宙環境，天地生綜合研究》，中國科學技術出版社，1989。

❼徐振韜、蔣窈窕，《日占源流和豐卦太陽黑子記事，周易與自然科學研究》，中州古籍出版社，1993。

❽A. Лчимевскцй, Земное эхо солнеунвых бурь , 1973。

❾高慶華等，《中國自然災害發生的環境與背景，中國減災重大問題研究》，地震出版社，1992。

⑩商宏寬，《周易》對我國古代地震科學發展的影響，中國歷史地震研究文集（2）（19～24頁），地震出版社，1991。

⑪陳鑫連等，《地震對策初論，中國地震年鑒》（1985），地震出版社，1986。

⑫商宏寬，《論我國地震預報研究的發展，特點及觀念的更新，減災趣聞啓示錄》。地震出版社，1994。

⑬王子平等，《地震社會學初探》。地震出版社，1989。

⑭商宏寬，自然災害研究中幾個觀念問題的討論，工程地質學報，Vol. 4，No. 3，1996。

⑮王思敬等，《固體廢棄物處置技術──現狀及對策，工程地質力學研究》（1993年報），地震出版社，1995。

夫易廣矣大矣，以言乎遠則不禦，以言乎邇則靜而正，以言乎天地之間則備矣。夫乾，其靜也專，其動也直，是以大生焉。夫坤，其靜也翕，其動也辟，是以廣生焉。言廣大配天地，變通配四時，陰陽配日月，易簡之善配至德。

——《周易·繫辭上》

九、整體有機自然觀

　　整體有機自然觀，是中國傳統文化對自然界的一種認識，將自然界視為有秩序、有機的整體。認為自然界的一切事物都是由陰陽二氣構成，陰陽互補，互相結合，互為消長，互相轉化，和諧共處。在物質、能量、資訊交換過程中，各部分隨時調整，陰陽相推、剛柔互濟、動靜有致，對待流行。在事物演進過程中，不是「特創論」所主張的：一切有固定方向，有明確目的，好像上帝給安排的那樣，因果一一對應的漸變線性過程；而是無固定方向，無明確目的，是非線性的自動、自流、自生、自化的自然而然的過程。

　　自然界中的一切事物，都是在宇宙的各種關係影響下，經過漫長歷史的適應性發展中而形成的，並記錄下了宇宙中各種事件的烙印，構成一種有層次的、全息的、自組織結構。在人與自然關係方面，認為人是自然所產生的，人類是自然界的一部分，主觀和客觀是不能分割的，

231

是與自然融合為一體的，主張天人合一，協同共進，而不是誰戰勝誰的關係。

這種整體有機自然觀在《周易》、《老子》等經典文獻中多有體現，並滲透到中醫學、農學、天文學、堪輿學、軍事學、社會管理學等學術領域，成為有中國特色的哲學思想。

1. 天人合一觀

天人合一觀是中國傳統文化中，關於人與自然關係方面的重要思想。強調人與自然，不應對立抗爭，而應和諧統一，循自然規律辦事，循自然規律求發展。

在前面的許多章節裏已經涉及到「天人合一觀」的問題，諸如「道法自然」中談到了「人法地，地法天，天法道，道法自然」這種大系統包容涵蓋小系統的關係，談到了「天道無為」的思想，在「八卦取象」中談到了人類生活環境系統的分層有序問題，天地人三才之道及其與農業生產的關係，在「唯變所適」中談到「圜道思想」在「和平發展與和諧社會」章中，論及「對待流行的世界」等等，都涉及了「天人合一觀」。

232

在此只想談三個問題：自然界是自組織有序結構，這是「天人合一觀」的基礎；人和於天不是天和於人，這是根本方向問題；循自然規律求發展有廣闊天地。

（1）自然界是自組織有序結構

與人類關係最為密切的人類生活環境系統，在「地之道」及「災異觀」中已經談到該系統是由岩石圈、大氣圈、水圈、生物圈和人類圈組成，並且知道它們是在地球

演進過程逐漸形成的。先形成的圈層在形成發展過程中，為後生成者準備了條件，而後生成的圈層對先成者有回饋影響和改造作用。

岩石圈生成過程中，進行著頻繁的火山噴發和脫氣作用，為大氣圈的形成創造了條件；而大氣圈形成後的大氣環流和降水，又促進了岩石圈表面的冷卻。

大氣圈初期的大分子揮發分、水蒸氣、固體塵埃，成為大規模普遍降水的物質基礎，為水圈的形成創造了條件；水圈形成後的水汽循環對大氣圈的淨化起著重要作用。

水圈中溶有 H_2S、CH_4、NH_3 等物質，為有機物的合成創造了條件；而生物圈生成初期，微生物的生物化學作用促進了水解過程，改變著水圈和岩石圈的組成；廣泛進行著的光合作用既增加了生物的食品，又使大氣圈、水圈含氧量增高。

事實證明，各圈層不是孤立存在的，而是相互作用，相互影響，隨時進行著物質、能量、資訊交換，進行著不同程度地自組織自調節過程。

這個由不同圈層組合而成的人類生活環境系統是一個動態的、有序的、自洽的環境結構，而各個圈層分別對人類生活環境作出了不同的貢獻。

岩石圈對環境的作用有：

其一是承擔著封鎖阻滯來自地內的各種侵擾——隔絕高溫、阻滯岩漿及火山的噴發。矽鋁質岩石易熔，易凝結，使已成裂隙在深處癒合；

其二它是各種礦物資源的蘊藏地，提供礦物資源；

其三是負責「厚德載物」的任務，水圈、生物圈、大氣圈、人類圈均依託此殼層，演出生機盎然的幕幕活劇。

大氣圈對環境的作用有：

一是對來自宇宙空間的各種侵擾（對宇宙射線的遮罩，對紫外線的吸收，對隕石的阻擋與消滅等）起到阻滯和遮罩作用；

二是地表氣溫、氣壓、濕度的調節作用；

三是提供生物生長的活動空間，包括提供充足的氧氣和適量的 CO_2。

水圈的作用有：

一是滋潤生命的生長，成為生命之搖籃；

二是對岩石圈不均衡運動，由水的剝蝕、搬運、沉積作用，進行部分補償；

三是由水的潮汐作用，對地球各層進行按摩使其有節奏的脈動，並進行應力調節；

四是以水為載體進行著地溫和化學元素的遷移運動。

生物圈的作用有：

一是製造、提供食品資源和工業有機材料資源；

二是透過植物動物的群體效應，涵養土地、淨化空氣、保護水土、調節氣候；

三是透過動物——微生物的生物鏈，對生物及人類垃圾進行著自化、自解、自潔作用，保護環境清潔和生態平衡。

人類圈對環境的作用。因為人們的自覺性、自律性、尚不成熟，對物質的欲望自控性不足，特別是自工業革命以來造成一系列的人為自然環境災害，說明人類圈還沒能

承擔起它應起的作用。

人類活動是有目的、有組織的，可以透過資訊處理、資訊回饋進行有針對性的調整，因此人類圈應對人類生活環境系統起著管理、開發、涵養和構建作用，從全人類乃至整個自然界的發展考慮，依據自然規律為準則，修補過去人類對自然環境的損害，涵養並建構可持續發展的環境系統，是人類圈應該承擔的重要使命。❶

由上可知，人類生活環境系統是在億萬年的演進過程形成的自組織、自調節、自洽體系，而這具天地生人的複雜的網路系統，又是在太陽、月亮、地球（當然還有更多天體之影響，暫且忽略不計）三體運行的節律的影響，構成一個大的宇宙背景，因此，老子的「人⊂地⊂天⊂道⊂自然」，《周易》的「天地人三才之道」。都是人類生活環境系統的古樸的客觀反應。對這樣一個「人類生活環境系統，」整個太陽系僅存的一塊綠色星球，應當珍惜，千萬不能任性妄為，使這僅存的生命之舟受到更嚴重的破壞，以至於覆滅。

（2）是人和於天，而不是天和於人

如前所說「人法地，地法天」，大系統包容、涵蓋小系統。人生活於天地間，所以人的生活必受天地規律的支配，所說的「天人合一」是人和於天，而不是天和於人。你想脫離地球嗎？那麼你的太空船必須超過「第一宇宙速度」；你想離開太陽系嗎？那麼你的太空船必須超過「第二宇宙速度」。「第一宇宙速度」和「第二宇宙速度」就是自然之「法」，就是規律，就是秩序，就是準則。

自從人類掌握了相當的科學技術，人們的活動領域、

活動能量空前擴大：人類開山修路、填海、挖掘巷道的土石方，遠遠超過了造山運動、火山噴發、江河剝蝕作用的能量：人類所用的能源、礦物資源，已經超過自然固有資源的負荷，產生了「滲漏」；人類所能製造的武器的威力越來越大，可以毀滅地球。人類好像一下子變得強大起來，幾乎沒有什麼事情做不到，這時期的人類好像孫悟空，擾得天宮（自然界）一塌糊塗：物種絕滅，生態失衡，兩極冰雪融化，海水上升，臭氧層空洞，江河污染，使整個人類居住的環境系統秩序搞亂，這就是讓天和於人，按人的意志改變天地之結果。

近聞何祚庥院士有云：人類無需敬畏自然，敬畏自然就是反科學。這種論調就是戰天鬥地與自然對立的思想的典型代表，是違背「天人合一」的理念的。何先生的極端思想不是新鮮東西，是十九世紀末西歐流行的一種思潮，認為「進步表現為同自然和進化的鬥爭。」「人應該始於並瞭解自然止步之處，自然和人決不能成為忠實的朋友」。（馬修・阿諾德）**❷**

這種把人與自然對立起來，科學就是與自然作鬥爭的極左思潮自今尚在我國流行。所以要想維護我們的生態環境，最重要的是改變我們的觀念。

以往的觀念有意無意的受以人類為中心思想的指導，強調人改造自然，戰勝自然，以為萬物為人所用，無償地向自然索取，而違背了中國傳統文化的：「與天地合其德，與日月合其明，與四進合其序。」這種「天人合一」與自然和諧，順應自然規律行事的教誨。人不是自然的主人，而是自然的兒子。

（3）自然規律指導下的創新之路

人的思想應當解放，而中國傳統文化確處處要尊天道自然，這不是受限於自然秩序，而偏於保守嗎？其實不然。因為人們一直是在自然懷抱中生活，冬天防寒穿棉衣，夏天防暑扇扇子，已經習以為常，十分適應，故謂「唯變所適」，「變」而達到「適」的程度，謂之「通」，達到「通」時，非常自由自在，根本不覺受到限制。

在自然規律指導下，開啟了人們發明創造的廣闊空間，在「易簡原理」、「與時偕行」的前提下，可以尚象製器，取象比類，成其功業，達到「先天而天弗違，後天而奉天時」的境地。所謂「先天」就是你根據自然之理做事，走在了天時之前（預測），天都不能違背，預測相當準確。因為已經到了「易簡而天下之理得」之境界。這時就從自然王國走向了自由王國了。

如何檢驗人們思想的正確、還是謬誤呢，不是「化而裁之」，「推而行之」而是在「舉而措之」為「天下之民」所用而且有利無害之時。猶如「六六六」殺蟲劑，試驗了六百多次還沒成功，只是「化而裁之謂之變」，這只是在「變」的過程當中。當「六六六」殺蟲，試驗成功了之後，的確能夠殺蟲，這只是「推而行之謂之通」，只是初步檢驗通過，這還不是真正的成功。經過大片面積「舉而措之」後，確發現「六六六」不僅殺死害蟲，對所有昆蟲，乃至鳥類都有害，造成整個農田生態的破壞，最後「六六六」殺蟲劑被取消了使用資格。這有個民眾說好，有利「舉而措之天下之民謂之事業」，才是真好，經過長期的檢驗，能承受時間的考驗，才是真好，那種僅靠小聰

明，只顧短期利益而損害長遠的子孫後代利益的，不是真好。故有「天地革而四時成。湯武革命，順乎天而應乎人。」不好的、陳腐的，對民眾不利的，就應該革去。這是順天應人的好事。所以，有人說「天人合一」思想是保守、是聽天由命的落後思想，是不正確的，它恰是提倡創新，「日新之謂盛德」，提倡改革、甚至革命，目的恰恰是為民為更長遠的事業。

最後，讓我們對「天人合一」思想，做如下總結。天人合一觀，強調人與自然不應對立抗爭，而應和諧統一，循自然規律求發展。其主要觀念有：

其一，自然界是有機整體。

《老子》有云：「域中有四大，而人居其一焉。人法地，地法天，天法道，道法自然。」自然界是大系統涵蓋、包容小系統的分層有序結構。

其二，天道無為。

天地普濟萬物而無所選擇，滋養眾生而不求報答，天地施為不管你願不願意，能不能承受而照施不誤，天地施為不以人的意志為轉移，而按其固有規律行事，這種規律是可以體認、觀察和感知的。自然界是一個自組織、自調節、自治系統。

其三，效法自然規律，應天時地利行事。

這有助於發揮人的主觀能動性。荀子強調「天有常道矣，地有常數矣，」「天不為人之惡寒也輟冬，地不為人之惡遼遠也輟廣，」人們只能在循自然之道的過程中才可以達到「強本而節用，則天不能貧；養備而動時，則天不能病；循道而不忒，則天不能禍。」最後他指出：

大天而思之，孰與物畜而制之；從天而頌之，孰與制天命而用之；望時而待之，孰與應時而使之；因物而多之，孰與聘能而化之；思物而物之，孰與理物而勿失之也。

——《荀子·天論》

這裏「物畜而制之」，「制天命而用之」，「應時而使之」，「聘能而化之」，「理物而勿失之」恰恰是對自然之中各種物性、規律性、時限性、發展必然性之瞭解，這才能作到人的主觀能動性的開發。

其四，使用和開發自然資源要有「度」。

孟子曰：「不違農時，穀不可勝食也；數罟不入洿池，魚鱉不可勝食也；斧斤以時入山林，林木不可勝用也。穀與魚鱉不可勝食，林木不可勝用，是使民養生喪死無憾也。」

以上觀念和當今提倡的可持續發展戰略頗為吻合，中國傳統的「天人合一」思想，可茲借鑒。

2. 關係網絡模型

《周易》中各卦及各爻表示的是什麼，並非是具體物質的組織結構，而是將事物按其功能分成幾種類型，進而分析事物與事物之間的關係，如前所述，八卦從自然系統看，可以定為天、地、水、火、風、雷、山、澤，也可以按家庭成員定為父、母、長男、長女、次男、次女、少男、少女、等，實際上是系統中各元素之間的關係網絡。《周易》提出「天地人三才之道」，並用六十四卦和三百八十四爻之間聯繫，實際上就是構成一個關係網絡，用來研究各種複雜事物。

中醫對經絡的研究也是一個範例。《周易》是強調變易的。《說卦》有云：「觀變於陰陽而立卦」，六十四卦和三百八十四爻是沒有邊界，沒有固定不變結構，沒有固定不變的初始條件，從而形成可用以研究千變萬化的天地人網路的特性。

正如協同學創始人哈肯所說：「對自然的整體理解是中國哲學的一個核心部分。在我看來，這一點在西方文化中未獲得足夠的考慮。因此，我們應當超出系統的部分特性，而從整體上綜合地理解、掌握系統。」而關係網路一詞是較好地反應了中國古代對自然的整體理解❸。

（1）《周易》網路模型

歷代《周易》研究者都給出許多網路模型，這裏不能一一列舉分析，現僅以八階方陣為例加以說明陰陽消漲的關係（圖23）❹。

從圖可知，沿水平線（平行 OC 的各條線）序號公差為7；沿垂直的線（平行 AB 的各條線）序號公差為9；沿 AC 平行的各條線序號公差為8；沿 AO 平行的各條線，序號公差為1，如果1、6共位，那麼序號公差恰恰為6（1），8，9，7，與揲蓍結果同。

從八階方陣陰陽爻的比例關係看。「∫」上邊的數字為陽爻數，下邊的數字為陰爻數。可見方陣的 AB 軸為陰陽爻變化較大的方向，稱之為動軸線；OC 軸為陰陽爻變化較小的方向，稱之為靜軸線；OY 方向為陰爻遞增；OX 方向為陽爻遞增；而週邊二十八卦以「坤」為純陰，相當冬至點，以「乾」為純陽，相當夏至點，以「泰」為陰陽分點，相當春分點，以「否」為陰陽分點，相當秋分點，而

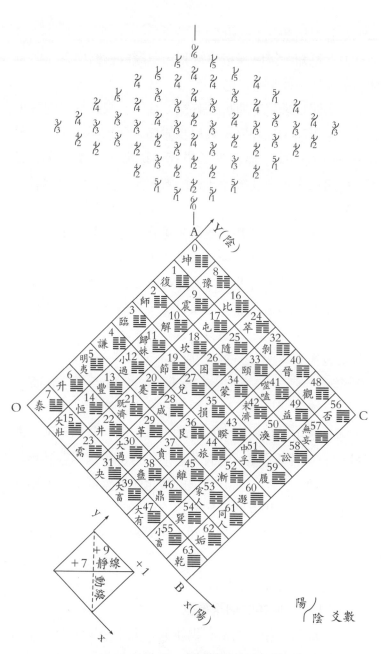

圖23　八階方陣陰陽關係分析圖

二十八卦則相當二十八星宿。

由上可知，以陰陽按序排列，組織成網路模型，與自然天象就有某種契合之處。

六十四卦排列方陣可以有很多種，已知較長見的有象易序、帛書序、易經序、京房卦變序、元包序、此外，對九宮卦，八卦的立體模型（方模、球模、葫蘆結構）等等，這裏僅僅列舉能級序（八階方陣），有興趣探索者，可參考《易索》。

易者互相推移以摩蕩之謂。周易之書，乾坤並建以為首，易之體也。六十二卦錯綜乎三十四象而交列焉，易之用也。純乾純坤未有易也，而相峙以並立，則易之道在，而立乎至足者為易之資。屯蒙以下，或錯而幽明易其位，或綜而往復易其幾，互相易於六位之中，則天道之變化，人事之通塞盡焉。

——王夫之《內傳·周易上經》

此是說，《周易》以乾坤兩卦並立為體，以六十二卦爻象變化為用，只有乾或只有坤則無有易。乾坤至純，即相對峙，又不可分離，方有易之道。自屯蒙以下各卦都具有乾坤卦象，其不同在於爻位的變化，或錯或綜，或幽或顯，或往或復，相互變易於六位之中。易就是乾坤兩卦的爻位互相推移和摩蕩，天道和人事之變易皆在其中❺。故而馮友蘭先生曾說《周易》乃是代數學，確實不虛，《周易》乃是一種關係網絡模型。

（2）異形同構的網路模型

和《周易》相近的還有揚雄的《太玄經》，司馬光的《潛虛》以及陰陽五行學說等，都是與易異形同構的關係

網絡模型，都試圖研究複雜系統內各個部分之間的關係，並尋求其動態平衡，達到和諧穩定的探索。

・揚雄的《太玄經》

鄭軍在《太極太玄體系》中，曾指出：「在人類歷史上首先系統研究二進制週期運動的專著是《易經》，第一部系統研究三進制週期運動的專著當推《太玄經》。揚雄是人類歷史上第一位系統研究三進制週期運動的偉人。」❻

揚雄（西元前53～西元18年）是西漢思想家、文學家、著有《法言》與《太玄》。太玄之主旨是「探討整個世界（天地人）的根本性規律（玄），以及個人順應這個規律以立身處世避禍趨福之問題。」將世界觀和人生哲學融合在一起。「表面上看，太玄論道談玄，距人事甚遠，其實它的意旨無一不是落腳於活生生的個人本位的人生問題上。」❼其中汲取利用了天文曆法等自然科學知識，建構出一個獨特完整的並具有可操作性的網路體系。「易有陰陽兩畫，玄有一、二、三畫；易以八卦相重為六十四卦，玄以一、二、三畫錯於方、州、部、家而為八十一首，易每卦六爻，合為三百八十四爻，玄為每首九贊，合為七百二十九贊（司馬光《太玄集注》❼）（圖24）。

其中關於二十八宿各星宿所占角度為：角12度，亢9度，氐15度，房5度，心5度，尾18度，箕11度，東方蒼龍共75度；斗26度，牛8度，女12度，虛10度，危17度，室16度，壁9度，北方玄武共98度；奎16度，婁12度，胃14度，昴11度，畢16度，觜2度，參9度。西方白虎共80度；井33度，鬼4度，柳15度，星7度，張18度，翼18度，軫17度，南方朱雀共112度，共計365度，

冬至(牛) 中	(女) 周	礥	小寒 閑	(虛) 少	戾	大寒(危) 上	干	狩
立春(室) 羨	差	(婁) 童	增	驚蟄 銳	(壁) 達	交	雨水 奐	(奎) 傒
從	進	(婁)春分 釋	格	(胃) 夷	穀雨 樂	爭	(昴) 務	事
清明(畢) 更	斷	毅	立夏 裝	眾	(觜參) 密	小滿(井) 親	斂	彊
睟	芒種 盛	居	法	夏至 應	(鬼) 迎	(柳) 遇	小暑 皁	大
(星) 廓	(張) 文	大暑 禮	逃	立秋 唐	(翼) 常	度	永	昆
處暑(軫) 減	唫	守	白露 翕	(角) 聚	積	秋分 飾	(亢) 疑	視
(氐) 沈	寒露 內	去	(房) 晦	霜降(心) 瞢	(尾) 窮	割	止	立冬 堅
(箕) 成	闞	小雪 失	(斗) 劇	馴	大雪 將	難	勤	養

圖24　《太玄》八十一首方陣圖

當一歲之天數。之外尚有二十四節氣具體時間均反應於八十一首之中。

·司馬光的《潛虛》

萬物皆祖於虛，生於氣，氣以成體，體以受性，性以辨名，名以立行，行以俟命，故虛者，物之府也；氣者，生之戶也；體者，質之具也；性者，神之賦也；名者，事之分也；行者，人之務也；命者，時之遇也。

——司馬光《潛虛》

是說，萬物都源於虛無，而生於氣，氣聚而成體，有體才受之以秉性，根據其秉性可以辨別其名類，以名類確立其

行為，以其所行知其所待之命運。所以虛無是萬物所發源之地；氣，是眾生的門戶；身體，是各種質料之所聚集組合；秉性，是其所賦之精神；名類，是其所分擔之事業；行為，是人幹事之實際效果；命運，是對世事時機的把握。所以《潛虛》是從萬事萬物的本源論及「虛」、「氣」、「體」、「性」、「名」、「行」、「命」的重要理念，而對人的質體、精神、事業乃至命運的把握有所指導，故而《潛虛》更偏重於人之稟賦，精神，心理，倫理等方面探索❽。

　　首先從五行之氣、象、數出發，本著漢代鄭玄的「天一生水，地六成之；地二生火，天七成之；天三生木，地八成之；地四生金，天九成之；天五生土，地十成之。」五行生成理論，找出其象數的五個初始和終極之象；水的初象為「原」（∣），終象為「委」（丁）；火的初象為「熒」（11），終象為「焱」（ⅡⅡ），木的初象為「本」（111），終象為「末」（Ⅲ），金的初象為「⊹」（1111），終象為「刃」（Ⅲ）；土的初象為「基」（X），終象為「塚」（十）。並以水為北，火為南，木為東，金為西，繪出五氣之生成圖，稱之為氣圖（圖25）。從圖可知五行之氣的初終的象生成之數、方位。

　　進而又以此五行之氣象，繪出體圖，給出十級體象，一等象「王」，二等象「公」，三等象「岳」，四等象「牧」，五等象「率」，六等象「侯」，七等象

圖25　《潛虛》之氣圖

圖26　《潛虛》之體圖

「卿」，八等象「大夫」，九等「士」，十等象「庶人」，並呈一金字塔形（圖26），表示「一以治萬，少以制眾，其為綱紀乎！綱紀具而治具成矣。心使身，身使臂，臂使指，指揉萬物。或者不為之使，而治道病矣。」這樣《潛虛》共得五十五體，象天地之數也。五十五體各有行名，其中「元」（‖）為始，「餘」（T‖‖‖）為終，「齊」（ＸＸ）為中，其餘五十二行名各有七變，為三百六十四變（52×7＝364），加上「元」始之一，正當一年之數。

·五行生剋網路

五行學說也是中國傳統文化的重要內容，五行學說也是從陰陽學說延伸而成的，所謂「陰陽家」，常常稱為「陰陽五行家」。中國古代思想家試圖用水、火、木、金、土五種物質的功能屬性和它們之間的關係。來解釋世界萬物的起

246

源、演化以及多樣性的統一聯繫的一種學說。

這種學說可能起源很早，遠古時期的陰陽概念與五方、五星結合，殷商甲骨文中有五方的記載，西周時發展為五材：「水火者，百姓之所飲食也；金木者，百姓之所興作也；土者，萬物之所滋生也，是為人用。」（《尚書大傳·周傳》）「故先王以土與金、木、水、火雜，以成百物。」（《國語·鄭語》）「天生五材，民並用之，廢一不可。」（《左傳·襄公二十七年》）而後逐漸發展為具有功能屬性的五行學說。

五行：一曰水，二曰火，三曰木，四曰金，五曰土。水曰潤下，火曰炎上，木曰曲直，金曰從革，土爰稼穡。潤下作鹹，炎上作苦，曲直作酸，從革作辛，稼穡作甘。

——《尚書·洪範》

這裏已經明確提五行的性質及其所對應的味道。水性潤下其味鹹，火性炎上其味苦，木性能曲能直其味酸，金性刃利從革其味辛，土養莊稼其味甘，這種將五行的性質泛化並聯想其味覺的做法，有將具體物質向抽象的具有功能屬性的「象」與「象」之間的關係方面轉化的趨向。

在春秋戰國時期，五行學說有大的發展，這種發展可能在東部沿海，首先是齊國，管子就曾提及五行生剋的概念，在稷下學宮中有五行配五方而土居中之說，孫子兵法中五行、五聲、五味和奇正變化之說，而鄒衍則繼大成提出五行相生、相勝說，和五德終始說。如木生火，火生土，土生金，金生水，水生木；水勝火，火勝金，金勝木，木勝土，土勝水（圖27）。

對於五行中每個元素來說均有「生我」、「我生」兩

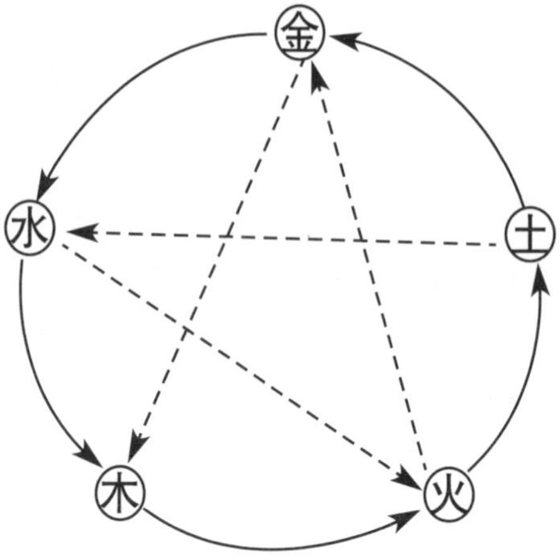

實箭頭為相生，虛箭頭為相剋

圖27　五行生剋關係示意圖

種正效應；均有「剋我」、「我剋」兩種負效應，這五種元素四種關係，正負效應，實際上是陰陽關係的拓展。當有三、四種元素加入之後，會出現更為複雜的乘侮、復勝關係，在這種體系內有以生剋乘侮為制約的網路模型的內涵。

　　五行學說將事物看成有一定聯繫的系統，系統內以五行生剋乘侮的制約法則，推知事物的功能屬性與相互關係，較常見的與五行相對應的諸多方面列表如下頁：

　　五行學說將事物看成有一定聯繫的系統，特別是在「象」的關聯性，並以其生剋乘侮的制約法則，推斷事物的性質、關係及其動態變化趨向，並對事物的動態平衡發展起重要作用。「五行為奇數元系統之肇始，為五元生剋系統，是中國生剋制約模型之先河。其實質亦為二元陰陽，是相補原則的高級表達，是陰陽理論的昇華」❾。

五行	天干	地支		八卦	五方	四季	五色	五味
木	甲乙	寅卯		震巽	東	春	青	酸
火	丙丁	巳午		離	南	夏	赤	苦
土	戊己	辰未戌丑		坤艮	中	長夏	黃	甘
金	庚辛	申酉		乾兌	西	秋	白	辛
水	壬癸	亥子		坎	北	冬	裏	鹹

五行	五音	五穀	數		五官	五臟	五腑	五情	五德
木	角	麥	三、	八	目	肝	膽	怒	仁
火	徵	黍	二、	七	舌	心	小腸	喜	禮
土	宮	稷	五、	十	口	脾	胃	思	信
金	商	麻	四、	九	鼻	肺	大腸	悲	義
水	羽	菽	一、	六	耳	腎	膀胱	恐	智

　　無論是《周易》六十四卦，陰陽五行學說，揚雄《太玄經》九九八十一首，還是司馬光《潛虛》五十五行名，都是與易同構異形的關係網絡模型，都試圖研究複雜巨系統內各個部分之間的關係，並尋求其動態平衡，以達到和諧穩定的目的。這些思想對我國古代的養生學、中醫學、天文學、煉丹學、數學、堪輿學、軍事學、農學、社會管理學均有一定的貢獻。

（3）「哲理數學」對網路系統的數理邏輯分析

　　近年來有些學者從事複雜性系統和非線性問題的研究，並且與中國傳統文化結合，探索出一條創新之路，諸如劉紹光的《一元數理論初探》，焦蔚芳的《周易宇宙代數學》，郭俊義的《廣義量化引論》，金日光的《模糊群子論》及孟凱韜的《哲理數學概論》等都對研究整體有機自然觀和複雜系統網路做了有意義的探索❿，這些都是傳統文化在現代的

249

發展。現僅介紹孟凱韜教授的「哲理數學」。

首先，孟先生在前言中就明確指出：「哲理數學」是一門研究自然、社會和人生在深層及在宏觀上存在的聯繫和數量關係的科學。是與傳統數學根本不同的一種新數學，它區別於傳統數學的本質特徵在於實現了哲學思維與數學思維、辯證邏輯與形式邏輯、定性研究與定量研究、傳統文化與現代科學的有機結合。因此，它可以克服形式邏輯帶給傳統數學的局限性，使數學思維進入一切研究領域，包括上層建築、人文社會科學和中醫等傳統數學思維很難進入的領域。

故而，「哲理數學」在擺脫形式邏輯束縛的前提下，而開闢了一片新天地。它所強調的是事物之間的聯繫和數量關係，它突破了學科界線的壁壘，將哲學與數學，形式邏輯與辯證邏輯、定性與定量、傳統文化與現代科學、自然社會及人生都有機地結合起來，從而進入更廣闊的研究領域，這是在數學領域的重大開拓與創新。

「哲理數學」的理論是以元系統、主導屬性明晰度、關聯偏差、中心變數明晰度的最基本的概念構建起來的，提出基本屬性論、關聯偏差論、中心變數論、辯證關係論和元系統論幾個重要理論。

基本屬性論主要從屬性的角度研究事物之間的同一性和對立性，首先基於隸屬度的概念提出主導屬性明晰度概念，從而對事物的屬性進行相對量化並給出同一度和對立度的公式，使任意二、三個事物之間對立度進行比較。

關聯偏差論主要從主體與功能客體的關聯性，研究主客體之間同一性和對立性，首先基於關聯度概念提出關聯

偏差的概念，並以此為基礎給出主體、功能客體之間的同一度、對立度之比較，實際上是數學化了的矛盾論，而縮小關聯偏差的辦法是去其正、負差，取其中差，也可以說行中庸之道。

中心變數論主要研究相關變數具有相同函數關係的事物之間的同一性和對立性，提出廣義隸屬度和中心變數明晰度的概念，根據事物之間中心變數明晰度的乘積為正、為負、為零，區分為具有正差、形成負差、具有中差三種狀態，以此給出同一度和對立度的計算公式，以便於比較，它主要用於經濟領域。

辯證關係論主要研究事物之間同一性與對立性的相對性及相容性和平衡性的相對性，基於同一度，對立度對中立度加以界定，並提出三元促進和制約邏輯，二元和五元促進──抑制邏輯，這也就是陰陽五行邏輯的數學化。

元系統論主要研究元系統之間及其內部在形式上和性質上的聯繫。研究元系統的連續性、相似性、相關性、對稱性、對立性、協同性和感應性，並在形式歸結為交、並、差、外積、對偶等五種運算，在性質上歸結為同、合、沖、中等四種運算，以討論元系統之間及其內部的同一度、和合度、衝突度與中立度。

所有生物和屬於人類文明的許多東西，其結構千差萬別，但有一個共同特徵：整體及各個部分都有一定的特徵、功能、意義，且各個部分按照某種相對固定的方式相聯繫，一旦這種聯繫失效（遭到破壞），它就失去原來的特徵、功能、意義。元系統就是由此抽象出來的。

元系統與集合是有區別的，元系統具有整體性、關聯性

和不可分割性。元系統與一般系統也是有區別的，其要素，並非界位明晰和相對獨立存在的。這種特性正是整體有機自然觀的重要性質。

事物發展的機制，是由其分化和結合推動的，這種分化與結合有自然的，也有人為的，大凡遵循事物的客觀規律或由事物內部的對待流行而造成的分化，多是自然分化，而按照人的主觀意願進行的分化則是人為分化，就功利客體而言，人為分化與自然分化的同一就是公正；人為分化與自然分化的對立就是不公正，就會造成關聯偏差。因此，傳統文化中的「道法自然」與「易簡原理」就是減少關聯偏差的重要措施之一。

無論是自然系統、社會系統還是生物系統，都存在兩種相互作用：一種是相互依賴、相互補充，使系統趨於平衡和穩定，稱之為系統的「常態」；一種是相互排斥，相互衝突，導致系統失穩和變化，稱之為「變態」。整個系統始終處於「常」與「變」的交替變化之中，相容性對立和非相容性對立就是對此兩種作用之概括。對人體而言，陰與陽構成相容性對立。正與邪構成非相容性對立。「陰平陽秘」即健康，陰陽失衡則病，「陰陽離決」則死亡。有正無邪即健康，正大於邪即是未病，邪大於正為有病，有邪無正則面臨死亡。

凡此種種，《哲理數學概論》一書均給予充分的討論與分析，並給出相應的邏輯數學的推導和公式，並在自然科學，人文社會科學及生命科學中得到了成功的應用，這是傳統文化理念與現代科學結合的典範，也是關係網路模型的可喜進展，值得引起重視與學習。

3. 易之四義——簡易、變易、交易、不易

漢代易學家鄭玄在《易贊》中提出易之三義概念，即簡易、變易、不易。有些學者認為三義之外尚可增加交易，合稱易的四義。此四義既反應了《周易》對自然界（包括人類社會和思維領域）整體認識的深度，也指出了研究《周易》的四個原則：簡易為用，變易為性，交易為通，不易為宗。前已不同程度不同章節作了零散的闡述，現在將其要點系統總結如下。

（1）簡易為用

《周易·繫辭》中介紹簡易內容的段落主要是：乾以易知，坤以簡能。易則易知，簡則易從。易知則有親，易從則有功。有親則可久，有功則可大。可久則賢人之德，可大則賢人之業。易簡而天下之理得矣。天下之理得，而成位乎其中矣。這段話有如下幾層意思。

其一，是談自然造化之易。乾為陽，陽顯稱易；坤為陰，陰藏為簡。乾懸象著明故易知，坤閱藏物故以簡能，陰陽動辟故易從。

其二，強調陰陽之間有差別、有聯繫。乾主動，相當於變數、原動力；坤主靜、被動，相當於因變量。這裏是將紛繁複雜的自然現象抽象歸納簡化為陰與陽，故有「易以道陰陽」，「一陰一陽之為道」。

其三，易知，實際是指自然固有之規律，是從現象之中抽象出代表本質的核心理念，屬於認知範疇，「易知有親」是指人能領悟並適應自然規律而親依之，進而發展為學問（科學）；「簡從而有功」，實際是指按照自然規律

之啟發而效仿自然，尚象製器，發明創造，發展生產，創造財富而有功於民。屬應用範疇，拓展為技術。這已經不是自然造化之易，而是循自然造化之理的人為創造。

故而，簡易是對自然造化規律的抽象概括和簡化（模型化），並將其運用於實際，達到便於認識掌握和應用的目的，故簡易為用。

（2）變易為性

自然界充滿著變化，《周易》就是研究變化之學問。有生生之變化，有週而復還的圜道之變化，有結構變異之變化，有改革創新之變化等，因此，變易是自然事物的根本性質，故有「變易為性」之說，下面幾點值得重視。

其一，變化是透過形與象的觀察比較來認識的，故有「在天成象，在地成形，變化見矣」。

其二，變化的速率是有差異的，有微小而隱蔽之變化，稱之為漸；有顯著而明顯的變化，稱之為彰：有從一種狀態變成另一種狀態，稱之為化。故有「變者化之漸，化者變之成」。

其三，變化是有方向的，不可不察也。變化之方向是進、是退、是吉、是凶，是利、是弊，是需要認真判斷的，故有「變化者，進退之象也」，「變動以利言」之說。對於有利的變化則要因勢利導，對於有害的變化則要防微杜漸。

其四，變化是事物內部因素與外界條件聯合促成的。所謂「窮」，就是內部原有的諸因素及其結構或者老化，或者不和諧，已不能適應外界形勢之改變，則迫使體系內部的調整、改革、甚至是革命，從而達到內外相適應的程

度，這就是「窮則變」。通者，是事物體系能與時偕行與外部環境平衡暢達，「變則通，通則久」是也。

其五，變化的重要參照量是時間，故有「變通莫大乎四時」，「變通者，趣（趨）時者也」，掌握時運、時機，與時偕行是非常重要的。時機不到而硬作，則有「揠苗助長」之弊，時機恰到好處，則有「瓜熟蒂落」、「水到渠成」之效。時之義大矣哉！

（3）交易為通

《周易》承認自然界是普遍存在差異的，諸如陰與陽、剛與柔、冷與熱、重與輕……，有差異就有運動，就有物質、能量、資訊的交流。泰卦講的是「天地交，泰。天地交而萬物通也，上下交而其志同也」；而否卦則是「天地不交，否。天地不交而萬物不通，上下不交而天下無邦也」。

交易實際是講：系統開放與外界進行物質、能量、資訊交流，從而系統內總有負熵流的輸入，導致系統能與時俱進，保持活力，不斷發展。反之，系統封閉，與外界沒有物質、能量、資訊的交流，系統內熵值增高而熱寂，導致系統僵化以致滅亡❷。因此，要持續恒久地發展，開放是一個先決條件。

說到發展，有兩種不同的路線，一種是恃強凌弱，以力征服的戰爭發展觀；而《周易》所提倡的則是「安土敦乎仁，故能愛」，強調立足於本土，立足於仁愛；主張「理財正辭，禁民為非曰義」，強調君子愛財取之有道，禁取不義之財；主張以道德修養為治學、創業、立國之根本；對於自己缺乏的資源，則提倡：「日中為市，致天下

之民，聚天下之貨，交易而退，各得其所」的辦法，以達到互通有無，雙贏互利之效。這種發展觀是建立在改革開放，信守道義，自力更生，自強不息，平等互利，穩定和諧的基礎之上的，稱之為和平發展觀。

交易可通資訊、通能源、通資源，故交易為通，為發展提供了前提條件。

（4）不易為宗

《周易》有云：「是故易有太極，是生兩儀，兩儀生四象，四象生八卦」。「廣大配天地，變通配四時，陰陽之義配日月，易簡之善配至德。」「大易開物成務，冒天下之道，如斯而已者也」。「是故形而上者謂之道，形而下者謂之器，化而裁之謂之變，推而行之謂之通，舉而措之天下之民謂之事業」。以上這些至理名言，都是談《周易》中的不易之理。

自然界萬物皆動，但動中有更高層次的靜，自然界萬物都在變易，但變易中有更高層次的不易，這就是萬變不離其宗，這個宗就是自然本身所固有的規律——自然秩序。

自然界存在許多不變數，是值得深入研究的，它們可能揭示了自然固有的秩序。古有黃金分割率、圓周率；今有勞倫茲變換的不變數，狄拉克大數定律，普郎克常數等。在此筆者想介紹三種不易的自然秩序。

・太極序列（$\sqrt{2^K}$）[13]，[14]。

太極序列是透過研究天、地、生、人各種現象在時間、空間的分佈和其結構特性後發現的，進而推廣到自然界的許多方面，它反映了自然界整體性和根本性的客觀存在。而《周易》所說「易有太極，是生兩儀，兩儀生四

象，四象生八卦，八卦定吉凶，吉凶生大業。」實際上是揭示了自然界的普遍性規律，《周易》這個「周」字，更可能是指「周譜」、「週期」、「周流」的含義，實際上是事物之間相互感應「同聲相應，同氣相求」的一種共振、諧振現象的反映。

義大利的莫賽幕在1960年對各種地球物理現象的週期資料進行研究後，提出了（$\sqrt{2^K}$）序列與這些週期現象有較好的對應關係，他的文章發表後沒有引起國際上的重視。

徐道一等（1980）把（$\sqrt{2^K}$）序列用於中國的地震活動週期研究，亦有較好對應，並指出這一序列有可能與提丟斯——波得定則有聯繫，1986年以後發現它與天、地、生、人各種週期性、有序性有相當好的對應關係，和中國傳統文化中的太極、陰陽、四象、八卦有相類似的基本思想，故在1989年正式命名（$\sqrt{2^K}$）序列為太極序列。當k為偶數時（0，2，4，6，8，……），則序列為1，2，4，8，16，32，64，……；當k為奇數時（1，3，5，7，9，……），則序列為1.414，2.83，5.66，11.3，22.6，……。統稱為太極序列。

從時間域來看，太陽黑子活期週期，地球自轉速度變化、行星會合週期都與太極序列符合較好；許多地象週期，如地震、地磁、渤海海水、冰川紋泥、長江流域水文參數等都與太極序列有較好的對應；在生物方面，如世界流感流行週期，白雲杉生長的年輪資料分析，都與太極序列有對應；在人體的體力盛衰週期為23天，智力節奏週期為33天，都與太極序列的奇數序列有對應。這些都表明了

天、地、生、人在時間韻律上的同構現象是確實存在的。

從空間域來看，九大行星之間的距離符合太極序列；而且對木星的衛星系列、土星的衛星系列的研究，它們的距離分配也與太極序列相符；有人研究行星及月亮上的環形盆地的直徑比例，亦符合太極序列；其他如在化學元素週期表中的週期、地球化學元素的豐度值的偶數規則、原子殼層結構、生物遺傳密碼等等，都與太極序列有所對應。

所有這一切說明了太極序列如實地反映了自然界某種固有的秩序，是萬物皆變之中的不變常數序列組合，它反映了自然界的整體性，有機性和根本性的某種聯繫，這就是《周易》中的「不易」原則的體現。

·陰陽大年生物進化論

徐欽琦在研究古代生物進化時，提出了陰陽大年生物進化論。受《周易》中「與四時合其序」，「變通配四時」等觀念的啟發；以及「氣化流行，生生不息」「生」與「氣」的密切聯繫；還有《莊子·逍遙遊》的「以八千歲為春，八千歲為秋，此大年也」的影響，認為四季是相對的，在更廣闊的宇宙空間內有不同的運動週期，在更悠久的地質歷史的長河中，古氣候也會有不同尺度的冷暖交替週期變化，而生物種群的大絕滅與大爆發就與冷暖交替週期相吻合。

中國的古生物學家發現「生物進化事件」的出現時間是有序的、有規律的。它們似乎都與氣候的急速變暖有關，與溫暖期的開始密切相關。在地球歷史上，氣候波動的波長至少具有以下16種尺度，即：12小時；1天；3～7天；14天；半年；1年；2.1年；10～20年；27年；100～

400年；2500年；2萬年；4萬年；3000～6000萬年；2～5
億年。1年和1年以下的稱之為「小年」，1年以上的稱之
為「大年」。

據國際地質科學聯合會公佈的地層表，顯生宙共包括
2個宏年（2～5億年的「大年」）；4個代年；12個紀
年；32個世年；88年期年；900個事件年。宏年、代年、
紀年、世年、期年、事件年，都是我們所稱不同層次的
「大年」。每個事件年的平均時間長度約為60萬年。每隔
60萬年就會出現一次冷暖交替，就會出現一次「生物滅
絕——短暫的間隔（時隔）——生物爆發」的「生物事
件」。而這些事件都在「大年」的冬末春初。

在顯生宙以來，生物界曾出現四次巨大的生物事件。
第一次事件是隱生宙和顯生宙的分界線，是由埃迪卡拉動
物群的大滅絕——時隔——寒武大爆發所構成的；第二次
事件是早古生代和晚古生代的界線，是由志留紀大滅絕——
時隔——泥盆紀大爆發構成；第三次事件是晚古生代和中
生代的界線，是由二疊紀大滅絕——時隔——三疊紀大爆
發所構成；第四次事件是中生代和新生代的界線，它是由
白堊紀大滅絕——時隔——古近大爆發所構成。

故而，徐欽琦認為：「從巨集年到事件年，在不同層
次的大年的冬末，生物界都會出現不同層次的絕滅事件。
大年的層次越高絕滅的事件越大。換句話說，大年的冬末
乃是生物界淘汰舊物種的季節。冬去春來，經過短暫的間
隔（時隔）後，不同層次的大年的春季降臨了，此時生物
界出現了不同層次的輻射事件或爆發現象。大年的層次越
高，輻射事件或爆發現象的規模也越大。換言之，大年的

春季乃是生物界創造新物種的季節。總之，生命的脈動乃是自然界的氣候波動在生物界所激起的共鳴或共振的結果。換言之，在生命的脈動和氣候的波動之間的深層次聯繫乃是物理學上的共振現象。

原來千百年來令古生物學家眼花繚亂困惑不解的，豐富多彩瞬息萬變的生命現象，竟然是物理學上最普通、最簡單的共振的結果之一。然而，這恰好是當代古生物學和古氣候學的交義、高層次綜合研究的最新成果，我們稱它為「陰陽大年生物進化論」。

這一觀點指出了生物演化並非是漸變性的，而是隨冷暖週期而不均勻演化，代、紀躍變而進行的，生物的發展不是孤立的，而是隨時間條件、古氣候條件有機聯繫在一起的，從而發展並修正了達爾文的進化論。**⓱**也驗證了「以四時合其序」的普遍性的「不易之理」

· **太極對稱結構⓲，⓳**

太極對稱結構，是指在一個自組織系統中，以太極相反相成的對待雙方組成的對稱模式，如先天八卦圖中乾（☰）與坤（☷）相對，震（☳）與巽（☴）相對，坎（☵）與離（☲）相對，兌（☱）與艮（☶）相對，其對趾部位恰構成陰陽平衡的反對稱關係，同時亦達到總體的和諧與平衡。這是我國傳統文化中對事物對待流行中，對待事物的兩極相互轉化，相互消長和辯證思維的圖像表達而總結出的模式，具有普適性。

馬宗晉很早就對全球構造的反對稱性進行了系統研究，並稱這種現象為地殼結構的非對稱性。筆者以為叫「反對稱性」更為準確，因為這種結構不是不對稱，也不

是幾何形態上的對稱，而是更廣泛意義的對稱，是物質、能量、資訊交換條件下，對待雙方動量均衡並隨時進行調整的對稱，是遠離平衡狀態系統，經過長期自調整、自組織化後，形成的準穩定平衡結構，是相反相成，此消彼長辯證調製的動態的太極對稱。

如前所述，這個世界充滿相互對待而存在，又相互依賴的「象」，諸如奇偶，冷熱、剛柔、虛實、表裏、輕重、疏密等對待之「象」，從而又產生了升與降、張與壓、排斥與吸引等相反相成的作用，將這些抽象為正與負，開與闔，陰與陽，故有「一闔一闢謂之變」，「剛柔相推生變化」之論。

相互對待之「象」，產生相互運動而大化流行，概言之為「一陰一陽之謂道」。在一個系統內，在歷史的長河中，或緩慢或急速地進行調整，對待流行，就形成了準動態平衡的「太極對稱結構」。

這種結構是遠離平衡態的自組織系統的普遍現象，小如原子周圍的電子雲團，生命基因的雙螺旋結構，中如熱帶氣旋的結構，水流漩渦，大如大氣環流及世界洋流，厄爾尼諾與拉尼娜的相反相成。地殼表層構造的反對稱；甚至在人的左右腦功能的差異；世界文化的東西互補的現象，都說明了太極對稱結構的普遍性，看來這也是自組織系統的一種普遍的，不易的自然規律，正如《老子》所說：「萬物負陰而抱陽，沖氣以為和」，「宇宙一太極，物物一太極」，這種全息恒常的自然秩序。

太極序列（$\sqrt{2^K}$）也好，陰陽大年生物進化論也好，自組織系統的太極對稱結構也好，從更本質的層面體現了

「不易」之理，揭示了普適性自然秩序，故而「不易為宗」，更近於「道」。更能體現自然的整體有機的聯繫。

參考文獻

❶商宏寬，《論人類生活環境系統的可持續發展，地質哲學與可持續發展》。中國文史出版社，1998。

❷〔美〕羅蘭·斯特龍伯格著，劉北成，趙國新譯。《西方現代思想史》（335頁），中央編譯出版社，2005。

❸徐道一，周易和天地生人網路研究，第二屆國際易學與現代文明學術研討會論文集（480～484頁），美國國際易經學會、北京國際易學聯合會、臺灣《中華民國》周易學會，2005。

❹商桂，《易索，別卦初探》（156～173頁），地震出版社，1999。

❺朱伯崑，《易學哲學史》，第四卷（75～76頁），崑崙出版社，2005。

❻鄭軍，《太極太玄體系》，中國社會科學出版社，1992。

❼劉韶軍，太玄集注前言，太玄集注，中華書局，1998。

❽李樹菁遺著，商宏寬整理，《周易象數通論——從科學角度的開拓》。（31～32頁），光明日報出版社，2004。

❾商桂，《易索，「象」「數」綜述》（480頁），地震出版社，1999。

❿李樹菁遺著，商宏寬整理。《周易象數通論——從科學角度的開拓》（251～279P），光明日報出版社，2004。

⑪孟凱韜，《哲理數學概論》，科學出版社，2005。

⑫李樹菁遺著，商宏寬整理，《周易象數通論——從科學角度的開拓》（106～108頁），光明日報出版社，2004。

⑬徐道一等，《天地生各種現象的主週期序列及其重要意義，天地生綜合研究》（437～442頁），中國科學技術出版社，1989。

⑭徐道一，《周易科學觀》（169～192頁），地震出版社，1992。

⑮徐欽琦，《生物進化與大年的春季，垂楊介及她的鄰居們——慶祝賈蘭坡院士90華誕紀念文集》（189～199頁），科學出版社，1998。

⑯徐欽琦，陰陽大年與生物進化，僑報・中國科學，2004. 2. 22。

⑰李世暉，科技自主創新與中西文化互補之我見——六個典型實例的思考，中國工程科學（15～16頁），Vol.7，No. 4，2005。

⑱馬宗晉等，《現今地殼運動問題，地質力學的方法與實踐》。第四篇（下），地質出版社，1995。

⑲商宏寬，《華夏地輿觀及其對當代地學之影響，中國傳統文化與現代科學技術》（392～399頁），浙江教育出版社，1999。

結　語

　　這本小冊子，到此結束，「道法自然」強調了中國傳統文化的基本理念是崇尚自然，正邪以自然為準。「兩種存在」談到物質的有形存在，和道的無形存在，道附麗於物質而見，物質受道的主宰而立。

　　「八卦取象」講的是易像是對自然的摹寫，又能用於對自然的分析與研究。

　　「易象思維」介紹了帶有中國傳統特色的思維方法，特別值得發揚的「製器尚象」和「取象比類」的方法。「唯變所適」，強調了易學研究變化的基本觀念，陰陽消長與陰陽相交相激，以及系統內部與環境的和諧關係，特別強調了易學的位——能層次結構。「和平發展與和諧社會」從自然界的對待流行的本質出發，討論了陰陽合德與矛盾鬥爭的區別，及和諧和平發展之路。

　　「地之道」敘述了天地關係，地的剛柔組合及其自組織系統的太極對稱性。「災異觀」中論述了天災的共生性、兩重性，以及人為自然災害的危害，並進而論及可持續發展的問題。

　　最後「整體有機自然觀」闡述了天人合一思想，《周易》及其異形同構的關係網路系統，以及在系統關係網絡分析中「哲理數學」的作用，進而對簡易為用，變易為性，交易為通，不易為宗的總結。最後談到不易之理實為

自然根本的秩序和法則。

綜上所述，《周易》的自然觀是主客觀統一的，虛實並舉的，陰陽和諧的，對待流行的，動態平衡的，有變化有秩序的，既有實踐基礎，又有理性指導的一種整體有機自然觀。其中尤以天人合一觀、自然演進觀、和諧和平發展觀、整體有機觀更對人們的認知活動、生產活動、社會活動有指導意義。是使人們擺脫貪慾、強權、爭鬥、愚昧落後的困境的有利思想資源，是使世界和諧、和平、人類可持續發展的重要保障。

深入認識、弘揚並身體力行中國傳統文化遺留給我們的整體有機自然觀思想，定會造福世界和整個人類。

附　錄

對於《周易》與科學的關係，中國傳統自然觀對科學的影響，乃至《周易》是促進還是阻礙科學的發展的問題，曾引起國內外學界的論辯，筆者寫了這本《周易自然觀》已表明了態度，但對這些問題的論辯還沒有直接答覆，故在書後以附錄形式回答如下。

科學的困惑與出路

1. 由科學的定義想到的

不同的時代，不同的研究者，對科學的定義亦各不相同。筆者認為科學的定義其涵蓋宜寬泛，其語言宜簡賅。辭海中之定義就比較妥當：科學是「關於自然、社會、思維的系統知識」。它既包括了自然科學、社會科學和思維領域的科學，又強調了知識的系統性，不是零散的、雜亂無章的知識，而是經過人的認識活動而系統化了的知識。由此聯想到：

● 科學由於人們的認識活動而誕生，隨認識活動之深化而發展。

● 人的認識活動與風俗習慣、思維範式有密切關係。因此，不同的民族應有不同類型的科學。各民族科學的交

流是促進科學發展的重要因素。

●科學透過研究探索而深化，透過教育而普及成為常識，使社會認識水準登上新的臺階。

●科學的進步取決於觀察實驗（實踐），手段的進步（技術），資料的積累（資訊），更取決於人的思維觀念的更新（觀念），感悟能力（悟性）及實踐過程中的思維火花的激發（靈感）。所以科學成果是基於物質的精神產品。

●既然科學成果是精神產品，它就可以為人類共用，但理解接受程度則取決於受者的悟性。而將科學成果轉化為應用的方向，則取決於轉化者的願望、道德取向（自然觀、世界觀、事業觀、價值觀等），甚至受社會思潮所左右。因此，科學與社會的聯繫呈現十分複雜狀態，成為雙韌之劍。

2. 對科學的幾種誤解

由於認識的偏狹，對科學產生諸多誤解，是造成近代科學困惑的重要原因，有必要加以澄清。

●**誤解之一，科學是分科之學，那些分不清屬於何種學科的學問被排斥於科學之外。**

其實科學發展的歷史呈現合久必分，分久必合，有分有合的局面，可見分科並非是科學的本質特徵。當前學科正出現融合的趨勢：其一是邊緣科學交叉（如物理化學、天文地質學）；其二是橫向綜合（如災害學、環境科學）；其三是系統科學（如系統論、協同論、混沌論）。天地生人系統觀及其講座就是這種潮流的一種反應。如今

還拿分科的尺子衡量科學是一種落後現象。

●**誤解之二，科學必能重複檢驗，否則就不是科學。這是因果一一對應的固定論說法。**

其實，嚴格地重覆是不存在的，當量測物件的精度超過10–7量級時，時空在變化，引力場也在變化，重複觀測值已經不可能。任何結構都存在破缺、扭曲、纏結；任何物質都存在雜質，各向同性是不存在的；任何系統都不能絕對關閉，都與外界進行物質、能量、資訊交換，其內部則不斷地進行物質、能量、資訊的再分配，進行著內部結構調整，結構是活的，它不僅僅是一種狀態，更是一種過程——能量耗散、各子系統協同的過程；變化向什麼方向發展是不固定的，當狀態達到歧點值時，有多種吸引子存在，暫態的偶然因素就可改變其發展方向。

因此，要求檢驗結果重複不變，要求「因」必對應其「果」，在討論複雜巨系統問題時提出這種要求，是十分幼稚可笑的。

●**誤解之三，用科學檢驗真理，凡不符合已有科學定律的，皆屬不科學者流。**

不錯，人類的認識活動是以追求真理為目標的，然而科學還遠遠不是真理。世上沒有無假設條件的定律。自然界（包括社會、思維領域）時間有尺度，空間有層次，跨層次後定理、定律就不管用了，猶如量子力學——牛頓力學——天體力學——宇宙力學等等各管一段。目前科學領域覆蓋面還很小，人類的認識歷史甚短，對物之極茫無所知，物之變知之甚少，物間聯繫剛剛開始探討，對有機物、有生命物質的研究剛剛入門，對智慧、精神等非物質

系統的研究尚屬禁區。

如將地球比做百歲老人，人類的歷史（300萬年）只有24天，有文字記載的歷史（7000年）只相當於1小時。人類對自然界的瞭解如此之少，竟然以有限之知識去衡量無限的自然現象，不是十分可笑嗎。

●**誤解之四，在科學領域中設置禁區。**

人的認識領域是無涯的，科學無禁區。但科學史中屢屢出現設置禁區的現象，這是反科學的。「子不語怪力亂神」是孔子自律，無可厚非，但用來限制他人則不應該。中國歷史上有私寫歷史、研究天象曆律而獲罪的，是因帝王有所顧忌；歐洲中世紀有提倡「日心說」而被燒死的，是因教皇有所顧忌；現在又有人聲討「偽科學」並以「科學的守門員」自譽，是因為誰有顧忌呢?!

科學的大門應該是敞開的。科學是研究物質的，而將精神領域視為禁區，佛洛伊德創立的精神分析學說至今不被承認，對氣功學、特異功能的研究視為異端進行圍剿是不正常的現象。地球上物質進化就是由無機物→有機物→有生命→有智慧，說明精神領域的研究不可避免。電腦有硬體、有軟體，社會科學有硬體、有軟體（軟科學），為什麼生命體只能有硬體而不能有軟體呢。科學與宗教的最本質的區別是前者可以懷疑，不相信權威；而後者不允許懷疑，承認不可逾越的權威。

●**誤解之五，只有西方才有科學。**

前已述及科學具有普遍性和民族性，因此，科學可以有不同類型，可能有發展程度的差異。但不會只在人類社會的某個地區才有，別的地區沒有。西方中心主義已經桎

269

梏人們思想多年，阻礙了西方科學的進步。科學研究更不能封閉，也需要引進負熵，多種類型的科學互濟互補，才有利科學的發展。

西方有科學，印度、中國都有科學。而阿拉伯科學在科學發展史上有特殊的地位，它曾存蓄了古希臘科學，不使其佚散，吸收了印度與中國科學並轉輸於西方，起到了承前啟後，聯絡東西的重要作用。

3. 中西科學之比較

●中國有科學

世界古代文明一直延續至今者唯有中國，說明其底蘊之深，內聚力之強，傳承發揚之悠遠。且不說蘊含廣大而深邃的易經與道德經，學派林立之哲學思想，牧民治世的社會管理科學，教化育人之道德倫理，多姿多彩的文學藝術，渾厚悠久的歷史學以為世人所公認，就是狹義的科學也是典籍浩瀚，群星燦爛（表1）。

中國有數學、天文學、地學、農學、醫學，僅摘其重要典籍和代表人物列於表內，可見一斑。此外還有軍事學、水利學、建築學、風水學……，並且在相當長的歷史時期內領先於世界，即使在西方科學占主導地位的今天仍以其特長獨立於科學之林。

●中國古代科學與西方現代科學之比較

兩者這差別有著很深的原因。對比中西，無論從文學、藝術、美術、戲劇、建築、園林，還是抽象的學術觀念和哲學思想，皆有鮮明地陰陽分野，現引商桂先生在《易索》中的中西思維方式及文化特點之對比表（表2）

表1　中國古代的主要科學著述及科學家

門　類	著　述	代表人物
數　學	《九章算術》、《測圓海鏡》、《數書九章》、《楊輝算法》、《四元玉鑒》	劉徽、祖沖之、李冶、秦九韶、楊輝、朱世杰
天文學	《靈憲》、《大衍曆》、《郭守敬天文律曆叢書》、《崇禎曆書》、《丹元子步天歌》	張衡、一行、郭守敬、徐光啟、王錫闡、梅文鼎
地　學	《漢書‧地理志》、《禹貢地域圖》、《水經注》、《徐霞客遊記》、《鄭和航海圖》	班固、悲秀、酈道元、朱思本、徐霞客、魏源
農　學	《氾勝之農書》、《四民月令》、《齊民要求》、《王禎農書》、《農說》、《農桑衣食撮要》、《農政全書》	氾勝之、崔寔、賈思勰、陳敷、王禎、徐光啟
中醫學	《黃帝內經》、《傷寒論》、《針灸甲乙經》、《備急千金要方》、《銅人腧穴針灸圖經》、《本草綱目》	張仲景、陶弘景、孫思邈、王惟一、李時珍、張景岳

271

　　試論如下：中國傳統文化是由其先天的陰性而在後天活動中偏愛陽性表現，而構成其思維特點；西方文化則是由先天的陽性而在後天活動中偏愛陰性表現而構成其思維特點。

　　中西文化是互不相同卻相互補充，各有長短，量級相當的文化兩極。正因如此中西在科學上亦有明顯的差異，構成相補相濟的態勢。現簡略對比如表3所示。

表2　中西思維方式及文化特點之比較

中國		西方	
陽表現	**陰表現**	**陽表現**	**陰表現**
重寫意	柔	剛	重寫實
形而上	靜	動	形而下
重神似	內向	外露	重形似
重道德	重延續	喜變革	重物質
重關係	求穩	求變	重實體
重聯想	喜平衡	喜突破	重實驗
重演繹	凝聚	擴散	重歸納
長於直覺思維	閉闔	開放	長於邏輯思維
強調整體	重回顧	重展望	強調個性
內心體驗			重邏輯推理
重時間因素			重空間因素

（陰表現與西方陽表現之間：多為先天）

（中國陽表現與西方陰表現之間：多為後天）

（此表摘自商桂《易索》，1999，略有改動）

表3　中西科學之比較

	中國古代科學	西方現代科學
自然與人的關係	天人合一	天人分立
自然觀	整體有機自然觀	機械唯物自然觀
思維方式	重感通、具象比類、辯證思維	重實證、實驗、邏輯思維
對物質的認識	重物與物之間的聯繫與影響	重物質內部之結構與組成
學科劃分	自然與社會與精神統一	自然與社會與精神分離
虛與實	注重道德修養	注重物質利益
科學特點	以應用領域為主線的橫向擴展的科學	以學科領域為主線的縱向深化的科學

4. 未來科學的走向

科學的困惑來源於西方科學中心論，它製造了許多科學的誤區，既壓抑了其他類型科學之發展，又捆住了自己的手腳。科學領域廣闊無涯，不應設置各種禁區，亦不需劃分勢力範圍，更不能將已有的科學成果當成教條。科學不是宗教而是學問，可以懷疑、指問、討論，鼓勵突破、創新。科學領域首先需要的是公正、平等、寬鬆的學術討論環境。

●未來的科學應走出學科分立的局面，自然界本是有機之整體，分科研究可以縱向深入卻妨礙對整體相干關係的認識，鑒於此，我們組織「天地生人學術講座」，就是從大系統中研究災害、環境、社會，走綜合研究、學科融合之路。

●向物質存在的極限條件追索，更遼闊的宇觀世界，更微細的微觀世界，更冷的超低溫領域，更熱的超高溫領域，更密的等粒子體，更稀薄的真空狀態，更快的光速乃至超光速，直至反物質領域。這些研究是建立在對傳統科學定律的突破與發展的基礎之上。

273

●宇宙萬事萬物構成一個複雜的巨系統，各子系統之間的諧動耦合關係，是受物質、能量、資訊交流控制，研究各子系統之間的物質、能量的交換，子系統內部物質、能量的分配、結構調整、能量耗散過程和控制這種諧動過程的指令（資訊流），使科學向系統科學方向深入。

●自然界的物質其組分的非均一性、結構之各向異性、構造之不連續性，導致其演化過程的非線性，因果關

係的多解性，這就是物質及物質體系的複雜性。突破機械唯物思想和固定論之束縛，使科學向探索複雜性領域前進。

●充分體現整體有機自然觀的是生命和智慧。探索生命科學和精神領域的科學是今後科學研究的方向之一。自然界最傑出的創造是具有智慧的人，瞭解其組織機體的自動調控體系，記憶、學習、聯想、推理、歸納的智慧系統的規律性，以及人群的各種社會性質的研究，將是今後科學研究不可回避的方向。

●人類生活環境系統實際是地球表層各圈層（岩石圈、大氣圈、水圈、生物圈及人類圈）的綜合體系。在這有限的範圍內，其資源能源是有限的，其活動空間是有限，其負荷能力是有限的，生態平衡是脆弱的。因此，人類在物質資源能源的開發利用，國民經濟及生產生活的發展以及人與環境、生態的關係等方面，均應走可持續發展的道路。

這裏應強調指出，筆者絕沒有一概否定西方科學，偏執地復興中國古代科學的想法，而是充分發揮中西科學互濟互補的優勢，在當前科學技術的前沿，向更廣闊的領域開拓，使科學走向再次輝煌之路。

《周易》・科學・李約瑟難題

2004年9月3日，楊振寧先生在「2004年文化高峰論壇」上的講話，涉及到一直困擾於學術界的三個重大問題，那就是：其一，什麼是科學；其二，《周易》是促進還是阻礙科學的發展；其三，李約瑟難題——為什麼近代科學沒能在中國誕生？因此，楊先生的講話備受各界人士的關注，就是很自然的事了。

1. 關於科學

在對科學的理解方面，我與楊先生有商榷之處。我以為，科學是人們認知自然過程中，積累起來的知識的系統總結。這裏所說的自然包括自然萬物，也包括人類、人類社會以及人的思維領域。所以，哪裡有人類的認知活動，哪裡就有科學，儘管有層次的高低，領域寬窄的差別，但都對科學之進步有一定的貢獻。故不僅現在有科學，古代亦有科學；不僅西方有科學，東方也有科學，這是科學的普遍性。

既然科學是人們認知活動的體現，就受人的思維範式的影響。由於自然環境、民族的風俗習慣、民族的文化積澱的不同，就有不同的思維範式，所以也應該有不同類型的科學，這就是科學的民族性。因此，在衡量和評價是否「科學」時，不能拿一種科學標準來衡量，這是不公平也

是不客觀的。也不應該以一種科學類型否定另一種科學類型。故而，各民族交流是促進科學發展的重要因素，閉關鎖國、妄自尊大不利科學的進步與發展。

科學的發展具有不均衡性。隨著自然環境、社會發展的需求、民族文化積澱、思維範式的影響以及物質、文化、資訊交流程度的差別，則科學發展的形式、內容、速度、規模也各不相同。在一定的歷史時期之內，一些地區的科學發展很快，逐漸形成科學體系，成為這個時代科學的主流，並引導和影響著世界科學的前進方向。

就像西方近代科學成為科學的主流一樣，但這並不是科學的全部。這種科學潮流也不是一成不變的，當世界格局面臨大的變化，社會生產力與生產方式發生重大變革，思想文化理念和社會需求發生大變革之際，也就醞釀著科學潮流的改變，這種改變是十分深刻的，是不以人的意志為轉移的自然而然的過程。

認識當今科學潮流的走向，學術界應該把握並順勢與時俱進當科學潮流的促進派。而不應抱殘守缺，緊跟已有定論，不敢創新，當科學潮流的促退派。

2.《周易》並沒有阻滯科學的發展

首先，《周易》的基本思想並不違背科學精神。

《周易》是崇尚變化的，「窮則變，變則通，通則久」；主張創新精神，「天地之大德曰生」，「生生之謂易」，「日新之謂盛德」，強調「與時偕行」：強調「自強不息」的奮鬥精神，「厚德載物」的包容學習精神：強調「效法自然」、「彰往察來」、「製器尚象」等符合科

學、符合實際的方法等。這種基本思想與方法怎麼會阻滯科學的發展？

其二，從易學與古代科學發展的同步性來看，易學之發展是促進科學發展的。

從春秋戰國《易大傳》形成之後，完成了從「卜筮」到哲理著作的轉化，兩漢時期是易學發展的第一個高峰，這時出現了孟喜、京房的卦氣說、五行說，鄭玄的爻辰說，虞翻的變卦說，此外還有焦贛的《易林》，魏伯陽的《周易參同契》，揚雄的《太玄經》等都在不同程度上將當時的物候學說、五行學說、律曆學說及天文學說與易學結合起來，並又將易學理論與當時的養生學、災害預測學、煉丹術及以「三」為基數的太玄體系提出來。

正是在此基礎上和當時漢代社會生產力的發展相結合，科學上有重要發展，數學上有劉徽的《九章算數》，天文學有張衡的《靈憲》，醫學上有張仲景的《傷寒論》和皇甫嵩的針灸理論，農學上有《氾勝之農書》，地理學有裴秀的製圖六體的提出，還有許多發明創造，不必一一列舉，在科學技術上領先於世界。

易學發展的第二個高峰是在兩宋與金元時期，當時出現了濂（周敦頤）、洛（程頤、程顥）、關（張載）、蜀（蘇軾）、閩（朱熹）等學派，並有以邵雍為代表的易學數學派，以王安石為代表的易學功利派，同時有司馬光的《潛虛》，張行成《周易通變》等，是氣、理、心、數、圖書、功利各易學學派大發展時期。

與此同時或稍後，科學亦有巨大的發展，造紙、活版印刷、火藥、指南針等技術發明不勝枚舉，科學成就空前

發展，茲僅舉數學一例可見一斑。

宋元時期數學代表人物及代表著作有：李冶撰《測圓海鏡》，秦九韶撰《數書九章》，楊輝的《楊輝演算法》，朱世傑《四元玉鑒》等，而以朱世傑為集大成者。祖頤在《四元玉鑒》後序中有云：「平陽蔣周撰《益古》，博陸李文一撰《照膽》，鹿泉石通道撰《鈐經》，平水劉汝諧撰《如積釋鎖》，絳人元裕細草之，後人始知有天元也。平陽李德載因撰《兩儀群英集臻》兼有地元，霍山邢先生頌不高弟劉大鑒潤夫撰《乾坤括囊》末僅有人元二問。吾友燕山朱漢卿（世傑）先生演數有年，探三才之賾，索《九章》之隱，按天地人物成立四元……」。從中可見從天元術到四元術之發展傳承過程，同時從字裏行間也浸透著《周易》對其影響。

從李冶、元好問、張德輝的「龍山三老」，到王恂、郭守敬、張文謙、許衡等學者構成的紫金山學派，中間又融入南方數學精於實際演算的秦九韶、楊輝，到朱世傑集北方天元術與南方演算法之大成，撰寫《算學啟蒙》和《四元玉鑒》，形成宋元數學既有派系源流可循，又有交流發展的蔚為可觀的發展局面，這裏面不乏畫龍點睛的歸納，亦有嚴密推演邏輯程式，完全不像楊先生所說的中國古代因受《周易》的影響，只有歸納無有推演。實際上歸納與推演是兩種相輔相成的方法，截然將其對立分開的說法是很難想像的。

上述學者，明顯受中國傳統文化的影響，特別是《周易》、《老子》的思想。如李冶有云：「謂數為難窮，斯可；謂數為不可窮，斯不可。何則？彼其冥冥之中，固有

昭昭者存。夫昭昭者，其自然之數也。非自然之數，其自然之理也。」「數一出於自然，吾欲以力強窮之，使隸首復生，亦未如之何也已。苟能推自然之理，以明自然之數，則雖遠而乾端坤倪，幽而神情鬼狀，未有不合者矣。」秦九韶亦云：「數與道非二本也」，「大則可以通神明，順生命；小則可以經世務，類萬物，詎容以淺近窺哉！」

如果將宋元時代的數學成就和西方比較，「按秦九韶《數書九章》（1247）來進行比較，霍納要晚出五百餘年；朱世傑高次方程組的解法比別朱（E. Bezout，1775）早出四百餘年；秦九韶聯立一次同余式的解法比歐拉的解法早出五百年；高次招差法公式比格利高里（J. Gregory，1670）和牛頓的公式，早出三百七十年左右。」（李樹菁遺著，商宏寬整理《周易象數通論》，光明日報出版社，2004）以上事實說明，中國古代科學確實曾經領先於世界，中國的科學發展並未受《周易》的阻滯。

其三，從科學的發展趨勢看《周易》更將促進中國未來科學的發展。

當代科學正處於一個轉型時期，從過去以分科為主，逐漸走向綜合；從簡單、線性系統，走向複雜、非線性系統；從側重物質層面研究，走向生命、智慧層面的研究；從常觀、宏觀向微觀、渺觀、宇觀等極端領域推進；從單純追求經濟效益，向既追求經濟效益、社會效益，更追求生態效益，走可持續發展的道路；從分散、分科、局部領域的理論研究，向大一統的理論研究探索。

在這樣一個科學大潮面前，科學的觀念逐漸向中國傳

279

統文化的整體有機自然觀、自然演化發展觀、天人合一觀回歸，因此，《周易》的基本思想必然在今後的科學發展中起更大的推動和指導作用。

3. 近代科學何以沒有在中國誕生

李約瑟研究中國科技史畢其一生之精力，為中國古代科技成果的輝煌所折服，中國已經具備了產生近代科學的條件，但令其不解的是為什麼近代科學沒有在中國誕生？

對此李約瑟難題，應該從明、清時代的政治、經濟、思想、文化中去找原因，而不能歸罪於二千五百多年前的《周易》、老子、孔子這些古代典籍和古人，子孫不肖、不求上進而怪祖宗的基因不好，這是不公平的，既然古代的遺產不佳，為何可領先於世界達千年之久？！

我以為最值得重視的原因是明清其間的「閉關鎖國」政策。這是一種「自我封閉」、「妄自尊大」，以天朝大國自居，坐享安樂，對外閉關自守，對內苛政重斂，形成辦事效率極低的腐敗官僚制度。這猶如一系統是封閉的，沒有外部負熵流的輸入，內部就會腐敗、變質、死寂乃至最後泯滅。

一個人如果與外界隔絕，沒有新的資訊激發，也會沒有創新的動力，也會頑固、僵化、落後。

明朝的後期，清朝乾隆後期都施行的是封閉政策，禁止民眾出海貿易，禁止外國自由進入國境，以致西方列強打來，對其一無所知，盲目尊大，一交戰就被打得潰不成軍，跟不上時代前進的步伐，以致被歷史淘汰。建國初期，由於國際環境等因素的影響，我們處於半開放半封閉

時代，雖然也很努力，但社會發展的滯緩也是明顯的。而改革開放之後，我們的經濟很快就有所改善，並且成為當今世界經濟發展的熱點之一。這種「閉關鎖國」與「改革開放」對比的例子，在朝鮮與韓國更看得分明。

這種「閉關鎖國」政策，是與《周易》思想背道而馳的。《周易》主張「海納百川有容乃大」，「地勢坤，君子以厚德載物」，主張「窮→變→通→久」，主張「天行健，君子以自強不息」，所以把近代中國科技落後怪罪於《周易》是沒有道理的。

有趣的現象是，在當前世界全球化的大潮中，一切以西方為中心的思潮正在氾濫，這種以大國自居，老子天下第一，一切都要以西方的文化、民主、生活方式、價值觀甚至科學的標準也都是西方的，從而見不到大千世界的多種文化、多種生活方式、多種宗教信仰、多種思維範式、多種類型的科學，則物質不交流了，實行地方保護主義，能量不交流了，實行能源控制，資訊不交流，實行單邊主義，這是一種新形勢下的「自我封閉」行為，是重蹈明清的覆轍，是自取落後之道。

281

當代科學潮流與老子自然哲學

1. 引　言

　　科學發展具有不均衡性。隨著自然環境、社會發展的需求、民族文化積澱、思維範式的影響，以及物質、文化、資訊交流程度的差別，則科學發展的形式、內容、速度、規模也各不相同。在一定的歷史時期之內，一些地區的科學發展很快，逐漸形成科學體系，成為這個時代科學的主流，並引導和影響著世界科學前進的方向。

　　這種科學潮流也不是一成不變的，當世界格局面臨大的變化，社會生產力與生產方式發生重大變革，思想文化理念和社會需求發生大變革之際，也就醞釀著科學潮流的改變，這種改變是十分深刻的，也是不以人的意志為轉移的自然而然的過程。當今的科學潮流正面臨著一個變革的過渡時期。

　　這個時期科學潮流的走向有如下特點❶~❸：科學從過去以分科為主，逐漸走向綜合；從簡單系統走向複雜系統；從側重物質層面的研究，走向生命、智慧層面的研究；從宏觀領域、常觀領域、微觀領域出發向更微觀乃至渺觀領域以及向更宏觀乃至宇觀領域進行極端條件的探索；從單純追求經濟效益，走向既追求經濟效益，又追求社會效益，更追求生態效益，走可持續發展之路；從分

散、分科、局部領域的理論研究，走向大一統的理論研究。這樣一種科學發展潮流恰與中國傳統文化理念，特別是與老子的自然哲學思想不謀而合。

重新認識老子整體有機自然觀、自然發展演化觀、天道無為觀、天人合一觀、無極而太極思想、唯道是從思想，以及他的辨證思維方法、圓道思維方法、靜觀內求思維方法、取象比類思維方法，在當前乃至未來的科學研究領域中，均有廣泛的應用前景和指導作用。

筆者在此貿然提出一些不成熟之論，很想引起廣泛討論，並請方家指正。

2. 當代科學潮流淺析

（1）從分科之學走向綜合之學

分科之學與綜合之學是相輔相成的兩個方面，二者不可或缺，但有時以分科為主，有時以綜合為主。然而近來學科越分越細，如同千刀萬刃將自然界割裂成碎塊，使人無法掌握整體，隔行如隔山。物極必反，20世紀40年代始逐漸走出了一條學科雜交、融合之路，六十到七十年代得到廣泛重視。「天地生人學術講座」就是在這一背景下產生並發展起來的。《老子》有云：「域中有四大，而人居其一焉，人法地，地法天，天法道，道法自然」。

這裏有三層意思，其一，自然界是由人（物）、地、天、道構成的，而人（物）、地、天是有形的，為實；道無形，為虛，自然界是由虛實兩種存在共同構成的；

其二，自然界構成的四個層次又有高低、主次之分，高層次涵蓋、包容、限控低層次，用邏輯數學表示為：人

⊂地⊂天⊂道⊂自然；

其三，自然界中虛實部分是相濟而化，相比而存，實部分受控於虛部分，虛部分附麗於實部分才有所體現，虛實相濟而成自然。

所以《老子》這段話準確地反應了自然界是由許多子系統組成的，分層有序互相限控包容的有機聯繫的整體❸。

學科融合一般有三種形式，之一是邊緣雜交，學科生長點多在兩種學科之間，從而產生如「物理化學」、「天文地質學」、「地震社會學」等；之二是橫向聯繫的科學，如將各種自然災害綜合研究而形成的「災害學」，各種環境因數聯合探索的「環境科學」，各種生態統一考慮的「生態學」等：之三是把事物作為一個體系去研究而形成的「系統科學」系列，如「系統論」、「資訊理論」、「控制論」、「耗散結構論」、「協同論」、「突變論」、「超循環論」、「分形論」、「混沌論」等。從而走出了與分科之學完全不同的綜合研究之路。

（2）向物質存在的極限條件追索

人們總有向未知領域探索的慾望和衝動，向更細微的、更遼遠的、更隱秘的、未來的領域探索，「路漫漫其修遠兮，吾將上下而求索，」（屈原：《離騷》）就是這種情結的寫照。

《老子》有云：「道之為物，惟恍惟惚。惚兮恍兮，其中有象；恍兮惚兮，其中有物；窈兮冥兮，其中有精，其精甚真，其中有信。」道這種東西恍恍惚惚之中有象，卻似象非象；有物，卻是物非物；在亦窈亦冥之中卻有極其精微的東西在游移，而且是有規律可循的。這種似有還

無，似窈還真，物象似成還變的狀態，稱之謂混沌，實際上是一種人們尚未完全掌握的一種存在。

周敦頤在《太極圖說》中所說的：「無極而太極」，就是指這種尚待人們認識的兩種存在。即「無方所，無形狀，道無適主，化無定則，非目力所及……」用現代的認識可以稱之為：無極從時間說是從前、過去、以往、遠古；從空間上說是渺小、比目前人們所能認識的更微小的事物，亦即暫時尚無法探討的範圍，稱「內混沌區」，數學上的「無窮小」是也；太極，從時間說是以後、未來、將要到達：從空間上說是更大、更遠，目前尚無法認知的更大範疇，稱之為「外混沌區」，數學上的「無窮大」是也❹。

莊子有云：「神鬼神帝，生天生地，在太極之先而不為高，在六極之下而不為深，先天地生而不為久，長於上古而不為老」。（《莊子‧大宗師》）此言「道」，非高非深非久非老無所不在，「自本自根，未有天地，自古以固存」的性質。即其小無內，其大無外」。

人的認識受歷史條件的局限，認知能力是有限的，對更幽遠、更細微、更古老、更未來的還不能知道，但是人們不知道和不掌握的，並非不存在，也不是人們永遠不能知道，而是隨著人們認知能力的提高而不斷擴大其範圍，向各種極限條件去追索、去挑戰，向更遼遠的宇宙，向更微細的量子，更冷的超低溫領域，更熱的超高溫領域，更密的等粒子體，更稀薄的真空狀態，更快的光速乃至超光速，直至反物質領域去探索。

這些研究與探索是建立在「道，自本自根，自古以固

存」和「道彌漫於自然界之中，其小無內，其大無外」的觀念之中，是建立在對已知科學定律的突破與發展的基礎之上的。

（3）從簡單系統走向複雜系統❺，❸

自然界中的萬事萬物是複雜的，主要是因為其構成的複雜性，其關係的複雜性，演化的複雜性，所以複雜性是自然界本身的真實寫照。

從宏觀角度看，如前所述「域中有四大」，構成一個分層有序，相互限控、包容體系，各層次、各子系統之間存在著互動效應、相干效應、耦合效應、界面效應等複雜的關係網絡，和物質、能量、資訊交換及自組織調整過程；從常觀乃至微觀角度看，則「萬物負陰而抱陽，沖氣以為和」，物物一太極，人人一太極，是全息分形結構，結構單元中可實可虛、可正可負、可空缺、可替代、可嵌套、可纏繞，形成了微觀結構的複雜性。

286

從事物的演進來看，一切都是「自然而然」的演進「自化」過程。事物「自化」之根源在於「道」，「道」附麗於事物之中，以其混沌狀態特徵和「無為而無不為」之功能，推動「物」之生長、演進。那種「無狀之狀，無象之象」，實為無窮多的演進方向和途徑，所以它不受公理系統的約束，其因果關係亦不是一一對應的，其變化過程有連續、有跳躍、有停頓、有加速、有突變，呈非線性變化之特點。隨著自然環境、社會環境、時空環境之差異與變化，構成的時勢、習慣、趨同心理、創新意識等潛質，都將影響事物的「自化」方向與過程，影響其「得一」、「損一」的過程和結果。

由此可以推論，凡自然界實存的系統，包括宇宙萬物、人類社會、人類生命現象和精神思維領域，都是複雜系統，都不能用人為的公理體系來約定。那種西方傳統的，以分科為主，強調可重複實驗實證的，因果關係簡單線性的科學，在複雜系統問題面前是束手無策的。隨著科學的深入發展，必然要走向複雜性研究道路。

如前所述的「系統論」、「控制論」、「分形論」、「超循環論」、「混沌論」等為複雜性研究打下了基礎，近年來的「模糊群子論」、「廣義量化論」、「哲理數學」等的興起也都代表了這種科學潮流。

（4）從無機物到有機物到有生命到有智慧的研究趨勢

這種研究是自然界發展演進的必然趨勢，是不以人的意志為轉移。過去的科學長於物質的結構組成的研究，而暗於物質之間關係的研究，而對生命科學的實質更缺乏探索，對智慧層面的研究則視為禁區，這是不符合自然及社會演化規律的，是科學的悲哀。

《老子》有云：「道生一，一生二，二生三，三生萬物。」這是老子的自然演化模式。

首先，老子認為自然界的演化是靠其自身進行的，沒有外在的「神」的力量推動；

其二，這種演化是發展的，「天地之大德曰生」，生生不息，由少到多，由簡單到複雜，由低級向高級演進。

這裏老子承認單體的生長是：生、長、壯、老、死，但從群體的發展看，則是「萬物並作，吾以觀復」，「夫物芸芸，各復歸其根」，這種生閉環為「常」，知常乃道乃久。《周易·序卦傳》說的更細緻：「有天地然後有萬

物,有萬物然後有男女,有男女然後有夫婦,有夫婦然後有父子,有父子然後有君臣,有君臣然後有上下,有上下然後禮義有所錯(措)」。這就是天地→萬物→人類→家庭→國家→社會制度的形成演進過程。

從生物演化看,無機物→有機物→有生命→有智慧;從人類生產力演化歷史看,石器時代→銅器時代→鐵器時代→電器時代→資訊時代。總之都復合老子的演化模式,這種演進過程中進步、質的躍遷是明顯的,依據這種發展演化觀,科學必然亦要向生命科學、生態科學、智慧科學及資訊化科學方向前進。

複雜性研究的發展,也是從生命科學起步的,如美國科學家貝塔朗菲於1947年出版了《生命問題》,而創立了一般系統論;英國生物學家艾什比在1954年出版的《大腦設計》是其控制論的代表作;德國物理化學家艾根1977年發表《超循環——自然界的一個自組織原理》則是從無生命到有生命的大分子乃至到原生細胞的進化過程❻,❼,❿。

(5)走可持續發展的道路

隨著科學的進步,技術手段的改善,人類的活動能力呈指數方式擴大,地球變得越來越小了❽。大洋中脊每年新生成的岩石圈物質為300億噸左右,河流每年搬運到海裏的物質約165億噸左右;而人類每年約消耗500億噸的物質用於提煉各種礦物資源,如果加上工程建築挖方與填方動用的物質量,則大於700億噸,遠遠超過了自然力❾。由於人類活動導致的自然災害有環境污染、種群滅絕、生態失衡、資源和能源危機等,人類面臨著生存的危機。如

何對日益提高的消費進行扼制，對日益惡化的生態環境加以改善，對不可再生的資源加以節制，給我們的子孫後代留下一個長治久安的，生機盎然的地球家園，成為當前的重要科學課題。

為解決當前的危機，必需樹立中國傳統文化理念，那就是「天人合一」與「道法自然」的思想。

首先，要明確老子的「天道無為」思想❶。

這裏所說的「天」，不單指天，也指地，泛指自然」「天道無為」是說自然界有「普濟」、「無欲」、「不仁」的性質。所謂「普濟」是指天地普施恩澤於萬物眾生，而無所選擇的性質。《管子‧水地篇》有云：「地者，萬物之本源，諸生之根菀也，美惡賢不肖愚俊之所生也。」這些就是說的「普濟」這一性質。

所謂「無欲」，是指天地施恩於萬物眾生而不要求報答的性質，如《老子》有云：「萬物作焉而不辭，生而不有，為而不恃，功成而弗居」，就是說「無欲」這種性質。

所謂「不仁」，是指天地之行，我行我素，不管你願不願意，能不能承受，照施不誤，如《老子》有云：「天地不仁，以萬物為芻狗」，《荀子‧天論篇》有：「天不為人之惡寒也輟冬，地不為人之惡遼遠也輟廣」，就是講「不仁」這一性質。

由是觀之，「天道無為」是說天地普濟萬物而無所選擇，滋養眾生而不求報答，天地施為不以人的意志為轉移的性質，這比較客觀地描述了自然這種複雜體系是個自調節、自組織系統。

第二，認識自然的常、異之道。

「天下之動，貞夫一者也」（《周易·繫辭下》），這裏所說的「一」，為「太一」、「齊一」，為平衡，為變動之正常狀態。《老子》有云：「昔之得一者：天得一以清，地得一以寧，神得一以靈，谷得一以盈，萬物得一以為貞。」然而，一旦失去正常則將導致災變，即：「天無以清，將恐裂；地無以寧，將恐發；神無以靈，將恐歇；谷無以盈，將恐竭；萬物無以生，將恐滅」。這就是老子所說的「得一」「損一」之道，是自然的正常與異常之道。「知常曰明；不知常，妄作，凶。」按自然規律行事，才可明斷事理，事半功倍，不按自然規律行事，將受到自然的懲罰。

第三，道法自然。

《老子》有云：「道生之，德畜之，物形之，勢成之，是以萬物莫不尊道而貴德。道之尊，德之貴，夫莫之命而常自然。」「道常無為而無不為，萬物將自化」，「無欲以靜，天下將自定」。都是說道法自然的道理。

老子認為，自然界中一切事物都是在「道」的統帥下生之、畜之、形之、成之，萬物尊道而貴德；從對自然界的萬事萬物的觀察體驗中可以悟出道的規律；這種規律並不是有誰來安排它的命運（「莫之命」），而是自然而然發生的，順乎自然而發生的。萬物自化，天下自定，是符合複雜系統在遠離平衡狀態下的自組織、自調節的自治結構機理的。

第四，走可持續發展的道路。

可持續發展的道路是國際環境大會宣導的，也是符合

我國傳統文化強調人與自然和諧的「天人和一」思想，主張循自然規律、瞭解萬物性質與演化、以自然之發展趨勢辦事，就不會違背天時、地利，不會有過激的行為，以避免災禍。這裏切忌以人的主觀意志代替自然規律而釀成人為自然災害。

人為自然災害與自然災害的根本不同是：自然災害是自然界演化過程中自調節過程，是為全局及長期穩定而做的局部犧牲，是符合自然變化的基本規律的。而人為自然災害則是由於人為活動的幹予造成自然界和諧的破壞，這種災害往往是受人的主觀意願支配，違背自然規律，只注意人的暫時、眼前的利益，而喪失長遠利益的錯誤行為。

為了糾正、杜絕這種失誤，人類有許多工作要做：要系統研究人類的生活環境系統——岩石圈、大氣圈、水圈、生物圈、人類圈的和諧有序作用和諸圈層的自治結構的演進問題，它涉及到負熵流輸入到人類生活環境系統後，各圈層物質、能量、資訊的分配、循環及轉換問題；各圈層之間的互動效應、相干效應、耦合效應、界面效應問題；自治結構的形成、調整、變異與解體問題等一系列理論問題。也涉及到具體的環境容量、自恢復能力以及環境品質指標的確定、量測與監測預報問題；環境管理、環境建構措施問題：綠色工程、三廢回收工程、清潔能源開發、可再生能源開發，自潔自化用品研製以及循環經濟等一系列科學技術問題；更涉及到人類生產活動、消費活動的規範、節制生育、制止戰爭、禁止使用核武器、化學武器、細菌武器問題，災害的防、抗、救辦法，環境保護條例，環境監督、檢查機構的設置及法律規定等社會問題；

乃至涉及到人們的自然觀、道德觀、價值觀、事業觀等意思形態領域的問題。

這已經不是過去經典學科所能解決得了的一般科學問題，而是橫跨自然科學與社會科學兩大學科領域，進行複雜系統綜合研究才能奏效的泛地學——社會學問題。

（6）大一統理論的探索

無論是老子潛心於「道」的哲學研究，還是管子提出的「精氣」學說；無論是巴門尼德探尋「存在」假定，還是德謨克利特提出的「原子」假說，人類對宇宙本源的求索從來也未停息過。然而，隨著科學的分科與單科獨進的深入，卻對宇宙大一統的理論研究製造了很大的障礙與矛盾：常規的牛頓力學與宇觀的愛因斯坦相對論的矛盾，與微觀的海森伯量子力學的矛盾；無機體系中的熱力學與有機體乃至生命體系中熱力學的矛盾；以及關於宇宙能量中缺失的所謂「冷核聚變」的鬧劇等等，都說明大一統理論還需要走很長而坎坷之路。

但是，宇宙各部分是有密切聯繫的信念，和許多事物的相關全息性的事實鼓勵著人們的探索。宇宙是演進的、地球是演進的、生命是演進的，這些演進路徑千差萬別，卻又似曾相識，這又使人們堅持要探索這個大一統的理論。在此，筆者僅介紹三部具有代表性的著作。

●劉紹光及其《一元數理論初探》❷，⓭

劉紹光在二十世紀二十年代獲中國和美國紐約大學醫學博士學位，三十至四十年代曾和愛因斯坦一起從事研究工作，愛因斯坦對一元數學評價很高，但當時因為正研究相對論無暇顧及一元數學，愛因斯坦曾說，我的相對論是

當前的科學，你的一元數學是未來的科學。

一元數學是將數、形、物性三者結合在一起，以數的形式為統帥，以物理場子旋轉運動的開合角大小為出發點，以數論運算規則為演算法的數學❷。

首先，他認為世界中一切物體都做螺旋運動，大至宇宙星雲團，中到太陽系，小到原子、電子。這一思想與中國傳統文化中的圓道理念有承繼關係，與老子的「道曰大，大曰逝，逝曰遠，遠曰返」的運動模式相一致，將這種圓道運動在時間軸上的展開，就是螺旋運動。

其二，自旋體在長久旋轉運動中，其質心可發生分離，則形成陰陽分判的太極圖，這與「道生一、一生二」有密切關係。

其三，這種自旋體系，一般均分為三級，劉紹光透過一分為二的方法及多元程式推算法，都得出30、31、32的對數螺旋冪數係數的整數值，故證明是以「3」為基數的三級層次結構，並且認為恒星、行星、衛星是恒星體系的三級結構，原子、電子、亞電子是原子體系的三級基本結構，這於老子的「三生萬物」思想不謀而合。

此外還依據螺旋週期及其螺旋角提出開張期，平衡期和闔縮期，並相應提出十種螺旋子（開張子、開聲子、開光子、開熱子、開電子、闔引子、闔聲子、闔光子、闔熱子、闔磁子）。在此基礎導出一元螺旋力學、一元螺旋量子。認為「一分為二」的原則是大自然統一發展規律。「618」是大自然的發展律數，1.821和0.5994是兩個組成律數。一元數學的應用可涉及宇宙天文學、地震學、數學、物理學、化學、生物學、人體科學、大腦科學等諸多

方面，成為大一統理論的可喜嘗試。遺憾的是劉紹光逝世後，後繼無人，遺留下巨量草稿無人整理而研究中斷。

●方迪的《微精神分析學》❷、⓮

法國學者方迪在《微精神分析學》中，特別值得重視的是如下觀念。

其一，虛實組成宇宙，天地人莫不如此，而且是以虛為主，這與「虛空為用，實質為體」的中國傳統觀念十分相近。宇宙虛空：以銀河系為例，銀河系有一百億個恒星，他們的平均距離為45萬億公里。可見虛空占絕對主體。但真空不空，具活體膠質特性、振盪性，現代可以透過最新量測技術，測量其宇宙虛空壓。地球虛空：地球的直徑是1300萬公尺，但如果只考慮其實體原子核，則其直徑僅有100公尺，可見「堅實」的地球也是以虛空為主。人體虛空：細胞之間距至少達100～200埃（1埃＝10-7毫米），其間充滿著組織液，而細胞膜上佈滿了電化學小孔。原子虛空：歸根結底，這些虛空都是來源於原子虛空。如果將原子核放大到足球那麼大，那麼，圍繞原子核運轉的電子距離核超過50公里，可見原子也是以虛空為主的。

其二，虛空能量。把虛空中最基本、最持久的能量稱為基本能量。其特點是彌散、無窮盡、永遠處於新生狀態（這很像老子所描寫的「道」的空間特點，並且是生生不息的）；是天然中性的，其自身無目的性（這與老子的天道無為思想相近）；內在的同質性、自由狀態和成粒性（是一種散在的自由自在的、自體凝聚的微細顆粒）。

其三，虛空能量組織的四個階段。第一階段為基本能

量的成粒階段，這是一種「常態」，自體凝聚的粒狀體自由彌散、充滿於虛空，呈中性狀態；第二階段為微粒活化階段，微粒隨機振盪達到一定閾值時就可以活化，微粒活化可以產生一切，也可以什麼也不產生（這就相當於老子的無為而無不為，是有多方向發展的不定向發展的可能性）。這種微粒活化能量可能為微粒生泡作了準備；第三階段為微粒生泡階段，活化的微粒隨機碰撞，張力增大為嘗試潛力作準備；第四階段為「伊德」介入階段，由能量振盪釋放生泡產生的張力，造成偶然的嘗試潛力——「伊德」，最終發生某種實體。

所以「伊德」這種嘗試潛力是萬能的、永恆的，是控制宇宙和生命演化的總動力，是「萬物生於有，有生於無」的「無中生有」過程，這個「伊德」就是從「無」中生出的「有」。

●拉茲洛的「ψ」場理論⑮，⑯

歐文・拉茲洛是布達佩斯俱樂部的創始人，是當今最前沿的思想家和科學家，他根據近年科學研究的最新成就，提出「宇宙量子真空零點能全息場（ψ）。我們可從二十世紀二十年代談起，1921年普朗克從他的黑體輻射理論中推導出「真空零點能」，海森伯又將其發展為「量子電子動力學」。1930年狄拉克發現由正負能態粒子組成的「狄拉克海」，進爾，惠勒創立「真空物理學」，1947年由「蘭姆移位」證實「真空零點能」的存在，1948年以「凱西米爾效應」檢測「真空零點能」與理論計算值誤差在5％以內。1998年「冷核聚變」的鬧劇塵埃落定，證實「試驗中多出的能量是從真空零點能提取出來的」。1993

年發表《微漪之塘——宇宙進化的新圖景》，1999年發表《尋找真空中的能量》，這是證實真空不空，並且存在一個「ψ」場的全過程。

宇宙量子真空零點能全息場」，充滿了人類不可直接感知的負能量或虛能量。正負量子成對產生又成對湮滅，量子漲落永不停息。這種零點能量，它隱含著1093公斤／立方米的能量，比原子核能密度高1080倍。那些顯在的物質宇宙好像漂浮在這個隱能量組成的海洋中的島嶼，這個海洋中的每個漣漪都能「全息記憶」宇宙的每個變化。這個虛空之集，信息量最大❹。

「在正在顯現的圖景中，宇宙中已經進化的一切事物——莫札特和愛因斯坦，你和我，最大的星系和最卑微的昆蟲——都是令人驚歎的無限但並非偶然的自創過程的結果。沒有任何已經進化的事物是與其他事物毫不相干地獨立存在的：所有事物都是相互聯繫的，所有事物都是有機整體的組成部分。」這就是拉茲洛筆下的整體有機自然觀，與老子的自然哲學何其相似啊！

大一統理論的探索，涉及到許多最新領域的知識，有些知識是筆者尚未掌握的或並不十分贊同的，限於篇幅不能更細緻地介紹，所舉三例還只能是假說，只能是探索過程中的階段性總結，但其中共同的特點還是明顯的。

其一，他們的理論都是在相當深層次上，多學科的大綜合、大一統，而不單憑某一門的成果；其二是他們都放棄了以分析為主的原子論和還原論的思想方法，而回歸到整體論和自然演化論的道路中來；其三，他們都針對當前科學出現的危機與悖論，試圖統一各層次理論之間的矛

盾，但尚存在不盡人意的地方，今後仍需努力。

3. 新的科學潮流正方興未艾

以整體有機自然觀、自然演化觀為指導的新的科學潮流的奠基者們，多數為西方學者，然而他們都直接或間接，自覺或不自覺接受了中國哲學思想的影響，實現了東西方的科學對話，為促進新的科學變革做出了貢獻❺，❼，❿。

量子力學的重要學者海森伯曾說：「科學植根於對話之中。」科學本源於人與自然的對話，人與人，文化與文化的對話，那種「閉關鎖國」的政策（中國明、清兩代中後期的政策），「老子天下第一」的心理（當前的「西方中心主義」心理）都是妨礙科學技術交流的❽。著名的量子理論家玻姆認識到了傳統分析方法的局限性，而提出「整體性」思想：「我們將批判地討論把系統分析成一系列組成部分，再把這些部分按照嚴格的因果律綜合起來的經典概念」。「這種做法在量子領域是不容許的。這樣，我們就導致世界是一個不可分的整體的圖像」。

系統論的奠基者貝塔朗菲認為：「尋求理論生物學基礎的嘗試，會從根本上改變世界的面貌。」並批判了那種「為了概念上可控制，我們不得不把實在簡化為概念骨架——問題在於我們這樣做是否像解剖那樣，砍掉了活力部分？」

控制論的奠基人維納，更是把他的成功歸之為對「中國古代有機哲學的認識」，他 1935—1936 年曾來中國講學，任清華大學的客座教授，他將中國之行看作是學術生

297

涯的轉捩點，自己由一個數學家轉變為控制論專家，由一個科學工匠，發展成獨樹一幟的導師的分界點。他預感到科學將由「物理學時代」向「生物學時代」的過渡已經開始。

耗散結構論的奠基者普裏高津深深的感覺到，現代科學的一個主要迷惑處，恰恰是使人確切地感覺到時間是被排除於科學之外。時間是我們存在的基本維度，否定時間就意味著否定實在，否定現實世界。他說他的這種思想發展和中國的學術思想更為接近，「早在兩千年前，莊子就寫道：『天其運乎！地其處乎！日月其爭於所乎！孰主張是？孰維綱是？孰居無事推而行是？意者其有機緘而不得已邪？意者其運轉而不能自止邪？』我們相信，我們正朝著一種新的綜合前進，朝著一種新的自然主義前進。也許我們最終能夠把西方的傳統（帶著它對實驗和定量表達的強調）與中國的傳統（帶著它那自發的、自組織的世界觀）結合起來。」

突變論的首倡者托姆更強調人要保持對自然界的親近感，因此，回歸自然，「復歸於嬰兒」，這是激發創造力的最理想的心理狀態。「我們將會非常高興地看到，在數學家中出現了一個永遠在自然界前呀呀學語的新生兒。只有那些懂得要傾聽自然界這位母親的回答的人，才有可能在以後與自然界母親對話，並掌握一種新的語言」。這種徹底的「道法自然」的信奉者，才能永葆科學的青春。

分形幾何學的奠基者芒德勃羅則是一個徹底的無為者，他強調「空集」的重要性，稱之為「空集精神」，與老子的「道常無為，而無不為」有異曲同工之妙。「……

我甚至懷疑⋯⋯我是否存在，因為如此眾多的學科之交集，肯定是個空集。」我是「一切定型的學科之間的遊牧民」。這種對西方傳統科學的叛逆精神，造就了他的成就。

最有意識的要算基數「3」了。一系列的混沌論學者對這個「3」都十分感興趣，中國留學生李天岩和他的導師，數學家約克於 1973 年共同發表了《週期三蘊涵著混沌》，只要出現規則的週期三，就必然會出現其他任意長的規則週期，以至完全混沌的循環——離散混沌；彭加勒曾指出三體系是不可積系統——太陽、月亮、地球三者的引潮力至今也很難算出來；控制論中系統穩定最少需要三個要素；在超循環中，催化機制至少要求三元循環；在湍流中只要三個獨立運動就可以產生湍流的全部複雜性；在一元數學中，對數螺旋冪數係數只能有三級；三原色可配出一切顏色；只要三個獨立頻率，就會有一切頻率。總之「3」對於混沌乃至生命的生成是一個關節點。「3」是系統內在隨機性、非線性之源，對於系統生成，具有基始性、領先性和蘊涵性。老子的「三生萬物」是何其睿智乃爾！深矣，至矣，無以復加矣！

與世界科學潮流同步，中國也有長足的進步。1954 年中國學者錢學森用英文出版了《工程控制論》，是世界系統科學中國一派的開山之作。1984—1989 年郝柏林在混沌學方面多有建樹，出版了《符號動力學——兼論耗散系統中的混沌》，達到了世界領先水準。

劉紹光獨闢蹊徑，創立了一元數學，並寫出了《一元數理論初探》。吳文俊從中國傳統的演算法數學出發，提

出機械化數學，便於在電腦上處理非線性和複雜性問題，為我國奠定了新科學潮流下的演算法基礎。此外，如孟凱韜的《哲理數學概論》，金日光的《模糊群子論》，郭俊義的《廣義量化引論》，翁文波的《預測論基礎》都有中國特色的新科學思潮傾向。

值得一提的是「天地生人學術講座」這樣一個邊緣科學群體，也像芒德勃羅一樣是些游離於各門學科之外的「遊牧民」，他們堅持了二十多年的綜合研究，其成果值得人們注意。❼

宋正海、徐道一、高建國、李樹菁等宣導以現代科學手段研究中國豐富的自然史料，提出歷史自然學的研究方向，並發現了「兩漢宇宙期」、「明清宇宙期」的災害群發週期。徐道一從天文、氣象、地震等自然現象的時空規律中，發現「太極序列」，並認為這種序列帶有自然本源的資訊，並在預報我國八級以上大地震方面取得了效果。徐欽琦從古生物、古氣候的密切關係中，發現陰陽大年對生物演進的影響。任振球透過天體歧點值的疊加作用，提出天地耦合理論，並在災害預報中得到有效應用。杜樂天透過對地球化學的深入研究，提出獨樹一幟的「慢汁說」，對全球構造活動與地象活動有指導意義，並從固體地球觀向流體地球觀過渡，開拓出一條道路❽。李世糧將中國傳統文化中取象比類方法與西方岩石力學相結合，提出「典型類比分析法」，解決了複雜工程地質問題❾。

筆者認為，在遠離平衡狀態下的自調節、自組織體系的自治結構是「太極對稱結構」，這可以表現在實體體系如地球的南北極反對稱，南北半球和東西半球的反對稱，

所以地球是典型的「太極對稱結構」[20]；也可以表現在生命體的某些部位，如人腦左右功能的反對稱；也可以表現在思維理論方面，如東西方思維範式的反對稱。這些都是自調節、自組織的「太極對稱結構」的反映。

科學潮流的影響是深刻地，是不以人的意志為轉移的，是擋也擋不住的必然趨勢，新的科學潮流帶著整體有機自然觀和自然演化觀的特色，正在方興未艾，勢不可擋，中國傳統文明之光，必定普照世界，前途光明。

參考文獻

❶商宏寬，恃強淩弱是萬惡之源——兼論科技是雙刃劍，科學新聞週刊，No.13，1999。

❷李樹菁遺著，商宏寬整理。《周易象數通論——從科學角度的開拓》。光明日報出版社，2004。

❸商宏寬，進入複雜系統之門——讀《老子》偶思錄，太原師範學院學報（社會科學版）Vol. 2，No. 3，2003。

❹商桂。《易索》。地震出版社，1999。

❺〔美〕蜜雪兒‧沃爾德羅普著，陳玲譯，《複雜——誕生於秩序與混沌邊緣的科學》，三聯書店出版社，1997。

❻周碩愚編著，《系統科學導引》。地震出版社，1988。

❼李曙華，《從系統論到混沌學》，廣西師範大學出版社，2002。

❽商宏寬，《當代的困惑與東方智慧》，〔韓〕東洋社會思想，No. 8，2003。

❾商宏寬，《自然災害研究中幾個觀念問題的討論》工

程地質學報，Vol. 4，No. 3，1996。

⑩盧侃等編譯，《混沌論傳奇》，上海翻譯出版公司，1991。

⑪商宏寬，《古代的災異觀及其現實意義，中國傳統文化與現代科學技術》，浙江教育出版社，1999。

⑫商宏寬，《論人類生活環境系統的可持續發展，地質哲學與可持續發展》，中國文史出版社，1998。

⑬劉紹光《一元數理論初探》展望出版社，1984。

⑭〔法〕方迪著，尚衡譯，《微精神分析學》，三聯書店出版社，1993。

⑮〔美〕歐文·拉茲洛著，錢兆華譯，《微漪之塘——宇宙進化的新圖景》，社會科學文獻出版社，2001。

⑯家胤，《山場研究和「道」的實證》太原師範學院學報（社會科學版）Vol. 2，No. 3，2003。

⑰宋正海、孫關龍主編，《中國傳統文化與現代科學技術》浙江教育出版社，1999。

⑱杜樂天，王駒，《從固體地球觀向流體地球觀轉變，自然辯證法研究》，No. 10，2003。

⑲李世輝，《隧道支護設計新論——典型類比分析法應用和理論》，科學出版社，1999。

⑳商宏寬，《華夏地輿觀及其對當代地學之影響，中國傳統文化與現代科學技術》，浙江教育出版社，1999。

歡迎至本公司購買書籍

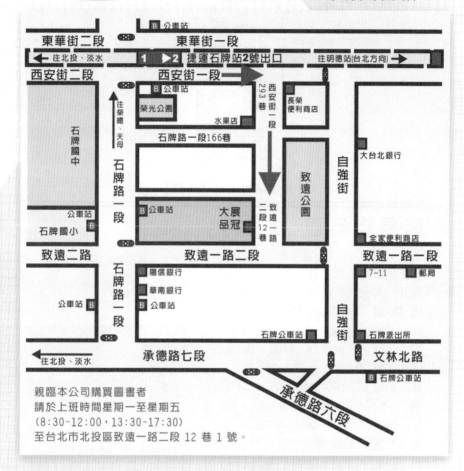

親臨本公司購買圖書者
請於上班時間星期一至星期五
(8：30~12：00，13：30~17：30)
至台北市北投區致遠一路二段 12 巷 1 號。

建議路線

1.搭乘捷運‧公車

　　淡水線石牌站下車，由石牌捷運站2號出口出站(出站後靠右邊)，沿著捷運高架往台北方向走(往明德站方向)，其街名為西安街，約走100公尺(勿超過紅綠燈)，由西安街一段293巷進來(巷口有一公車站牌，站名為自強街口)，本公司位於致遠公園對面。搭公車者請於石牌站(石牌派出所)下車，走進自強街，遇致遠路口左轉，右手邊第一條巷子即為本社位置。

2.自行開車或騎車

　　由承德路接石牌路，看到陽信銀行右轉，此條即為致遠一路二段，在遇到自強街(紅綠燈)前的巷子(致遠公園)左轉，即可看到本公司招牌。

國家圖書館出版品預行編目資料

周易自然觀 ／ 商宏寬　著
——初版，——臺北市，大展，2014〔民103.01〕
面；21公分 ——（易學智慧；23）
ISBN　978－957－468－997－2（平裝）
1. 易經　2. 研究考訂
121.17　　　　　　　　　　　　　　102023090

周 易 自 然 觀

著　　　者／商 宏 寬
責任編輯／趙 志 春
發 行 人／蔡 森 明
出 版 者／大展出版社有限公司
社　　　址／台北市北投區（石牌）致遠一路2段12巷1號
電　　　話／（02）28236031・28236033・28233123
傳　　　眞／（02）28272069
郵政劃撥／01669551
網　　　址／www.dah-jaan.com.tw
E－mail／service@dah-jaan.com.tw
登 記 證／局版臺業字第2171號
承 印 者／傳興印刷有限公司
裝　　　訂／承安裝訂有限公司
排 版 者／弘益電腦排版有限公司
授 權 者／山西科學技術出版社
初版1刷／2014年（民103年）1月

定 價／280元

大展好書　好書大展

品嘗好書　冠群可期